**Meiner Frau Tina
zugeeignet**

Inhalt

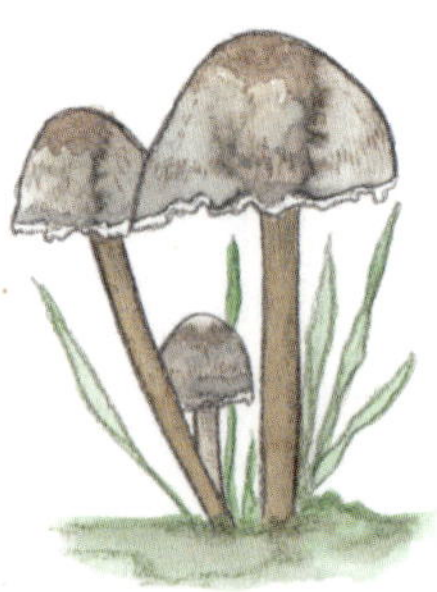

Kapitel 1:

Die Weidenbohrerraupe

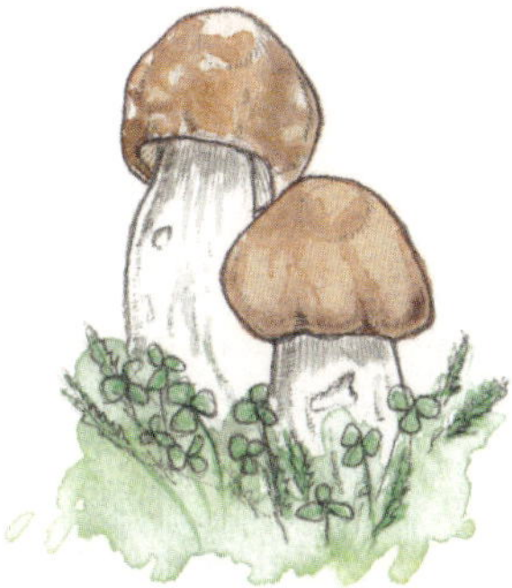

„Ach, die Liebe lässt das Menschenherz zum Pilzgarten werden, einem üppigen und unverschämten Garten, in dem geheimnisvolle und freche Pilze stehen."

Knut Hamsun, 1859–1952
Norwegischer Schriftsteller

Von der Stadt in die Eifel

Es gibt zwei Wege, Pilze zu betrachten: Durch den Magen und durch das Herz. Die einen sehen in Pilzen eine Erweiterung ihres Speisezettels und machen sich auf die Suche nach ihnen, um sie zu verzehren. Die anderen sehen in Pilzen zauberhafte, geradezu märchenhafte Geschöpfe, deren faszinierende Welt sie gerne verstehen möchten. Eines haben beide Seiten gemeinsam, die Frage: Wo finde ich sie? Die landläufige Antwort, die auch Sie vielleicht gerade auf der Zunge haben, lautet: „Im Wald." Andere, noch etwas pragmatischere Antworten wären: „Im Supermarkt", oder: „Auf dem Wochenmarkt."

Und damit sind wir auch schon bei den zwei Möglichkeiten, wie wir an Pilze herankommen können. Wir können sie kaufen, oder wir gehen sie selbst sammeln. Kaufen ist zweifellos die ungefährlichere und insbesondere für Stadtbewohner bequemere Variante. Da genießbare Pilze leicht mit Giftpilzen verwechselt werden können, birgt das eigenhändige Sammeln ein höheres Risiko für die Gesundheit, doch bei entsprechender Kenntnis und Erfahrung auch eine reichhaltigere Auswahl. Zudem ist der erholsame Spaziergang an der frischen Luft, der mit dem Sammeln wild wachsender Pilze einhergeht, ein völlig anderes Erlebnis als die dröge Beschaffung im wöchentlichen Einkaufsturnus. Pragmatismus gegen Leidenschaft.

Wie auch immer, eines ist völlig klar: Die Artenvielfalt ist in der freien Natur wesentlich größer. In Gebieten wie der Eifel kommen Tausende verschiedener Pilzarten vor. Da kann auch der schönste Stadtpark nicht mithalten. Für Pilzliebhaber aus der Stadt ist es daher äußerst reizvoll, die Fahrt aufs Land zu unternehmen.

Während der einstündigen Fahrt, sagen wir, von Köln in die Vulkaneifel können wir erleben, wie sich unsere Umgebung mit jedem Kilometer ändert. Wir durchqueren zunächst den Äußeren Grüngürtel, der, wie auch die Rheinauen, eine eigene kleine biologische Welt darstellt. Hier bestehen im Frühling Chancen, Morcheln und Judasohren zu finden.

Verlassen wir das Stadtgebiet von Köln über den Äußeren Grüngürtel hinweg, befinden wir uns schon in der fruchtbaren Ebene der Niederrheinischen Bucht. Durch Lößablagerungen sind die Böden hier so ertragreich, dass die ganze Gegend fast ausschließlich für den Ackerbau genutzt wird. Weithin blickt man über Kornfelder, Kartoffeläcker und Gemüseanbauten. Vereinzelt werden sie von Pappelreihen begrenzt. Der intensive Ackerbau führt dazu, dass die Gegend für den Pilzfreund im Großen und Ganzen nicht sehr artenreich ist. Funde versprechen hier die wenigen Forsten wie der Friesheimer Busch oder die Villewälder mit ihren Tagebauseen und künstlichen Höhen.

Die Autobahn A1 entlang kommend, kurz hinter der Ausfahrt Wißkirchen, ändert sich die Landschaft schlagartig. Man könnte fast einen Kreidestrich an der Stelle ziehen, an der die Niederrheinische Bucht endet und das Hochland der Eifel beginnt. Plötzlich ist das Gelände nicht mehr flach, sondern hügelig. Die Böden sind weniger fruchtbar, so dass hier der Anbau von Forsten und die Viehzucht lukrativer sind. Hier stoßen wir auf die ersten großen zusammenhängenden Waldgebiete. Die hier vorherrschenden Buntsandstein- und vor allem Kalkböden beherbergen eine reiche und einzigartige Pflanzen- und Pilzwelt.

Wir verlassen die Autobahn, die hier ohnehin endet, bei Tondorf und fahren weiter nach Süden, in die Vulkaneifel, ein Landschaftsgebiet, das, wie sein Name bereits vermuten lässt, durch Kräfte aus dem Erdinneren, gerade in geologisch jüngerer Zeit, geprägt worden ist. Hier herrscht ein Artenreichtum an Pilzen, der zu den größten in ganz Deutschland zählt. Etwa sechs- bis siebentausend verschiedene Pilzarten gibt es in den Forsten des Eifellandes. Aber warum gerade hier?

Warum in dieser abgelegenen, rauen Gegend am Westrand der Republik? Um dieser Frage auf den Grund zu gehen, müssen wir eine weitere Reise unternehmen. Eine Reise nicht über das Land, sondern durch die Zeit.

Ein Land vor unserer Zeit

Die Eifel war vor 500 Millionen Jahren eine karge Ödnis. Äußerst weiträumig gesehen sprechen wir hier von einem Gebiet, dass sich von der Linie Aachen–Köln bis zur Mosel und von der Beneluxgrenze bis zum Rhein erstreckt. Diese Definition existierte in der Vergangenheit nicht, doch hilft sie uns, uns in der Landkarte und den Prozessen, von denen sie erzählt, zu orientieren. Vor unserem geistigen Auge sehen wir das Gebiet Jahrmillionen, bevor es Pflanzen und Tiere auf dem Land gab.

Vor 380 Millionen Jahren lagen weite Teile der Eifel auf dem Grunde eines Urozeans. Das Wasser schürfte den steinernen Grund ab, dessen Sedimente sich wieder ablagerten, verdichteten und zur Grauwacke wurden. Gleichzeitig bauten Meerestiere ein riesiges Korallenriff aus Muschelkalk auf.

Durch die Kontinentaldrift wurde das Gebiet vor 350 Millionen Jahren angehoben und aufgefaltet. Ein Gebirge entstand, das von nun an der Erosion unterworfen war. Abermals wurde das Gestein abgetragen, abgelagert und im Laufe der folgenden 100 Millionen Jahre wieder verdichtet. Dies ist der Ursprung des Buntsandsteins.

Vor 50 Millionen Jahren begann erstmalig eine vulkanische Aktivität in der Eifel. Vulkane wie der Arensberg und die Hohe Acht entstanden. Vor 30 Millionen Jahren sackte das Niederrheingebiet ab. Es bildete sich jene Tiefebene, die heute als Niederrheinische Bucht bekannt ist und deren zentraler Teil die Kölner Bucht ist. Vor 5 Millionen Jahren schließlich hob sich das Hochplateau der Eifel erneut an, was dazu führte, dass sich Flüsse wie Ahr und Kyll tiefer ins Gelände einschnitten und so ihre heute bekannten Täler formten. 700.000 Jahre vor unserer Zeit begann die wohl dramatischste Epoche. Mit dem erneut aufkeimenden Vulkanismus entstanden die Feuerberge, die noch heute das Gesicht der Vulkaneifel prägen. Vor 500.000 Jahren folgten die Vulkane der Osteifel. Dann, vor 80.000 Jahren, stieg eine Magmakammer auf und traf dabei auf große Mengen Grundwasser, welches daraufhin schlagartig aufkochte. Eine enorme Explosion war die Folge, bei der gewaltige Mengen Erdreich in die Atmosphäre gesprengt wurden. Der Explosionstrichter füllte sich bald mit Wasser an und wurde zu einem See. Er ist noch heute vorhanden. Wir nennen ihn „Meerfelder Maar“. Vor 20.000 Jahren ereigneten sich weitere Explosionen und bildeten das Pulvermaar und das Holzmaar. Doch die Eifellandschaft sollte nicht zur Ruhe kommen. Vor etwa 11.000 Jahren wurden die übrigen heute bekannten Maare sowie der Laacher See aus dem Boden gesprengt.

Als sich vor 5.000 bis 4.000 Jahren zum ersten Mal Kelten und schließlich die Römer an den Rändern des ungastlichen Eifellandes ansiedelten, ahnten sie nichts von den gewaltigen Naturkräften, die ihre neue Heimat in langwierigen Prozessen modelliert hatten. Aus ihren losen Siedlungen entstanden nach und nach die Städte Trier, Bonn, Aachen, Koblenz und Köln.

Wir sehen, die Eifel ist eine Landschaft mit bewegter Vergangenheit, in der Naturkräfte wie Faltung, Erosion, Hebung und Senkung und nicht zuletzt vulkanische Aktivität ihr Gesicht gezeichnet

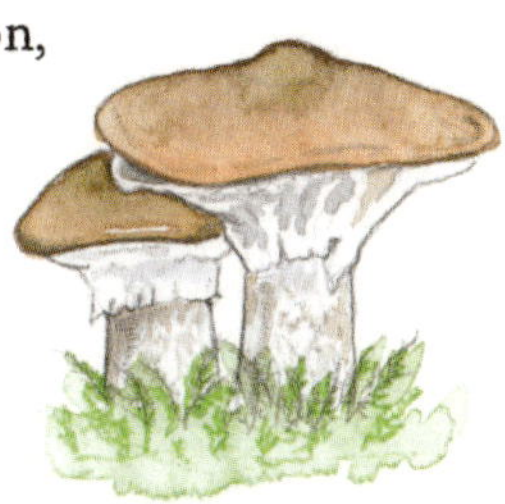

Den Butterröhrling finden Sie auf Seite 249

haben. Alle diese Vorgänge haben die verschiedenen Gesteine geschaffen, die das Fundament unserer Heimat bilden: Grauwacke, Sandstein, Dolomitkalk, Lava und Basalt. Und in der zentralen Vulkaneifel, besonders im Raum Gerolstein, kommen sie alle zum Vorschein.

Und jede Gesteinsart bildet die Grundlage für zahlreiche Bodenarten, und auf jeder Bodenart gedeihen ihre speziellen Lebensräume. Besonders Buchenwälder zeigen sich je nach Untergrund sehr vielseitig. Auf dem Dolomitkalk bildet sich der Orchideen-Buchenwald, auf Sandstein der Hainsimsen-Buchenwald, und auf Vulkangestein der Perlgras- und Waldmeister-Buchenwald. Je nach Untergrund ist der Boden vornehmlich sauer, basisch oder neutral, mit entsprechendem Vorkommen an Baumarten und den Pflanzengesellschaften, die sie gründen. Und in all diesen Umgebungen gedeihen die unterschiedlichsten Pilze. Ideale Bedingungen für Menschen, die gerne Speisepilze sammeln und Pilze erforschen. Sie alle finden sich hier gerne zu Exkursionen und Seminaren ein.

Wie Pilze sind, und wie Pilzbücher daher funktionieren

In meinen pilzkundlichen Seminaren und Führungen gibt es zahlreiche Regelmäßigkeiten. Neben Witzen über Schwiegermütter, Bierbrauarten, Hauterkrankungen an den Zehen und Gerichte, die stets im Voraus zu bezahlen sind, sind es hauptsächlich zwei Dinge, auf deren Wiederkehr ich mich immer verlassen kann: Da ist zum Einen die Verwunderung über die gegenüber den Funden abweichenden Bilder in den Pilzbüchern und zum Anderen eine gewisse Verärgerung über schwammige und uneindeutige Artbeschreibungen, die dort verfasst sind.

„Der sieht aber hier ganz anders aus!" ist der erstaunte Ausruf, der nach „Und? Essbar?" der zweithäufigste Kommentar ist, den ich höre, wenn ich im Wald einen Fund in die Höhe halte und erkläre. Dem Ausruf folgt dann meistens ein in die Höhe gehaltenes Pilzbuch mit einem Foto der soeben gefundenen Art und ein fragendes Hochziehen der Augenbrauen. Auch kommt es immer wieder vor, dass jemand während des Blätterns in der Literatur herzhaft auflacht und ruft: „Hier steht: ‚Riecht nach der Raupe des Weidenbohrers' – ja, woher soll ich denn wissen, wie die Raupe des Weidenbohrers riecht?"

Die Weidenbohrerraupe lässt mit schöner Regelmäßigkeit ein Dutzend Seminarteilnehmende verwirrt die Köpfe schütteln, ähnlich wie die Angaben in anderen Artbeschreibungen, wie zum Beispiel: „... riecht wie der Ockerbraune Trichterling". Im Durchschnitt kennen diejenigen, die ein Pilzseminar für Anfänger besuchen, drei bis fünf Pilze. Sie kommen zu mir, weil sie gerne ihre Artenkenntnis erweitern möchten. Wenn nun das Kennenlernen eines kleinen braunen Pilzes die Kenntnis eines anderen kleinen braunen Pilzes erfordert, wie sollen sie dann vorankommen? Es wird ihnen auch ansonsten nicht leicht gemacht: „Hut 2 bis 10 cm breit", „Rand bisweilen gekerbt", „Huthaut manchmal mehr oder weniger abziehbar" ... All dies sind Aussagen, die wohl schwerlich als eindeutig und hilfreich bezeichnet werden können, und dann kommt auch noch die Weidenbohrerraupe hinzu, die der unbedarfte Speisepilzsucher noch nicht einmal vom Hörensagen her kennt.

Wir Pilz-Sachverständige wissen freilich, wie die Weidenbohrerraupe riecht, und wir wissen es deshalb, weil wir wissen, wie einige Schnecklinge riechen. Gesehen, geschweige denn gerochen, haben viele von uns diese Raupe ebenfalls noch nicht. Trotzdem kriecht die Weidenbohrerraupe durch Generationen von Pilzbüchern, möglicherweise aus einer Zeit stammend, als Fachbücher ausschließlich für Fachleute geschrieben wurden und es für jeden Naturkundler eine Selbstverständlichkeit war zu wissen, wie die Weidenbohrerraupe riecht.

Deshalb möchte ich Ihnen gerne hier und jetzt die fehlende Information zukommen lassen: Die Weidenbohrerraupe ist eine fingergroße, fette, rote Made, die sich mehrere Jahre lang durch Laubholz frisst und dabei in der Tat einen spezifischen, sonderbaren Geruch verströmt. Am Ende verwandelt sich die Raupe in einen fast zehn Zentimeter großen, trist gefärbten Schmetterling, dessen ökologische Aufgabe darin besteht, sich zu paaren und seine Eier auf Laubgehölzen abzulegen. Beide, den Falter wie auch die Raupe, bekommt man nur selten zu Gesicht, was sie zu keiner besonders sinnvollen Referenz für die Bestimmung von Pilzen macht. Dass diese Raupe jedoch auch heute noch in Pilzbüchern so gerne genannt wird, liegt einerseits daran, dass manche Pilze wirklich auf frappierende Weise nach ihr riechen, andererseits aber auch daran, dass Pilzbuchautoren in der Vergangenheit immer wieder gerne voneinander abgeschrieben haben.

Jedoch, so schwammig die Artbeschreibungen auch sind, so sind sie doch wissenschaftlich korrekt. Pilze sind nicht wie Blumen. Während ein Gänseblümchen stets wie ein Gänseblümchen aussieht und eine Hohe Schlüsselblume wie eine Hohe Schlüsselblume, muss ein Steinpilz noch lange nicht wie ein Steinpilz aussehen. Bei Pilzen variieren Größe, Form und Farbe innerhalb einer einzigen Art so stark, dass kaum ein Exemplar wie das andere aussieht. So kann der Orangeschneckling in der Tat einen gekerbten Hutrand haben, muss er aber nicht. Man spricht in diesem Fall von einem schlechten Merkmal, denn es ist für sich alleine für die Bestimmung des Pilzes nicht zuverlässig. Merkmale dagegen, die immer vorhanden sind, sind gute Merkmale, denn mit Hilfe ihrer ist eine Bestimmung immer möglich. Es gilt also, die guten

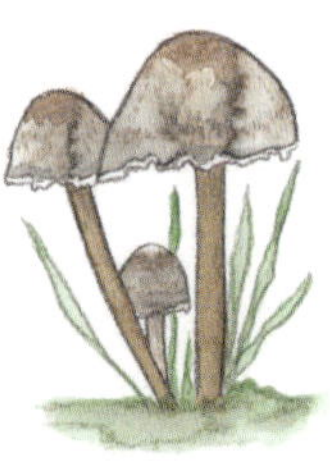

Den Behangenen Düngerling finden Sie auf Seite 228

Merkmale kennen zu lernen, um eine Pilzart sicher bestimmen zu können. Leider gibt es sehr viele Pilzarten, die gar keine guten Merkmale aufweisen, zumindest nicht für das bloße Auge. Hier kann nur eine Chemikalie oder ein Mikroskop weiterhelfen.

Wuchsform, Größe und Farbe sind sehr schlechte Merkmale, weil sie sich immer ändern. Mehr ist aber auf einem Foto im Pilzbuch nicht zu sehen, da die guten Merkmale meist so klein und unscheinbar sind, dass sie im Druck nicht zu erkennen sind. Über- und Unterbelichtungen während der Aufnahme sowie Farbabweichungen beim Druck tun ihr Übriges. Ein Foto in einem Pilzbuch vermittelt darüber hinaus immer nur ein einziges Erscheinungsbild eines Pilzes, der innerhalb von Tagen dramatische Veränderungen durchläuft. Im Klartext: Sie können sich das Foto in Ihrem Buch noch so gut einprägen – im Wald laufen Sie dann doch fünfzig Mal an dieser Pilzart vorbei, weil Sie sie einfach nicht wiedererkennen.

Wir müssen letzten Endes feststellen, dass Fotografien nur bedingt gute Hilfsmittel bei der Bestimmung von Pilzen sind. Dagegen sind Zeichnungen und Aquarelle, wenn sie fein gemacht sind und die guten Merkmale enthalten, eine bessere Art der Illustration. Die Künstlerin hat nämlich die Möglichkeit, nicht nur alle guten Merkmale in ihr Werk zu übernehmen, sondern eine Pilzart auch in verschiedenen Wachstumsstadien darzustellen, und das ist besonders wichtig, da eine einzelne Pilzart im Verlauf ihres Heranwachsens und Vergehens ebenfalls deutliche Veränderungen durchmacht. Gerade weil Fotos während der frühen Lernphase so gerne und vorbehaltlos als Wiedererkennungsreferenz angenommen werden, werden Sie im Bestimmungsteil dieses Buches kein einziges Pilzfoto finden, sondern ausschließlich Illustrationen, und dazu die eindeutigen, guten Bestimmungsmerkmale.

Die meisten versierten Pilzkundler und -kundlerinnen sind der Ansicht, dass es zur Erweiterung der persönlichen Artenkenntnis unumgänglich ist, sich an die wissenschaftliche Systematik zu halten und die verwandtschaftlichen Zugehörigkeiten im Pilzreich zu erlernen und zu befolgen. Gewiss, um den Überblick über Tausende verschiedener Arten zu behalten, ist diese Methode sinnvoll und richtig. Wer Speisepilze sammelt, braucht jedoch bei Weitem nicht so viele Pilze zu kennen, um sich sicher durch das Terrain zu bewegen. Dort genügt es völlig, die guten Merkmale einzelner Arten zu kennen. Deshalb beschreitet das vorliegende Buch einen etwas anderen Weg, indem es die sichere Kenntnis der wichtigsten Arten anhand ihrer guten Merkmale vermittelt. Trotzdem wird es auch auf die Systematik eingehen, denn völlig auf diese zu verzichten ist nicht empfehlenswert. Das Erlernen wenigstens der wichtigsten Pilzgattungen ist in jedem Fall hilfreich und spätestens dann unentbehrlich, wenn der Wunsch aufkommt, tiefer in die Artenkenntnis eintauchen zu wollen.

Die entscheidende Frage ist, was ich möchte: Möchte ich als Speisepilzsammler meine zwanzig Lieblingssorten kennen, oder möchte ich eine Koryphäe werden, die hunderte Arten auswendig weiß?

Was auch immer die Beweggründe sind, seine Artenkenntnis im Pilzreich zu erweitern, sie haben alle dasselbe Resultat: Sie schärfen unsere Fähigkeit, genau hinzuschauen und unser Wissen zu erweitern. Und die meisten von uns merken dabei schnell, dass Pilze mehr sind als nur eine Beilage auf dem Teller. Wenn wir beginnen, über genau diesen Tellerrand hinauszublicken, steht uns der Weg offen, eine zauberhafte Welt zu entdecken voller Wunder und Geheimnisse. Eine Welt, die uns einen neuen und tiefen Einblick in die Vorgänge der Natur gewährt und uns aufzeigt, wie komplex und vielfältig das Leben auf der Erde ist. Denn eines ist klar: Die Erforschung der Pilzwelt steht immer noch am Anfang.

Kapitel 2:

Sonderbares Geschöpf Pilz

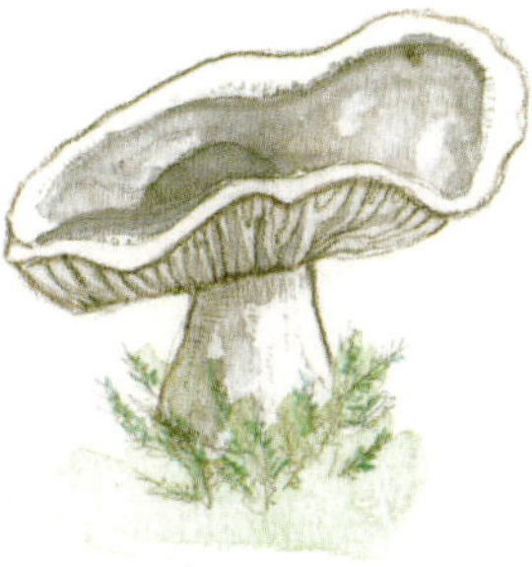

**„Ich bin ein Pilz;
auf den hin und wieder
der Tau des Himmels tropft“**

John Ford, 1586–1640
Englischer Dramatiker

Das vermeintliche „Männlein im Walde“

Womöglich geht es Ihnen wir mir, und sie dachten ebenfalls lange Zeit, dass das in Hoffmann von Fallerslebens Kinderlied besungene „Männlein im Walde“ der Fliegenpilz ist. Auch mir hat die Vorstellung gut gefallen, dass es ein fröhliches, lehrreiches Liedchen über einen Pilz im Walde gibt, aber davon müssen wir, und damit meine ich mich und all diejenigen, die wie ich an den Fliegenpilz glaubten, uns verabschieden. Wenn wir uns den Text des Liedes einmal genau durchlesen, so passt die erste Strophe ja noch wundervoll zu unserem Freund mit der roten, weiß getupften Kappe:

Ein Männlein steht im Walde ganz still und stumm,
Es hat von lauter Purpur ein Mäntlein um.
Sagt, wer mag das Männlein sein,
Das da steht im Wald allein
Mit dem purpurroten Mäntelein?

Die zweite Strophe lautet jedoch so:

Das Männlein steht im Walde auf einem Bein
Und hat auf seinem Haupte schwarz Käpplein klein,
Sagt, wer mag das Männlein sein,
Das da steht im Wald allein
Mit dem kleinen schwarzen Käppelein?

Ja, das kleine schwarze Käppelein, das passt so überhaupt nicht zum Fliegenpilz. Da das Männlein jedoch auf einem Bein steht, besteht an dieser Stelle immer noch Hoffnung, dass es sich um irgendeinen anderen Pilz handeln könnte. Mir fällt jetzt aber leider kein Pilz ein, der sich mit dem purpurnen Mäntelein und dem schwarzen Käppelein vereinbaren ließe – außer vielleicht dem Rotrandigen Baumschwamm, aber der hat leider keinen Stiel, kann also schwerlich auf einem Bein stehen.

Wenn das Männlein im Walde aber kein Pilz ist, was ist es dann? Ein Vogel womöglich? Ein männlicher Dompfaff, der auf dem Waldboden steht und einen Fuß eingezogen hat? Die Auflösung liefert von Fallersleben gleich selbst. Wussten Sie es? Es gibt eine dritte, gesprochene Strophe des alten Kinderliedes:

Das Männlein dort auf einem Bein
Mit seinem roten Mäntelein
Und seinem schwarzen Käppelein
Kann nur die Hagebutte sein.

Bitte um Verzeihung? Sie protestieren? Recht haben Sie. Eine Hagebutte steht nicht alleine im Wald, und schon gar nicht auf einem Bein, sondern wächst als Busch mit einer Vielzahl an Früchten. Doch der originale Text des Verfassers lautet so, und ob es uns nun gefällt oder nicht, das Männlein im Walde ist eine Hagebutte.

Hagebutten sind, wie wir wissen, Planzen. Und Pilze? Gehören die nicht auch zu den Pflanzen? In diese Gruppe von Lebewesen hatte die Biologie sie zumindest lange Zeit eingeordnet. Sie galten mit den Farnen und Moosen als Sporenpflanzen. Doch was genau sind Pilze wirklich?

Ein Pilz ist auch nur ein Gewächs

Früher zählte man Pilze zu den Pflanzen, doch besitzen sie anders als diese erstes kein Blattgrün (Chlorophyll), können also keine Photosynthese betreiben, und zweitens fehlt ihnen die Fähigkeit, sich ihre Nahrung selbst zu produzieren. Pflanzen können unabhängig von anderen Lebewesen existieren, Pilze jedoch nicht. Sie benötigen das

Vorkommen organischen Materials in ihrer Nähe, das sie mithilfe ihrer Enzyme auflösen und aufnehmen. Der Vorgang kann durchaus als eine Art „Verdauung" betrachtet werden. Pilze sind damit immer darauf angewiesen, dass andere Lebensformen ihnen das geben, was sie zum Leben brauchen, ob nun tot oder lebendig. Dazu haben sie drei verschiedene Möglichkeiten entwickelt:

1. Sie nehmen's von den Lebendigen. Solche Pilze befallen andere Lebewesen, und indem sie sich einfach bedienen, richten sie ihren Wirt zugrunde. In diesem Fall nennt man sie Schmarotzer oder Parasiten.

2. Sie gründen Entsorgungsunternehmen. Sehr viele Pilze siedeln sich auf den Resten gestorbener Lebewesen an und tragen zu deren Zersetzung bei. Sie sorgen dafür, dass alles Organische wieder dem Kreislauf der Natur zugeführt wird. Solche Pilze werden Fäulnisbewohner genannt oder, wie der Experte sagt, Saprobionten.

3. Sie begründen diplomatische Beziehungen zu anderen Lebewesen und betreiben ein ausgeklügeltes Handelsgeschäft. Sie verbinden sich unterirdisch mit den Wurzelspitzen von Grünpflanzen, zumeist Bäumen, und erzeugen dort eine Art „Marktplatz", einen Umschlagplatz, an dem sie Nährsalze und Wasser gegen Enzyme eintauschen. Das Schöne an dieser Verbindung ist, dass beide Seiten, Baum und Pilz, daraus Vorteile ziehen. Sie sind sogar aufeinander angewiesen und könnten ohne die gegenseitige Unterstützung nicht gedeihen. Pilze, die auf diese Weise leben, nennen wir treffend Partnerpilze oder Symbiosepilze. In der Biologie spricht man von Mykorrhizapilzen. Das Wort kommt aus dem Altgriechischen, wobei „Myko" sich immer auf Pilze bezieht und „Rhiza" oder „Rhizo" stets Wurzel bedeutet. Die Verbindung selbst heißt Mykorrhiza und stellt das Paradebeispiel einer Symbiose dar.

Auch wenn Pilze heute nicht mehr zu den Pflanzen gezählt werden, sind sie ihnen doch im Grunde ähnlich. Man kann sie gut mit Sträuchern oder Bäumen vergleichen. Wie diese bestehen Pilze nämlich aus einem weit verzweigten Geflecht, das von der Größe her einen Baum leicht übertreffen kann, jedoch lebt es nicht über, sondern unter der Erde und tritt deshalb nicht so auffällig in Erscheinung wie ein Baum. Es kann gar nicht oft genug betont werden: Jenes unterirdisch lebende Fadengeflecht ist der eigentliche Pilz! Die Gebilde, die das Pilzgeflecht über die Erde hinausstreckt, und die gemeinhin Pilze genannt werden, sind nichts weiter als die Früchte des unterirdisch lebenden Pilzes, ganz ähnlich den Äpfeln am Apfelbaum. Ein Pilzgeflecht, also im biologischen Sinne ein Pilz, lebt viele Jahre lang im Boden. Bei guten Bedingungen wächst es, und bei sehr guten Bedingungen bildet es sogar die von uns so begehrten Fruchtkörper aus.

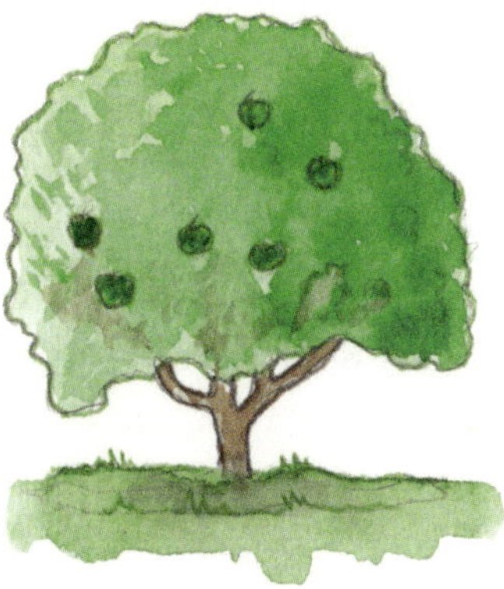

Pflanze

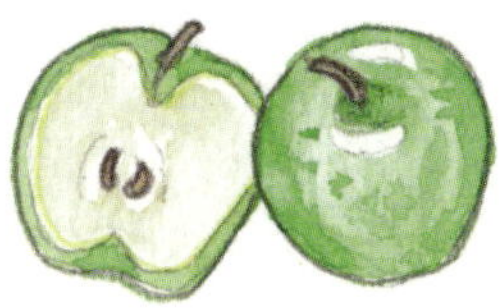

Frucht

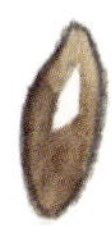

Samen

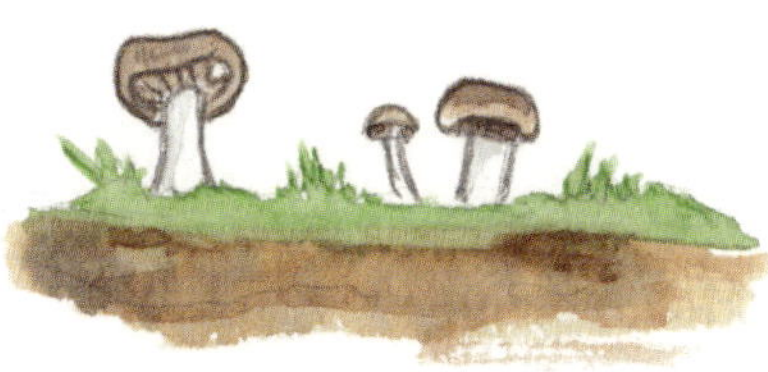

Pilz

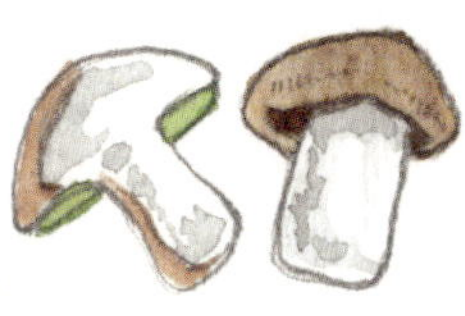

Fruchtkörper

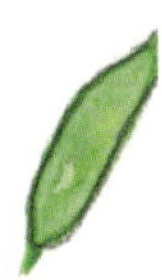

Spore

Genau wie die Früchte der Blütenpflanzen sind auch die Fruchtkörper der Pilze die Träger der Samen. Die nennt man bei Pilzen allerdings Sporen, denn bei aller Ähnlichkeit mit den Pflanzen, funktioniert die Fortpflanzung bei den Pilzen doch etwas anders. Bei den Pflanzen findet vor der Reifung der Früchte eine Befruchtung statt, bei den Pilzen gibt es dagegen keine Befruchtung in dem Sinne. Es gibt statt dessen eine Form von sexueller Fortpflanzung, die jedoch keine unterschiedlichen Geschlechter kennt, sondern nur verschiedene „Elternzellen". Das ganze funktioniert so: Sporen entwickeln durch Zellteilung fadenförmige, abgekammerte Zellen mit einem Zellkern, der einen halben Chromosomensatz enthält. Trifft ein Pilzfaden aus einer Spore eines anderen „Elternpilzes" auf den ersten Faden, vereinigen sie sich und bilden fortan Pilzfadenzellen mit zwei Zellkernen. Bei den folgenden Zellteilungen, aus denen immer vier Zellkerne hervorgehen, wird ein Zellkern sofort hinter den anderen dreien abgekammert und bildet eine neue Zelle. Gleichzeitig wandert der passende Gegenkern durch eine Abzweigung in diese Zelle, wobei über der Kammerwand eine Schnalle entsteht. So setzt sich die Reihe fort. Erst im Fruchtträger unter dem Hut verschmelzen die beiden Kerne zu einem Zellkern mit vollem Chromosomensatz, der sich per Meiose in vier Kerne mit jeweils halbem Satz teilt. Sogleich nach der Teilung werden die Kerne nach außen gestülpt und bilden die neuen Sporen. Die leere Zelle wird zur Basidie. So läuft es zumindest bei den Ständerpilzen ab. Die Fortpflanzungswege der Pilze sind vielgestaltig und wären Thema für ein eigenes Buch.

Wenn wir Pilze bestimmen möchten, müssen wir uns auch die Sporen betrachten. Ein Fruchtkörper kann Abermillionen von Sporen enthalten. Zur Reife fallen sie aus dem Fruchtträger heraus und werden fortgeweht. Bei Windstille fallen sie senkrecht aus den Pilzkappen heraus und bepudern den Boden mit einem feinen Pulver. Die Farbe dieses Sporenpulvers ist gerade bei den Blätterpilzen der Einstieg in die Artbestimmung.

Zwei Abteilungen im Pilzreich sind für uns interessant: Die Ständerpilze und die Schlauchpilze. Das Unterscheidungsmerkmal ist hier die Struktur, die die Sporen unmittelbar trägt bzw. enthält, sprich die Ständer bei den Ständerpilzen und die Schläuche bei den Schlauchpilzen. Sporen sind übrigens mikroskopisch klein. Sie messen nur wenige Mikrometer. Wäre eine Pilzspore so groß wie ein Pinienkern, wäre der zugehörige Fruchtkörper so groß wie der Kölner Dom.

Die sporenenthaltenden Strukturen, also die Ständer bzw. die Schläuche, sind als separater „Überzug", Fruchtschicht genannt, auf dem Fruchtträger angeordnet. Es gibt verschiedene Arten von Fruchtträgern: Durch raffinierte Weisen der Oberflächenvergrößerung in Form von Falten, Gruben, Lamellen oder Röhrenschwämmen gelingt es solch einem Fruchtkörper, die Fläche für seine Fruchtschicht derart zu vergrößern, dass sie viele Millionen Sporen enthält. Nun ist klar, wo die Sporen am Fruchtkörper zu finden sind: Sie sitzen in unzähliger Menge auf dem Fruchtträger, wie z. B. zwischen den Blättern auf der Hutunterseite der Fruchtkörper. So ist es zumindest bei den Blätterpilzen. Bei den Röhrenpilzen ist es die schwammartige Schicht unter den Hüten, die den Fruchtträger darstellt, und in deren Poren Millionen von Sporen auf ihre Verbreitung warten. Andere Pilze, die keinen Hut ausbilden, tragen ihre Sporen zum Beispiel in Furchen auf der Oberfläche oder im Inneren der Fruchtkörper. Somit kann die ganze Oberfläche des Fruchtkörpers Fruchtträger sein.

Saisongäste der Natur

Was haben die Fruchtkörper der Pilze mit der Touristenschar einer Pauschalreisegruppe gemeinsam? Sie tauchen plötzlich auf, verrichten blitzschnell ihre Angelegenheiten und sind kurz darauf auch schon wieder verschwunden. In der Tat kann man Pilzen beim Vergammeln zusehen – eine Tatsache, die man niemals aus dem Sinn verlieren sollte, wenn man sein Pilzmahl und die Stunden danach genießen möchte. Manch eine Person, die in ihrem Eifer auch die ältesten Steinpilze zusammenklaubt, stört das nicht weiter. Das sollte es aber, denn wenn ein Fruchtkörper erst einmal reif ist, beginnt in seinem Fruchtfleisch alsbald die Eiweißzersetzung, und wer sich keine Lebensmittelvergiftung einhandeln möchte, der sollte die überreifen Exemplare lieber im Wald lassen.

Auch von den ganz jungen, winzigen Fruchtkörpern geht Gefahr aus. Sind die kleinen Pilzchen gerade mal dem Primordienstadium entwachsen, sind sie so winzig, dass selbst Fachkundige keine zuverlässige Bestimmung wagen können. Das bedeutet, dass die Verwechslungsgefahr hier stark erhöht ist. Die Wahrscheinlichkeit, einen Giftpilz zu erwischen, steigt gleichermaßen an. Dies geschieht häufiger, als man gemeinhin annimmt. Der Drang nach einem hohen Sammelertrag führt regelmäßig dazu, dass diese Gefahr unterschätzt wird.

Ich möchte das einmal Punkt für Punkt durchgehen:

1) Primordien nennt man die Verdickungen im Pilzgeflecht, die entstehen, wenn sich mehrere Pilzfäden zusammenknäueln und die Vorstufe zur Bildung eines Fruchtkörpers einleiten. Schwerlich in Hut und Stiel zu gliedern, lassen sie selbst für Sachverständige keine zuverlässige Bestimmung zu. Ob essbar oder giftig, lässt sich nicht sagen. Sinnlos also, hierfür den Waldboden umzupflügen.

2) Ungefähr 1 bis 2 cm ist das junge Pilzchen jetzt groß, doch noch immer schmiegt sich sein Hütchen eng um den kleinen Stiel. Im Schnitt wäre zwar die Fruchtschicht als solche erkennbar. Da jedoch

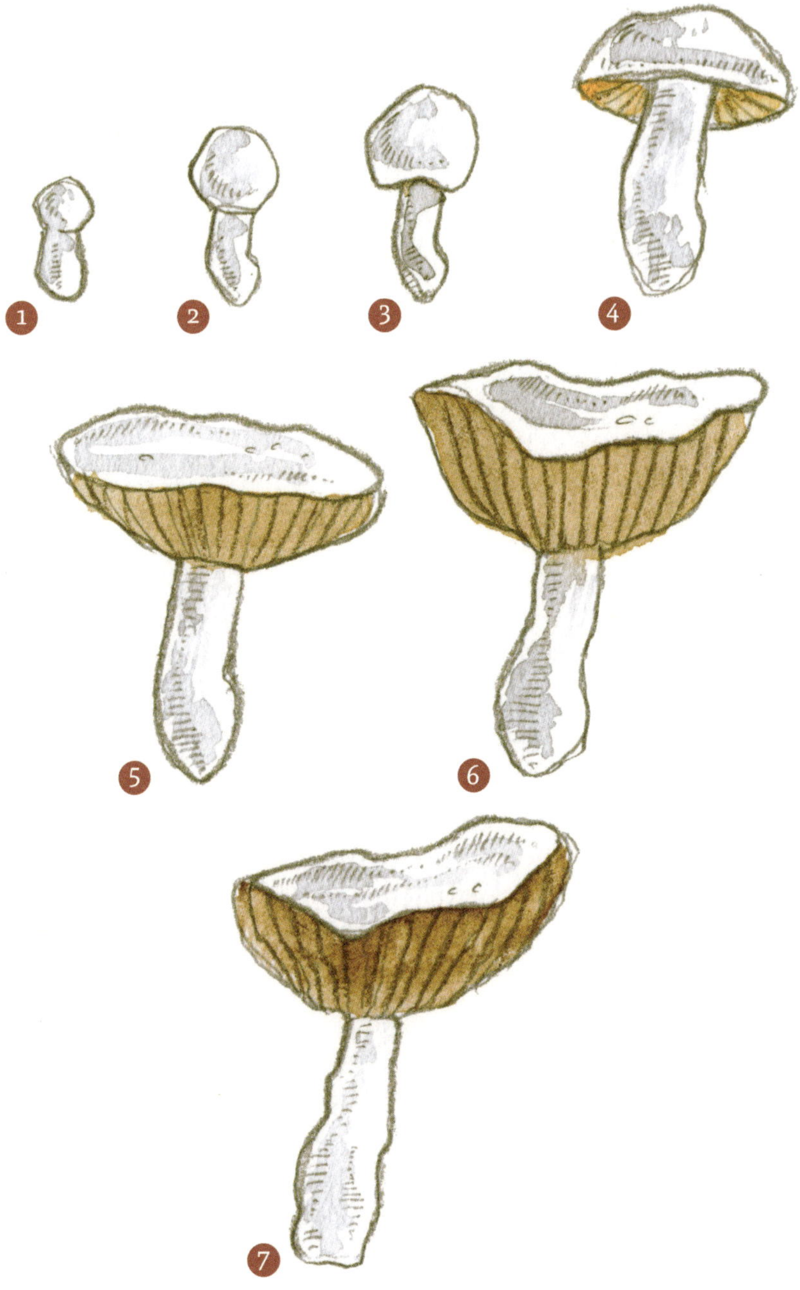
1
2
3
4
5
6
7

noch keine Sporen da sind, kann man noch nicht einmal die Farbe der Fruchtschicht erahnen. In diesem Stadium kann ein Pfifferling leicht mit dem tödlich giftigen Orangefuchsigen Raukopf verwechselt werden! Nur Fachleute können hier eventuell eine Bestimmung wagen.

3) Erst jetzt, da sich der Hut öffnet, gibt sich der Pilz zu erkennen.

4) Der Fruchtkörper wächst und reift heran. Seine Fruchtschicht verfärbt sich, da die Sporen zu reifen beginnen und ihre Eigenfarbe annehmen. Das Fleisch ist frisch und kompakt. Ein Pilzgericht aus solchen Fruchtkörpern kann durchaus noch einmal aufgewärmt werden.

5) Die Sporen sind reif. Um sie möglichst effektiv aus der Fruchtschicht fallen zu lassen, hebt sich der Hutrand in die Höhe, so dass auch der Wind die Sporen aus den Lamellen blasen und verwehen kann. Das Fleisch des Fruchtkörpers kann noch gut sein, doch die Eiweißzersetzung steht unmittelbar bevor. Wer Fruchtkörper dieses Stadiums sammelt, muss sie anschließend sofort verwerten. Reste des Mahles aufzubewahren und nach einigen Stunden wieder aufzuwärmen ist kritisch, denn bis dahin können die Pilze schon das nächste Stadium erreicht haben!

6) Der Pilz hat fast alle Sporen abgeworfen und ist nun überständig. Die Eiweißzersetzung ist im Gange. Solche Exemplare muss man stehen lassen, denn sie verursachen eine Lebensmittelvergiftung, hervorgerufen durch den Genuss verdorbener Speisen.

7) Eine vergammelte, verschrumpelte Mumie. Regelmäßig und oft bringen mir Teilnehmer während einer Exkursion solche Exemplare und hoffen auf eine Bestimmung, die von mir als seriösem Sachverständigen jedoch meist nicht mehr gegeben werden kann, da die ent-

scheidenden Bestimmungsmerkmale bereits verrottet sind. Wer so etwas in den Sammelkorb legt, spielt fahrlässig mit seiner Gesundheit.

Fazit:
Nur die Stadien 3) und 4) sind zum Sammeln und Verzehren zu empfehlen. Stadium 5) ist noch bedingt zu verwenden. Ist der Pilz jünger, kann er leicht verwechselt werden. Die älteren Exemplare scheiden aus gesundheitlichen Gründen aus.

Fleisch, Gemüse oder Obst?

Sie sind fleischig, gelten jedoch nicht als Fleisch. Sie wachsen im Grund, sind aber kein Gemüse. Sie sind Früchte, doch ganz sicher kein Obst. Pilze repräsentieren nicht nur in der Biologie ein eigenständiges Reich, sie stellen auch in der Küche eine Besonderheit dar. Dass sie den Weg in die Küche gefunden haben, liegt in erster Linie an dem Wohlgeschmack, den manche Pilze vielen Menschen bereiten. Doch was haben sie sonst zu bieten? Was genau bedeutet „essbar“? Außer einem bisschen Eiweiß und Fett ist in Pilzen nicht viel enthalten, das für uns verwertbar wäre. Die fadenförmigen Zellen des Pilzfleisches haben Wände aus unverdaulichem Chitin. Diese Zellwände trotzen sogar unserer Magensäure und blocken auf diese Weise selbst die möglicherweise in ihnen eingeschlossenen Schwermetalle gegen die Verdauungssäfte ab. All jene Zellen, die wir nicht zerschnitten oder zerbissen haben, passieren größtenteils unseren Verdauungstrakt, ohne dass wir ihrem Inneren auch nur das Geringste entziehen können. Stattdessen werden Sie mitgeführt und liegen, uns ein Gefühl der Sättigung gebend, als Ballaststoffe in unseren Mägen. Je nachdem, welche Pilzart wir uns einverleibt haben, kommen ihre Fragmente wieder genau so zum Vorschein, wie wir sie uns in den Mund gesteckt haben. Das alles ergibt so lange einen Sinn, wie uns das Pilzessen vorzüglich schmeckt, und zwar wirklich wegen der Pilze, und nicht bloß wegen des Specks, der Zwiebeln und der Gewürze, die wir drangeschmissen haben. Und genau hierin liegt bereits ein Teil der Antwort auf die Frage, was „essbar" bedeutet. „Essbar" bedeutet nämlich, dass ein Pilz unseren Verdauungstrakt durchläuft, ohne gesundheitliche Beeinträchtigungen zu verursachen, weder unmittelbar noch in der Zukunft. Der Begriff lässt dagegen völlig offen, ob dieser Pilz wohlschmeckend oder ergiebig ist. Natürlich sind ungiftige Pilze, die winzig klein sind und nach rein gar nichts schmecken, auch essbar, doch sind sie schwerlich als Speisepilze zu bezeichnen. Nicht alles, was essbar ist, ist auch gut. Nehmen wir zum Beispiel das Schönhorn, auch Klebriger Hörnling genannt. Dieser Pilz ähnelt den Korallenpilzen, ist kräftig orange-gelb und wächst mit Vorliebe in Fichtenforsten. Er wird so häufig mit dem Gelben Ziegenbart verwechselt, dass es vielleicht besser wäre, die Namen beider Arten zu vertauschen. Das Schönhorn ist geschmacklos, von gummiartiger Beschaffenheit und völlig unverdaulich. Kommt es nach dem Mahl auf korrektem Wege wieder ans Tageslicht, könnte man es theoretisch abwaschen und wieder in den Wald setzen – niemandem würde das auffallen.

Unterteilen wir die essbaren Pilze also lieber in zwei Gruppen: Die „Speisepilze" und die „ungiftigen Pilze". Diejenigen Pilze, die zwar ungiftig, aber holzig oder unkaubar zäh sind oder einfach nur widerlich schmecken, gehören zu den „ungenießbaren Pilzen".

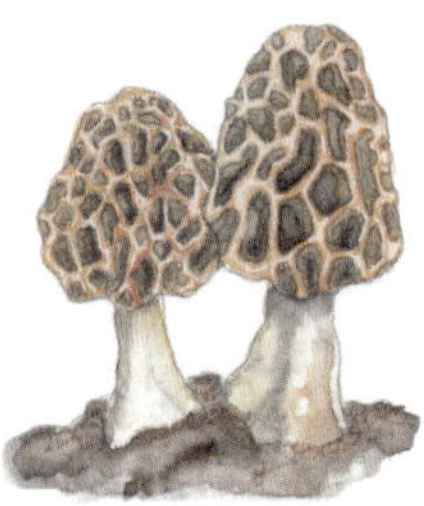

Die Speisemorchel finden Sie auf Seite 130

Pilze jedoch, die Substanzen enthalten, die auf uns gesundheitsgefährdend oder gar tödlich wirken, bezeichnen wir als „Giftpilze".

Doch woraus bestehen Pilze nun genau? Wie setzen sie sich zusammen, und zu welchen Anteilen? Stellen wir uns einmal vor, wir könnten einen Pilz nehmen und so lange schütteln, bis sich seine Bestandteile trennen und schichtweise übereinander absetzen, und dieser Pilz habe eine gläserne Hülle, so dass wir die Schichten sehen könnten, ohne dass diese zerfließen. Gehen wir dabei von einem Fruchtkörper aus, der 100 Gramm schwer ist. Das entspräche zum Beispiel einem etwa 9 cm großen, stattlich geformten Steinpilz.

Wir würden zunächst einmal feststellen, dass der größte Teil, nämlich der gesamte Hut und der Stiel bis beinahe hinab zur Basis reines Wasser wäre. Wasser ist der Hauptbestandteil der Pilze – 77 g oder 77 ml würde es im Falle unseres Steinpilzes ausmachen. Manche Pilze bestehen sogar zu 95% aus Wasser, wie der Samtfußkrempling, den Sie in der Hand wie einen Schwamm auswringen können.

Den zweitgrößten Anteil an der Pilzmasse bildet ein Stoff, der zu der chemischen Gruppe der Polysaccharide gehört. Die beiden in der Natur häufigsten Polysaccharide sind Zellulose, die wir in den Pflanzenfasern antreffen, und Chitin, aus dem die Zellwände der Pilze bestehen. Chitin ist eine Art „Bio-Plastik", der praktisch unverdaulich ist. In Verbindung mit Sklerotin wird Chitin zu dem harten, widerstandsfähigen Material, aus dem die Panzer von Insekten und Krustentieren aufgebaut sind. Das Chitin in unserem gläsernen Steinpilz würde 19 Gramm wiegen.

Wenn Sie mitgerechnet haben, dann wissen Sie, dass von den 100 Gramm unseres Steinpilzes bereits 96 Gramm vergeben sind. Was jetzt noch bleibt sind gute 2 Gramm Eiweiße, anderthalb Gramm

Zucker und etwas weniger als ein halbes Gramm Fette. Den Rest füllen 60 Milligramm Mineralstoffe (z. B. Phosphor, Kalium und Kalzium) sowie 40 Milligramm Spurenelemente (z. B. Kupfer, Eisen, Titan und Gold).

Dies alles zeigt uns, dass der Nährwert der Pilze nur sehr gering ist. Gängige Aussagen über Pilze wie „... reich an Mineralstoffen und Spurenelementen ..." sollten daher nicht allzu wörtlich genommen werden. Mit der gleichen Menge Gemüse aus der Tiefkühltruhe nehmen wir bereits 360 Milligramm Mineralstoffe zu uns, sechsmal so viel wie mit Pilzen.

Wie verhält es sich da mit den Vitaminen, die Pilzen ebenfalls in großen Mengen zugesprochen werden? Unter dem Begriff „Vitamine" werden alle Stoffe zusammengefasst, die wir zum Leben brauchen aber nicht selbst in unserem Körper herstellen können, so dass wir darauf angewiesen sind, sie über unsere Nahrung aufzunehmen. Vitamine können ganz unterschiedliche Stoffe sein, wie beispielsweise Säuren, Alkohole, Hormone und andere. Das Thema ist komplex und kann daher an dieser Stelle nur grob zusammengefasst werden.

Schauen wir uns die wichtigsten Vitamine einmal etwas näher an:

Vitamin A (Retinol) – Es ist wichtig für unsere Haut, die Augen und den Stoffwechsel. Leber, Eier und Milch decken uns damit zur Genüge ein – in Pilzen suchen wir es vergebens. Lediglich Beta-Carotin, auch Provitamin A genannt, finden wir im Fruchtfleisch der Pfifferlinge.

Vitamin B1 (Thiamin) – Es ist für unser Nervensystem unverzichtbar. Es steckt hauptsächlich in Backhefe und verschiedenen Körnern und Getreiden. Aber auch Schweinefleisch enthält ansehnliche Mengen dieses Stoffes. Da Austernseitlinge (und nur sie unter den

Speisepilzen) ähnlich viel Vitamin B1 enthalten wie Fleisch, könnten sie für Veganer als Fleischersatz der beste Thiamin-Lieferant sein, vorausgesetzt, diese verschmähten auch Brot und Backwaren.

Vitamin B2 (Riboflavin) – Dieser Stoff spielt eine zentrale Rolle bei der Nahrungsverwertung, sprich, dem Stoffwechsel. Unser Körper kann es nicht lange speichern, weshalb er nach ständigem Nachschub verlangt. Da Vitamin B2 in vielen Nahrungsmitteln vorkommt, so auch in Pilzen, sind wir durch unsere ganz alltägliche Nahrungsaufnahme bestens damit versorgt. Geflügel und Fisch enthalten etwa fünfmal so viel Riboflavin wie Pilze.

Vitamin B3 (Niacin) – Ich schreibe es ungern, da „Vitamin B3" eine veraltete Bezeichnung ist, die heute von Ernährungskundigen nicht mehr verwendet wird, doch passt sie so schön in diese Aufstellung hinein, dass ich zumindest für die Überschrift einmal dabei bleiben möchte. Unser Herz und unser Nervensystem vertrauen darauf, gut mit Niacin versorgt zu werden, was uns besonders effektiv mit Kalbsleber, Nüssen, Fisch und Geflügel gelingt. Auch Pilze enthalten Niacin, besonders Pfifferlinge, doch etwa nur ein Drittel von dem, was die oben genannten Speisen zu bieten haben.

Vitamin C (Ascorbinsäure) – Dies ist der Stoff zur Stärkung unseres Immunsystems. Er ist jedoch auch an vielen anderen Körperfunktionen beteiligt. Obst und Gemüse enthalten so viel Ascorbinsäure, dass Pilze mit ihrem eher bescheidenen Beitrag zur Vitamin-C-Versorgung für den Speiseplan erst dann interessant werden, wenn man Obst und Gemüse nicht verträgt. Zum Vergleich: Unter den Pilzen enthalten Pfifferlinge am meisten Vitamin C, nämlich bis zu 6 mg/100 g, wohingegen Beeren locker 200 mg/100 g enthalten und sogar mehr. Spitzenreiter unter den einheimischen Früchten ist das „Männlein im Walde", die Hagebutte, mit über 1.200 mg/100 g.

Vitamin D (Calciferol) – Die Calciferole regulieren den Kalziumspiegel im Blut und sind wichtig zur Festigung der Knochen und Zähne. Da unser Körper es selbst produzieren kann, dürfte es streng genommen nicht als Vitamin gelten, doch da er dieses nicht ohne Sonnenlicht zu bewerkstelligen vermag, wollen wir ein Auge zudrücken. Eine halbe Stunde Aufenthalt an der frischen Luft, selbst bei bedecktem Himmel, genügt in der Regel, um den Tagesbedarf an Vitamin D zu decken. Stubenhockern und Nachteulen sei empfohlen, jeden Tag ein Stück Wildlachs zu essen.

Für uns Pilzfans ist es interessant zu wissen, dass bestimmte Pilzarten bei Bestrahlung mit UV-B-Licht so viel Vitamin D2 bilden, dass sie entsprechende Nahrungsergänzungsmittel ersetzen können. Dazu gehören der Zuchtegerling, der Pasaniapilz und der Klapperschwamm. Marktsprachlich sind uns diese drei Arten eher als Champignon, Shiitake und Maitake bekannt.

Die Frage, ob eine Zufuhr an Calciferolen über das natürliche Maß hinaus förderlich oder schädlich ist, wird kontrovers diskutiert. Forschungsergebnisse, die zum Ergebnis „schädlich" kommen, werden gerne heftig attackiert, häufig von jenen, die mit Vitamin-D-Supplementen handeln. Begegnen Sie am besten auch dieser Thematik mit großer Bedachtsamkeit.

Vitamin E (Tocopherol) – Diesen Stoff sollten all diejenigen im Auge behalten, die sich fortpflanzen möchten, da er für die Keimdrüsen unentbehrlich ist. Der effektivste Weg, sich mit Vitamin E zu versorgen, sind Pflanzenöle. Sie enthalten 100–300 mal so viel Tocopherol wie Speisepilze.

Wir sehen, dass Speisepilzen ein Vitamingehalt nicht abzusprechen ist, doch wäre es nicht sinnvoll, ihrem Beitrag zur Deckung unseres Tagesbedarfes an Vitaminen eine entscheidende Bedeutung beizumessen, geschweige denn, diesen über den Verzehr von Pilzen anzustreben. Denn dazu wären folgende Tagesrationen nötig:

Vitamin A:	Nicht möglich
Vitamin B1:	0,5 kg Austernpilze
Vitamin B2:	0,5 kg Steinpilze
Vitamin B3:	0,3 bis 0,5 kg Pfifferlinge
Vitamin C:	1,5 kg Pfifferlinge
Vitamin D:	1 kg Champignons
Vitamin E:	2 kg Champignons

Zwar erscheinen hier 300 g Pfifferlinge pro Tag einigermaßen realistisch, doch kann vom täglichen Verzehr einer solchen Menge nur abgeraten werden, da das weitestgehend unverdauliche Fruchtfleisch der Pilze kurzfristig zu massiven Verdauungsproblemen bis hin zum Darmverschluss führen würde.

Und wenn sie nicht „echt“ sind?

Ich habe mir gut überlegt, wo ich dieses Thema einbaue. Da wir soeben über Zusammensetzung und Nährwert der Pilze gesprochen haben, passt es sehr gut in dieses Kapitel. Im Grunde wissen Sie es ja, doch die Erfahrung aus den Seminaren zeigt: Wann immer ich auf das Thema zu sprechen komme, hören Sie es nicht gerne. Aber es nützt nichts. Wir müssen darüber reden, dass Pilze auch gefährlich sein können. Nicht äußerlich. Wenn Sie sie berühren, brauchen Sie nichts zu befürchten, doch wenn Sie sie erstmal im Leib haben, können Giftpilze Sie von innen heraus fertig machen. Das ist Ihnen bewusst. Daher rührt ja schließlich das mulmige Gefühl, das Sie trotz aller Sorgfalt erfasst, wenn Sie selbstgesammelte Pilze gegessen haben. Dieses letzte Stückchen Unsicherheit, dieses „Was, wenn doch?“, beschäftigt Sie so lange, bis gefühlt genügend Zeit vergangen ist und Sie sich immer noch körperlich wohlfühlen. Vielleicht ist Ihnen auch die Sorge vertraut, dass Pilze, die in Ihrem Garten auftauchen, Ihren Schnittlauch vergiften könnten. Es ist daher sogar gut, wenn wir drüber reden. Wissen erzeugt Zuversicht. Ich gebe zu, nicht alles, was Sie nun erfahren werden, wird Sie beruhigen. Wir brauchen nicht zu beschönigen, dass Pilzvergiftungen garstig sind und Menschen daran sterben können. Doch die Fallzahlen zeigen auch, dass Deutschlands Pilzbegeisterte einen guten Wissensstand haben und entsprechend vorsichtig sind. So kommen wir pro Jahr mit ungefähr 230 stationären Behandlungen aus. Wie viele sich keine Hilfe suchen und sich stattdessen lieber zu Hause in aller Stille eine Schüssel vors Bett stellen, wissen wir dagegen nicht. Betroffene wissen außerdem nicht immer, dass sie eine Pilzvergiftung erwischt haben, da sie den Zusammenhang verkennen, zum Beispiel wenn die Symptome erst lange nach dem Verzehr auftreten, oder indem sie auftauchende Symptome nicht für pilzvergiftungstypisch halten. Dort dürfte die Dunkelziffer also relativ hoch sein.

Beschwerden verursacht durch Pilze treten zumeist dann auf, wenn der Mund zu voll genommen wird, und das in zweierlei Wortsinn. Zum einen gilt es wortwörtlich. Immer wieder geschieht es, dass Pilze im Übermaß gesammelt und verspeist werden. So entstehen einerseits Beschwerden durch die schlechte Verdaulichkeit von Pilzen, und andererseits werden auf diese Weise höhere Dosen bestimmter Inhaltsstoffe eingenommen, die bei Verzehr kleinerer Mengen wirkungslos geblieben wären. Die andere Bedeutung von „den Mund zu voll nehmen" kennen Sie: Sich seiner Sache zu sicher sein, sich selbst überschätzen. Der größte Feind der Sicherheit ist die Routine. Wenn Sie beim Sammeln Ihrer Champignons nicht jeden einzelnen Fruchtkörper sorgfältig in Augenschein nehmen, laufen Sie Gefahr, den einen Knollenblätterpilz, der zwischen ihnen steht, nicht zu bemerken.

Die Forschung macht ständig Fortschritte. Wir wissen heute viel mehr als noch vor 20 Jahren. Da ist es insbesondere älteren Menschen schwer zu vermitteln, dass Pilze, die jahrzehntelang als Speisepilze galten, heute als Giftpilze betrachtet werden. Und ja, es ist nicht leicht zu akzeptieren, dass Pilze, die man sein Leben lang vielleicht schadlos gegessen hat, nun nicht mehr zum Sammeln in Frage kommen. Das trifft unter anderem auf den Speckpilz, den Weißen Rasling, den Grünling und den Erdritterling zu, die in der Vergangenheit tödliche Erkrankungen auslösten. Warum hat es so lange gedauert, dies zu erkennen?

„Die haben wir immer gesammelt und hatten noch nie irgendwelche Beschwerden!" – So lautet der häufigste Einwand, und er scheint plausibel. Doch genau das ist in diesem Fall die Tücke gewesen. Lange Zeit hatte die Forschung nichts weiter als die Erfahrungen der pilzesammelnden Bevölkerung, um Aussagen über die Essbarkeit von Pilzen zu treffen. Und wenn ein Pilz relativ kurz nach dem Verzehr keine Maleste hervorrief, so waren sich die Leute sicher: Der ist essbar. Nun ist es aber leider so, dass manche Pilze erst nach mehrmaligem Genuss zur Gefahr werden, nachdem sie einige ihrer Inhaltstoffe von Mal zu Mal im menschlichen Körper angereichert haben. Ab einer bestimmten Wirkstoffkonzentration im Blut wird dann eine Erkrankung ausgelöst. Das kann eine Blutauflösung, ein Krebs oder eine Muskelzersetzung sein. Und immer, wenn es geschah, hatte niemand der Betroffenen auf dem Schirm, dass es von den Pilzen gekommen war. Der kausale Zusammenhang war auf den ersten Blick nicht mehr erkennbar. Entsprechend lange dauerte es, bis die Forschung ihn endlich erkannte. Dank der Wissenschaft können wir Sie heute vor diesen Pilzen warnen und schützen.

Verwechslungen sind bei Pilzen häufiger, als gemeinhin angenommen wird. Sie wären erstaunt, wenn Sie wüssten, wie oft Sie den Parasol schon verwechselt haben, oder die Marone. Glücklicherweise ist es in aller Regel nicht schlimm, den Parasol mit anderen Riesenschirmlingen oder

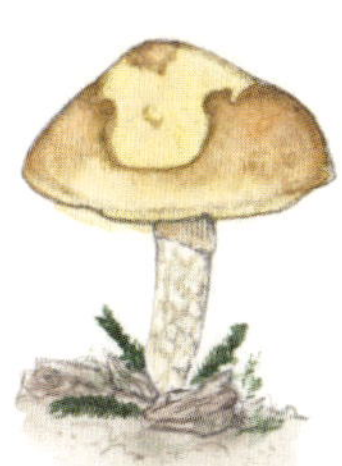

Den Gifthäubling finden Sie auf Seite 212

die Marone mit anderen Röhrlingen zu verwechseln, da die Doppelgänger ebenfalls genießbar sind. Der Parasol hat jedoch einen Doppelgänger, bei dem Sie vorsichtig sein müssen. Das ist der Safranschirmling, auch Rötender Riesenschirmpilz genannt. Er gehört zu einer Gruppe von sehr ähnlichen Arten, von denen einige stark giftig sind. Sie auseinanderzuhalten ist eine äußerst anspruchsvolle Aufgabe. Ihr Lebensraum reicht von Wäldern bis hin zu Parks und Gärten, wo sie immer wieder als „Parasole" angesprochen und gesammelt werden, mit teilweise unerfreulichen Folgen, die ich anschließend im Krankenhaus diagnostizieren muss. Daher empfehle ich Ihnen, den Safranschirmpilz nicht mehr zu Speisezwecken zu sammeln. Nun gibt es Pilzkundige, die sagen, dass die Exemplare aus dem Wald „meist bedenkenlos gegessen werden können". Das ist auch gar nicht falsch, nur leider kein sicheres Kriterium. Beim Russisch Roulette können Sie schließlich auch meist bedenkenlos abdrücken. Es sei denn, die geladene Kammer liegt hinter dem Lauf, aber das wissen Sie ja nicht.

Im Verdauungstrakt angelangt, können Pilze entsetzliche Dinge mit uns anrichten, und mit Ausnahme von physischer Gewalteinwirkung sind ihre Möglichkeiten unbegrenzt. Abgesehen von Brechdurchfällen und Bauchschmerzen, die fast immer Begleiterscheinungen von Pilzvergiftungen sind, können wir die entscheidenden Symptome für den Anfang in vier Kategorien einordnen, die vorrangig entweder die Organe, das Nervensystem oder andere Körperfunktionen betreffen.

Beginnen wir mit den organschädigenden Vergiftungen. Hierher gehören die Gifte der Knollenblätterpilze, Schleierlinge und Häublinge, die sich auf diejenigen Organe konzentrieren, die speziell für die Entgiftung des Körpers zuständig sind: Leber und Nieren. Beide können bei fortschreitender Schädigung zumindest anfänglich noch ihre Funktion erfüllen, weshalb es in der Regel recht lange dauert, bis sich die Vergiftung in ihren Symptomen bemerkbar macht. Eine

Latenzzeit von sechs Tagen bis drei Wochen ist durchaus nicht unüblich. Deshalb ist es so ungeheuer wichtig, sich sofort einweisen zu lassen, wenn Beschwerden nicht unmittelbar nach dem Pilzmahl auftauchen, sondern erst einige Stunden oder Tage später. Trotz der Gefährlichkeit dieser Vergiftungen können wir heute einiges tun, um das Leben von Erkrankten zu retten, auch wenn das leider nicht in allen Fällen gelingt.

Zu den Pilzen, die sich durch Beeinträchtigungen des Nervensystems bemerkbar machen, gehören Lorcheln, Trichterlinge, Kahlköpfe, Düngerlinge, Risspilze sowie der Fliegenpilz und der Pantherpilz. Die Symptome sind Bewusstseinsstörungen, Orientierungslosigkeit, Delirien und Halluzinationen, aber auch gefährliche Hirnläsionen. Da zudem meist auch der Blutkreislauf stark beeinträchtigt wird, kommt es immer wieder zu Todesfällen. Sie können diesen Erfahrungen weitestgehend aus dem Weg gehen, indem sie kleine braune sowie völlig weiße Pilze generell meiden.

Zur dritten Kategorie gehören die schon erwähnten Grünlinge, Erdritterlinge, Weiße Raslinge und Speckpilze. Letztere heißen eigentlich Kahle Kremplinge. Auch Falsche Pfifferlinge reihen sich in diese Liste ein. Ihnen allen ist gemeinsam, dass sie Stoffe enthalten, die erst nach mehrmaligem Verzehr durch unter Umständen jahrelange Anreicherung im Blut zu ernsten, bisweilen tödlichen Erkrankungen führen. So führt der Genuss des Kahlen Kremplings früher oder später zur Blutauflösung, der des Grünlings zum Versagen der quergestreiften Muskulatur, wozu auch die Herzmuskulatur gehört. Andere Pilze enthalten mutagene Stoffe, die Krebs auslösen können, wie dies beim Weißen Rasling festgestellt wurde.

Darüber hinaus gibt es noch eine weitere Kategorie, deren Vertreter nichts weiter als Magen-Darm-Beschwerden auslösen. Die können zwar sehr heftig und langanhaltend sein, doch in aller Regel werden diese gut überstanden. Problematisch kann hier der starke Flüssigkeitsverlust sein, der durch die anhaltenden Brechdurchfälle auftritt. Kandidaten für solch eine unerfreuliche Erfahrung sind Täublinge, Milchlinge, Rötlinge, Giftegerlinge und einige Röhrlinge, wie der Satansröhrling oder der Schönfußröhrling. Besonders effektiv sind Korallenpilze wie die Blasse Koralle, die noch schneller anschlägt als jedes Abführmittel. Rekordhalter in dieser Disziplin ist der Tigerritterling: Nach dem Herunterschlucken des ersten Bissens haben Sie zehn Minuten, um die Örtlichkeiten zu erreichen. Gelingt Ihnen das nicht, wird das eine äußerst erniedrigende Erfahrung.

Sie sind also in jedem Fall gut beraten, wenn Sie im Zweifelsfall ihren Fund einer sachverständigen Person zeigen, bevor Sie ihn zu Speisezwecken verwenden. Es ist jedoch ganz und gar nicht nötig, übertrieben ängstlich an das Thema Pilze heranzugehen. Es gibt ja gute Möglichkeiten, seine Speisepilze sicher zu erkennen. Wenn die beherrscht und beherzigt werden, steht überhaupt nichts Schlimmes zu befürchten.

Es bedarf im Übrigen immer der direkten Aufnahme von Pilzmaterial in den Körper, damit es zu Ausfallerscheinungen kommen kann. Giftpilze nur anzufassen ist ungefährlich. Finden Sie welche in Ihrem Gemüsegarten, ist dies ebenfalls kein Grund zur Sorge. Gifte werden nicht auf umstehende Pflanzen übertragen. Bleibt noch das Einatmen von Sporen. Dies zählt selbstverständlich mit zur „direkten Aufnahme" und ist nicht unkritisch. Grundsätzlich ist es so, dass wir mit jedem Atemzug um die 100 Pilzsporen einatmen, denn Sporen sind immer in der Luft vorhanden, ganz gleich wo. Das ist in den meisten Fällen ungefährlich und wird vom Körper ähnlich gehandhabt wie das Eindringen von anderen Mikropartikeln. Jedoch können Sporen bei allergischen Menschen zu Husten bis hin zu Asthma führen, ebenso zu Fließschnupfen und Niesanfällen. Eine ernste allergische Reaktion, die wir insbesondere von Hausschimmelpilzen kennen, ist die Alveolitis, eine Art Entzündung der Lunge mit anschließender Verhärtung des Lungengewebes. Damit kann nicht sicher behauptet werden, dass das Riechen an Pilzen, und hier im Besonderen an ihren Fruchtträgern, wie es zur Bestimmung oftmals erforderlich ist, auch für allergische Personen in jedem Fall unbedenklich ist. Hin und wieder höre ich auch von der Sorge, dass Pilzsporen in uns keimen und wachsen könnten, denn immerhin ist es im menschlichen Körper feucht und warm. Das trifft in der Regel nicht zu, denn dazu ist es in uns zu heiß. Sporen keimen bei Temperaturen zwischen 15°C und 25°C. Dies ist auch der optimale Bereich für das Wachstum der Pilze generell. Unsere 37°C Körpertemperatur ist ihnen zu heiß. Mit einer Ausnahme: Unser einheimischer Spaltblättling vermag auch bei Hitze zu keimen und somit auch in unserer Lunge. Da dies in der Vergangenheit auch schon geschehen ist, warne ich ausdrücklich davor, am Spaltblättling zu riechen.

Kapitel 3:

Alles geht leichter mit System

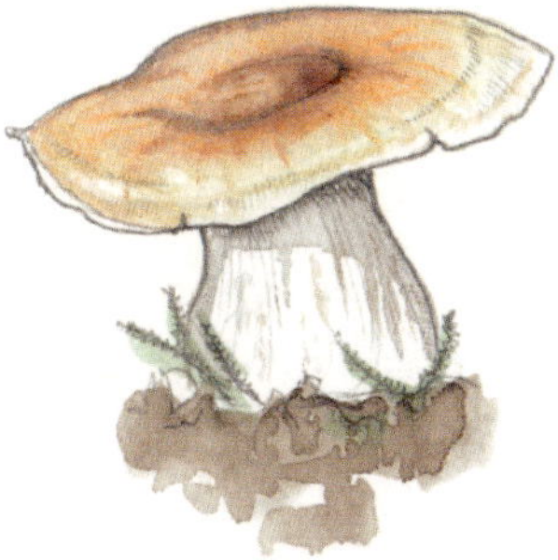

„Sich zu verlieben ist wie Pilze essen, du weißt nie ob es das Wahre ist, bevor es zu spät ist."

Bill Ballance, 1918–2004
US-amerik. Radiomoderator und Autor

Wie viele Pilze muss man kennen?

Zu Beginn meiner Seminare frage ich gerne in die Runde, wie viele Pilzarten die Teilnehmenden schon kennen. Ich gewinne auf diese Weise einen Eindruck vom Kenntnisstand der Gruppe und baue anschließend darauf auf. Auf meine Frage hin muss ich mir zumeist die Gegenfrage gefallen lassen, wie viele Pilze ich denn kenne. Die weiteren, weitaus interessanteren Fragen kommen dann gleich hinterher: Wie viele Pilzarten gibt es in unseren Wäldern, und wie viele von ihnen sollten wir grundsätzlich kennen?

Gehen wir es einmal von oben nach unten durch. Da die Pilzwelt noch längst nicht völlig erforscht ist und ständig neue Arten beschrieben werden, kann man die Zahl der Pilzarten nur schätzen. Wir können uns aber sicher sein, dass wir in der Eifel an die 6.000 verschiedene Großpilzarten haben. Die wichtige Frage aber, die niemals gestellt wird, lautet: Wie viele davon *kann* man kennen? Unter „kennen" verstehe ich hierbei die Fähigkeit, eine Pilzart ohne aufwändige Hilfsmittel wie Chemikalien und Mikroskop „im Feld" zu benennen. Davon ausgehend sind es etwa 700 bis 900 Arten, die man überhaupt kennen *kann*, da alle übrigen nur durch mikroskopische Untersuchungen ihrer Sporen und ihres zellularen Aufbaus eindeutig bestimmbar sind. Koryphäen unter den Pilzkundigen erreichen die oben genannte Zahl, behaupten sogar bisweilen, sie zu übertreffen, doch geben viele von ihnen auch augenzwinkernd zu, im Grenzbereich hin und wieder einfach „Arbeitsnamen" oder „Kampfnamen" zu vergeben, ohne sich wirklich in der ultimativen Sicherheit zu wähnen, mit was genau sie es zu tun haben. Ich für meinen Teil wähne mich in der Sicherheit, mindestens 600 Pilze frei bestimmen zu können.

Nun bin ich noch die Antwort schuldig auf die Frage, wie viele Pilze man kennen *muss*. *Müssen* tun wir nur sterben, gilt in der Eifel, und liegen damit auch in diesem Fall richtig. Wenn ich nur drei Speisepilzarten kenne, und die aus dem Effeff, und niemals etwas anderes in meinen Korb lege als diese drei Arten und damit glücklich bin, muss ich gar nicht mehr kennen. Solange ich nur die Pilze sammle, die ich eindeutig bestimmen kann, werde ich beim Verzehr meiner Funde niemals schlechte Erfahrungen machen. Und genau darum geht es letzten Endes nämlich: Wie viele Pilze muss ich kennen, um mich vor Vergiftungen zu bewahren? Und die Antwort darauf lautet: Genau so viele, wie ich mir am Ende in die Pfanne schnippel.

Wir müssen also keineswegs alle 6.000 Pilze kennen. Formulieren wir es anders und fragen: Wie viele Pilze *sollten* wir kennen? Hier spielen mehrere Kriterien eine Rolle. Beginnen wir bei den Speisepilzen. Pilze, die wir essen, sollten einen gewissen Wohlgeschmack aufweisen, und sie sollten recht große, festfleischige, also ergiebige Exemplare hervorbringen. Nicht zuletzt sollten sie auch häufig vorkommen, einerseits, weil wir uns nicht die Hacken nach ihnen ablaufen möchten, und andererseits, weil wir es vermeiden möchten, sehr seltene Arten in ihrem Bestand zu dezimieren, indem wir ihnen durch schonungsloses Sammeln die Möglichkeit nehmen, sich fortzupflanzen. Ein Kriterium fehlt noch, und es ist eines der wichtigsten: Speisepilze sollten leicht zu bestimmen sein, sollten viele „gute Merkmale" aufweisen, um möglichst nicht mit giftigen Doppelgängern verwechselt zu werden. Berücksichtigen wir all dies, können wir etwa 40 Arten durchaus als schmackhafte und sichere Speisepilze bezeichnen.

Bei den Giftpilzen ist es ähnlich. Zwar geht ihre Zahl aufgrund der Tatsache, dass oft ganze Gattungen giftig sind, in die Hunderte, doch wenn wir auch hier wieder ein wenig ausfiltern, indem wir die Häufigkeit und Gefährlichkeit der einzelnen Arten berücksichtigen, können wir eine sinnvolle Zahl an Arten nennen, die wir kennen sollten. Sie beläuft sich auf rund 70 ernstzunehmende Giftpilze.

Nehmen wir dann noch die 20 wichtigsten der ungenießbaren Pilze hinzu, kommen wir auf 130 Pilzarten.

Wer diese 130 Pilze wirklich sicher zu bestimmen weiß, darf von sich behaupten, ein Pilzkenner oder eine Pilzkennerin zu sein.

Dumme und schlaue Pilznamen

Verwendet man in der Chemie ein Gelbröhrchen? Ist ein Rehling ein schlaksiger, junger Mann? Und steht eine aufwändige Sanierung an, wenn Sie den Gelbschwamm im Haus haben? Nein, das ist freilich alles Unsinn. Es ist mir indessen immer wieder eine Freude zu erfahren, unter welchen Namen gerade auswärtige Seminarteilnehmende die uns allen wohlbekannten Pilze kennen. Da hätten wir den Rehpilz, den Eierschwamm, den Dotterpilz ...

Wir sprechen übrigens seit Beginn des Kapitels vom Pfifferling, dem Pilz, der sich zusammen mit dem Steinpilz wohl den Preis für höchste Beliebtheit teilen dürfte. Sie sind die Stars unter den Speisepilzen. Gäbe es für Pilze ein Klatschblatt, wären die beiden jede Woche auf der Titelseite. Auch der Steinpilz hat eine Menge Künstlernamen, so hört er andernorts zum Beispiel auf die Namen Eichpilz, Herrenpilz, Dobernigel, Pülstling, Braunkopf, Doberling oder Steinkopf.

In jeder Region Deutschlands haben die Pilze unterschiedliche volkstümliche Namen. In der Wissenschaft geht das nicht. Die Erforschung der Pilzwelt ist kompliziert genug, da wäre es mehr als hinderlich, jedes Mal zuerst herausfinden zu müssen, von welcher Art die Pilzkundigen eigentlich gerade sprechen. Einheitliche Namen müssen also her. Da Pilzkundige, wie in der Wissenschaft üblich, auch mit Gelehrten anderer Länder verkehren, genügt eine Vereinheitlichung der Pilznamen in der jeweiligen Landessprache nicht.

Es müssen Sprachen sein, die alle Fachleute auf der Welt verstehen, und diese sind bekanntlich Latein und Altgriechich. Dass es ausgerechnet diese Sprachen sind, verdanken wir der Tatsache, dass bereits in der Antike eine hohe Form der Wissenschaft betrieben wurde und alle Gelehrten, die später kamen, aus diesem Fundus ihre Bildung schöpften, wozu es erforderlich war, dieser beiden Sprachen mächtig zu sein. Man behielt sie auch danach noch bei, eben um sich auch über Muttersprachen hinweg austauschen zu können.

Weil die Wissenschaft über Jahrhunderte ein elitäres Clübchen war und dieses gegenüber dem gemeinen Volk, dem Pöbel, auch gerne mal heraushängen ließ, empfinden wir die lateinischen Pilznamen auch heute noch vielfach als hochtrabend und affektiert. Sie haben jedoch den großen Vorteil, dass sie die Pilzarten eindeutig benennen und darüber hinaus auch deren Gattungs- und Familienzusammengehörigkeiten klar herausstellen.

Wie heißen Steinpilz und Pfifferling nun also auf Schlau? Beginnen wir mit dem Steinpilz. Er heißt auf Latein „Boletus edulis". Boletus bedeutet „Speisepilz" und edulis „essbar". „Essbarer Speisepilz" heißt der Steinpilz also auf internationalem Parkett. Wir erkennen, dass auch die „schlauen" Pilznamen nicht unbedingt besonders geistreich sein müssen. Wie ist es beim Pfifferling? Er heißt unter Fachleuten „Cantharellus cibarius". Cantharellus lässt sich mit „Kelchlein" übersetzen, cibarius bedeutet „zur Speise gehörig". Das „zur Speise gehörende Kelchlein" ist also der offizielle Name des Pfifferlings.

Man kann sich über den Sinngehalt dieser Titulierungen streiten, doch die Vorteile der schlauen Pilznamen liegen auf der Hand: Sie sind eindeutig, da international anerkannt und festgelegt, und sie zeigen die Zusammengehörigkeiten auf. So gehören der Steinpilz (Boletus edulis) und der Satanspilz (Boletus satanas) beide zur Gattung der Dickröhrlinge (Boletus). Wie man sieht, tritt die wortwörtliche Bedeutung des Wortes Boletus (Speisepilz) gegenüber einer sauberen verwandtschaftlichen Einteilung in den Hintergrund, denn immerhin ist der Satanspilz giftig. Dies hat für die Wissenschaft jedoch keine Bedeutung – die Frage ob essbar oder giftig spielt in der systematischen Einteilung der Pilze keine Rolle, oder anders ausgedrückt: Jede Pilzgattung kann sowohl essbare als auch giftige Arten enthalten. Den letzten Satz lesen Sie bitte noch mal laut und prägen ihn sich gut ein, denn er ist sehr, sehr wichtig!

Ich möchte Ihnen daher ans Herz legen, die wissenschaftlichen Pilznamen nicht völlig zu ignorieren, wenn Sie tiefer in die Pilzbestimmung einsteigen wollen. Wenn Sie erst einmal gelernt haben, wenigstens die Pilzgattungen auseinander zu halten, werden Sie viel häufiger neue Erfolgserlebnisse haben, und gleichzeitig erweitern Sie auch Ihren Speisezettel.

In diesem Buch halte ich es ebenso wie in meinen Pilz-Seminaren: Um die beschriebenen Pilze auch in der übrigen Literatur nachschlagen zu können, werde ich Ihnen zusätzlich zu den volkstümlichen Namen auch die wissenschaftlichen Gattungs- und Artnamen angeben. Abgesehen davon werde ich mich jedoch keines übertriebenen Fachchinesischs befleißigen. Wenn eine Pilzart auf einem unüblichen Untergrund Fruchtkörper ausbildet, werde ich Ihnen das auch genau so sagen und mich nicht etwa in Ergüssen ergehen, in denen selbige Spezies auf atypischem Substrat fruktifiziert. Schließlich interessieren Sie und ich uns einfach nur für Pilze, und wir müssen niemanden beeindrucken.

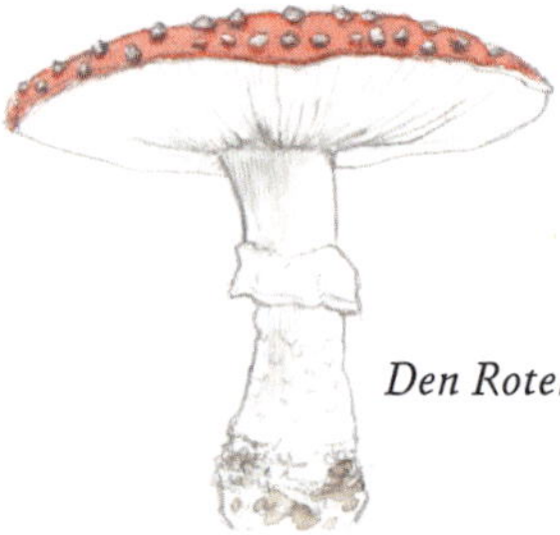

Den Roten Fliegenpilz finden Sie auf Seite 159

Das Reich der Pilze

Die Forschung macht ständig Fortschritte. Während im 19. Jahrhundert lediglich von Tieren und Pflanzen als Reiche der Biologie gesprochen wurde, werden die Lebewesen auf der Erde heute deutlich feiner unterteilt. Für uns genügt es zu wissen, dass es drei dominierende Reiche gibt: Das der Tiere, der Pflanzen und der Pilze. Jedes Reich besteht, Zwischenkategorien einmal unberücksichtigt, aus Klassen, die in Ordnungen unterteilt werden. Diese wiederum gliedern sich in Familien, die ihrerseits die Gattungen enthalten. In den Gattungen schließlich finden wir die einzelnen Arten.

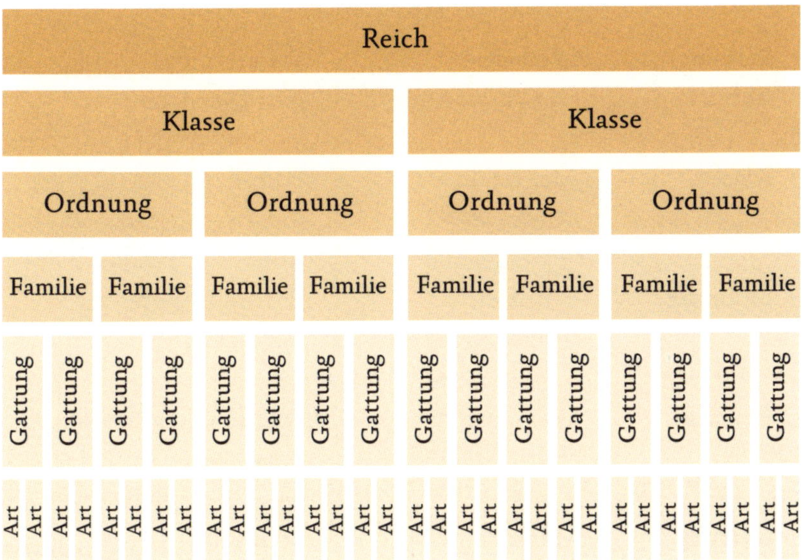

Ich möchte das einmal an einem Beispiel veranschaulichen: Wir Menschen gehören zum *Reich* der Tiere (Animalia), genauer zur *Klasse* der Säugetiere (Mammalia), und dort wiederum finden wir uns der *Ordnung* der Primaten (Primates) zugeordnet. Innerhalb dieser gehören wir zur *Familie* der Menschenaffen (Hominidae). Wir zählen dort zur *Gattung* Menschen (Homo), und unsere *Art* wird bezeichnet als Vernunftbegabter Mensch (Homo sapiens). Wir sehen: Der wissenschaftliche Artname nennt immer auch den Gattungsnamen, hier in der Form „Homo sapiens“.

Bei Pilzen wird das alles ganz genauso gemacht. Nehmen wir den Steinpilz und stellen ihn in der folgenden Tabelle dem Beispiel mit dem Menschen gegenüber:

Reich	Tiere *(Animalia)*	Pilze *(Fungi)*
Stamm/ Abteilung	Wirbeltiere *(Vertebrata)*	Ständerpilze *(Basidiomycetes)*
Klasse	Säugetiere *(Mammalia)*	Hutpilze *(Agaricomycetes)*
Ordnung	Primaten *(Primates)*	Dickröhrlingsartige *(Boletales)*
Familie	Menschenaffen *(Hominidae)*	Dickröhrlingsverwandte *(Boletacea)*
Gattung	Menschen *(Homo)*	Steinpilze *(Boletus)*
Art	Vernunftbegabter Mensch *(Homo sapiens)*	Echter Steinpilz *(Boletus edulis)*

Diese Aufstellung folgt zumindest weitestgehend der Vorgehensweise in der Biologie, wenngleich dort noch feinere Unterteilungen wie z. B. Unterstämme und Überklassen angewandt werden. Für uns soll dies aber mal so genügen.

Eine Unterteilung, die Sie früh kennen lernen sollten, ist die in Ständerpilze und Schlauchpilze. Das ist nämlich eine erste einfache Möglichkeit, nicht auf dem Schlauch zu stehen, wenn mal mehr als eine Pilzkoryphäe auf einer Exkursion anwesend ist. Da wird nämlich sehr schnell das Wort „Askomyzeten“ fallen, insbesondere dann, wenn es um einen Fund geht, der bei der Bestimmung Schwierigkeiten bereitet. „Das ist irgendein Askomyzet“, sagen sie dann und verwerfen den Fund. Was meinen sie damit?

Pilze verbreiten sich über ihre Sporen. Von denen bildet jeder Fruchtkörper eine Zahl in Millionenhöhe aus. Entsprechend winzig sind sie, nur einige Mikrometer sind sie groß. Es gibt zumeist einen festgelegten Bereich auf dem Fruchtkörper, der die Sporen enthält. Das ist der Fruchtträger. Bei den Hutpilzen ist es der Bereich unter der Kappe, dort, wo sich die merkwürdigen Strukturen wie Lamellen oder Röhren befinden. Diese Strukturen dienen dem Zweck, möglichst viel Oberfläche für die Herstellung von Sporen zu schaffen. Nun gibt es zwei Möglichkeiten, wie die Sporen angeordnet sein können. Entweder reifen sie unter Luftabschluss in kleinen, geschlossenen Schläuchen heran, oder auf winzigen Ständern an der frischen Luft. Dementsprechend werden alle Pilze mit Sporenschläuchen „Schlauchpilze“ genannt, wohingegen die mit Sporenständern, na klar, „Ständerpilze“ heißen. Auch für diese beiden Kategorien gibt es schlaue Ausdrücke: Ascomycetes für Schlauch- und Basidiomycetes für Ständerpilze. Leidlich eingedeutscht sprechen Kundige von Askomyzeten und Basidiomyzeten. Schlauchpilze sind ebenso artenreich wie Ständerpilze, doch es bereitet ungleich mehr Mühe, sie auseinander zu halten. Ein Mikroskop ist dazu unerlässlich, zumal die meisten Schlauchpilze obendrein ausgesprochen winzig sind. Das sind letztlich die Gründe, warum es während einer Exkursion in der Regel wenig Sinn ergibt, einen Bestimmungsversuch an einem Askomyzeten zu unternehmen.

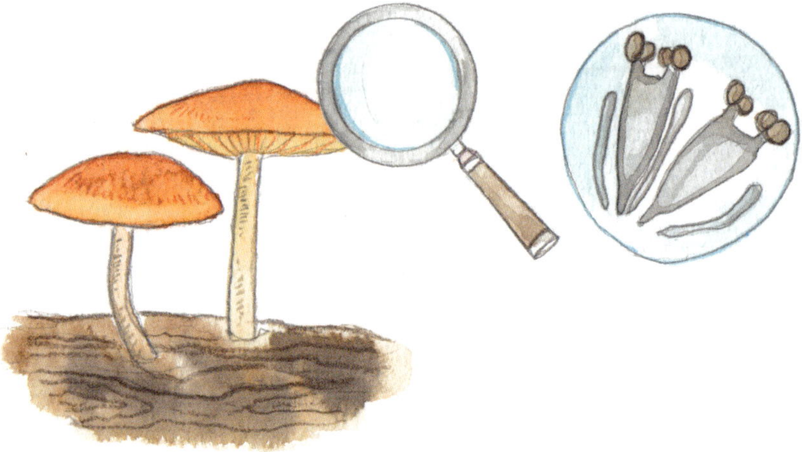

Ständerpilze (Basidiomycetes)

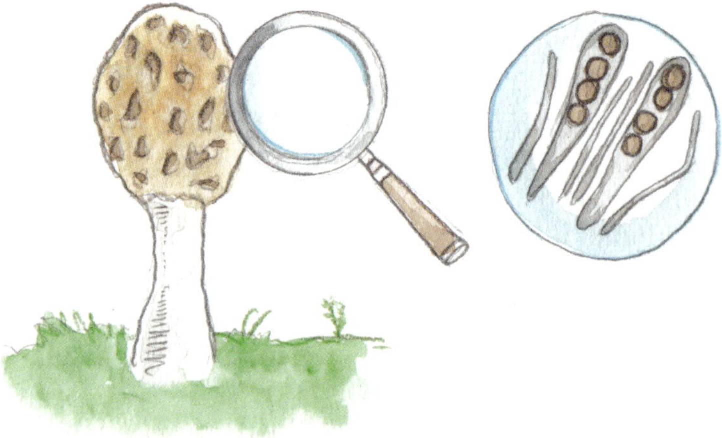

Schlauchpilze (Ascomycetes)

Zu den größeren Askomyzeten zählen Becherlinge, Trüffeln, Lorcheln und Morcheln. Alles andere, was Sie draußen finden, sind fast immer Basidiomyzeten, also Ständerpilzarten, zu denen unter anderem die ganzen Hutpilze, Korallen, Boviste usw. gehören.

„Und ist so ein Askomyzet jetzt essbar?“, werde ich bisweilen gefragt, wenn ich die Unterteilung in meinen Seminaren behandele. Die Häufigkeit dieser Frage macht es erforderlich, an dieser Stelle noch einmal deutlich zu unterstreichen: Wenn wir Pilze in Gruppen einteilen, seien es Abteilungen, Klassen, Familien, Gattungen oder was auch immer, so hilft uns das, den Weg zur Artbestimmung zu erleichtern. Es ist jedoch immens wichtig, dass wir verinnerlichen, dass diese Kategorisierungen niemals ein Kriterium zur Genießbarkeit darstellen. Einzig und alleine das Ziel dieses ganzen Prozesses, sprich, die präzise Artbestimmung, erlaubt eine Aussage darüber, ob ein Pilz zu Speisezwecken in Frage kommt oder nicht.

Ordnung im Pilzreich

„Ach, das ist ein Pilz?“, staunten schon so manche Exkursionsteilnehmende beim Anblick einer winzigen kantigen, löchrigen Struktur auf einem Ästchen, das ich herumreichte und als „Eckenscheibchen“, eine Pilzart, bezeichnete. Pilze haben die unterschiedlichsten Erscheinungsformen. Pilzkundige sortieren sie nach Merkmalen. Sie bringen Ordnung ins Pilzreich. An Speisepilzen Interessierte legen darauf zumeist keinen Wert. Dieses Buch möchte dem einerseits Rechnung tragen und ihnen daher die guten Bestimmungsmerkmale der einzelnen Arten erläutern. Auf der anderen Seite hat diese „Systematik“, wie die Biologie sie nennt, den großen Vorteil, im wahrsten Wortsinne System in die Pilzbestimmung zu bringen. Denn eines ist sicher: Die Merkmale, an denen man Ordnungen und Familien von Pilzen erkennt, sind stets ein Teil der guten Merkmale.

Eine grobe Sortierung wenden Sie bereits von sich aus an. Im Wald verwerfen Sie die „Baumpilze“, die als harte lappenartige Gebilde aus Baumstämmen ragen, jedoch bücken Sie sich nach den klassischen „Hutpilzen“. Sie wissen, dass die verästelten „Ziegenbärte“ Pilze sind, und Sie kennen sich grob mit „Bovisten“ aus. Das sind ja bereits wichtige Unterteilungen. Warum nicht darauf aufbauen und sich das erlangte Wissen fürs Pilzesammeln zunutze machen? Sobald Sie wissen, welcher Gruppe ein gefundener Pilz angehört, reduziert sich drastisch die Anzahl der Seiten, die Sie in Ihrer Literatur durchblättern müssen.

Die wissenschaftliche Klassifizierung der Pilze ist komplex, und ständig wird sie auch überarbeitet, wenn sich neue Erkenntnisse ergeben. Derzeit erfolgt eine Neuordnung, die sich mehr an genetischen Merkmalen orientiert als wie bisher an physischen. Diese Vorgehensweise ist für Nichtfachleute schlechter nachvollziehbar, da diese ihr DIY-DNA-Testkit zumeist zu Hause lassen. Wer hätte zum Beispiel gedacht, dass Schafsporlinge und Stachelbärte nahe verwandt sind mit Täublingen und Reizkern? Wir nehmen daher die wissenschaftliche Gliederung lediglich als Grundlage für eine eigene, praktische, nutzbringende Unterteilung.

Ordnungen

Egerlingsartige Pfifferlingsartige

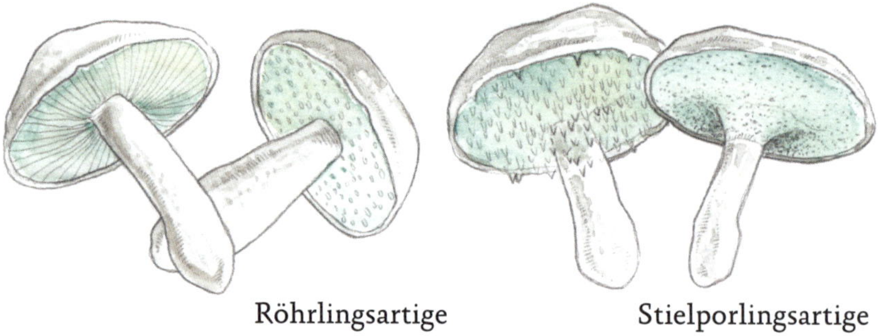

Röhrlingsartige Stielporlingsartige

Familien der Ordnung „Egerlingsartige“

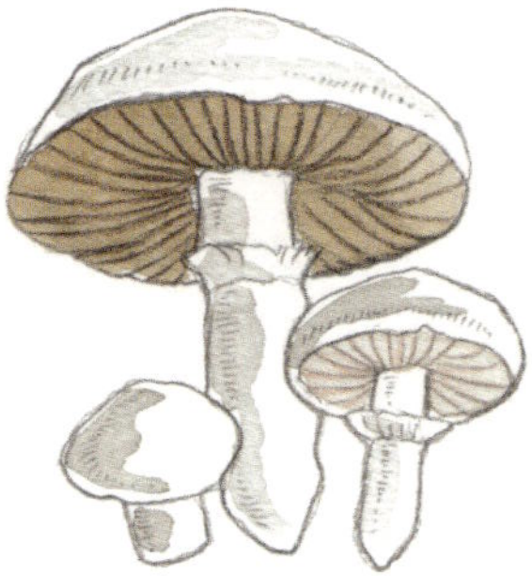

Egerlingsverwandte

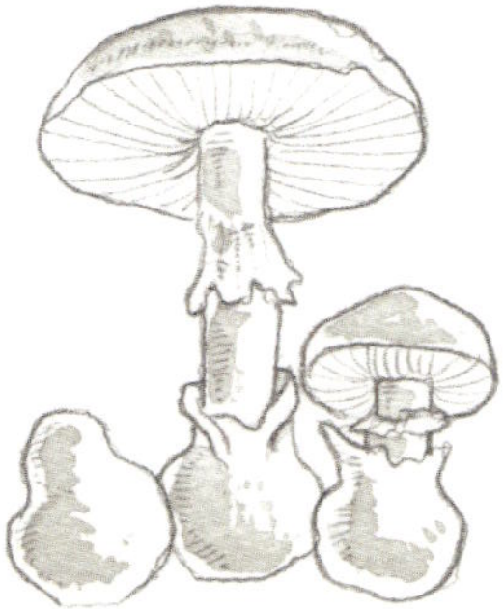

Wulstlingsverwandte

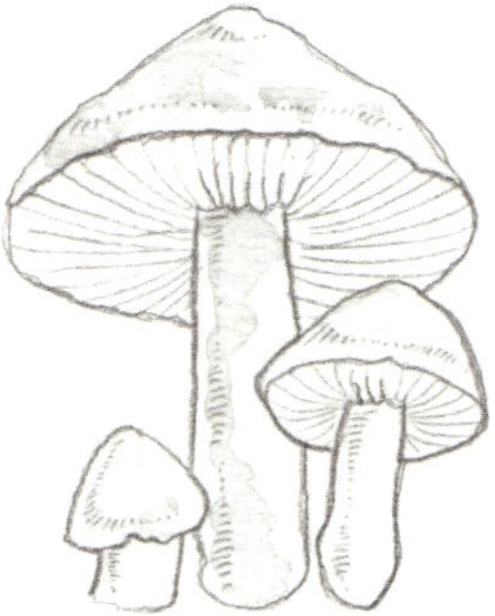

Ritterlingsverwandte

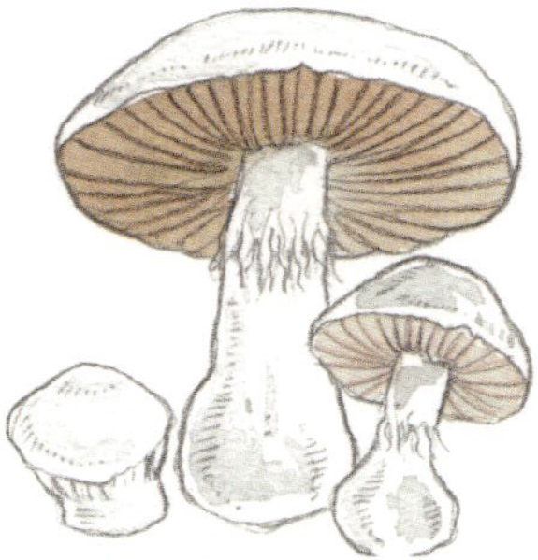

Schleierlingsverwandte

Familien der Ordnung „Pfifferlingsartige“

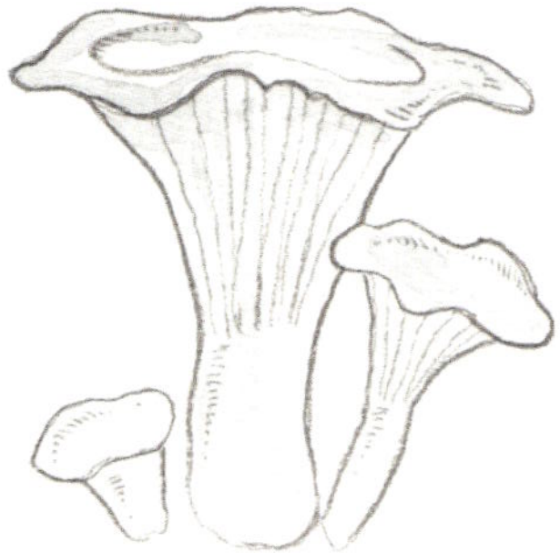

Pfifferlingsverwandte

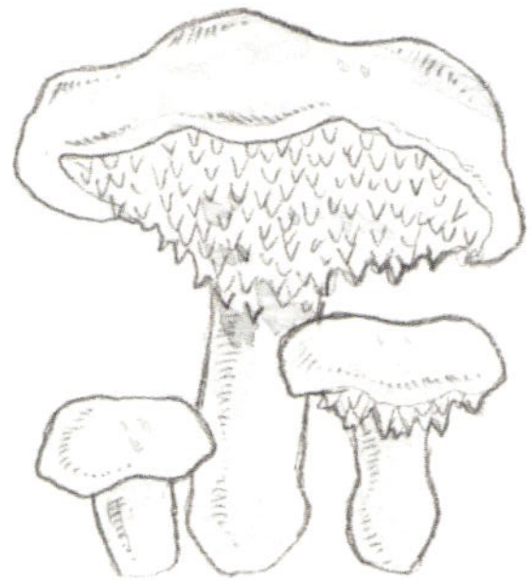

Stoppelpilzverwandte

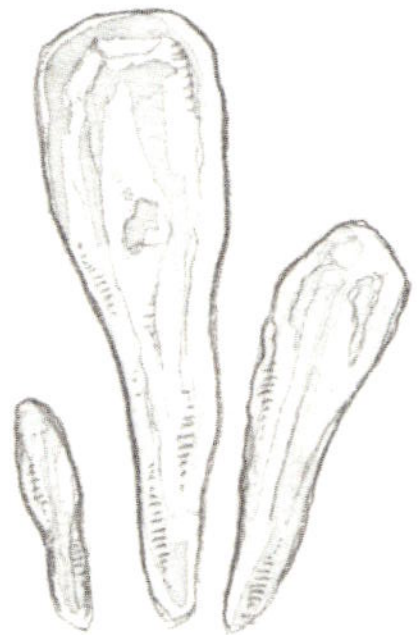

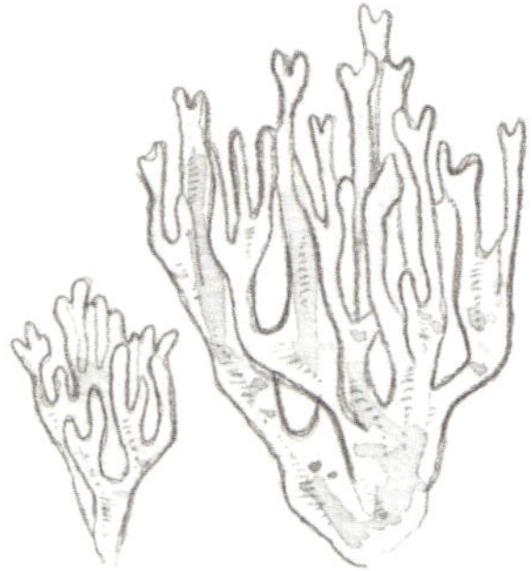

Schweinsohrverwandte

Der Farbkreis der Pilze

Pilze unterscheiden sich nicht nur in physischen Merkmalen, also in der Ausformung äußerer Erkennungszeichen. Auch ihre Sporen haben artspezifische Kennzeichen. Hier auf Einsteigerebene sehen wir jedoch davon ab, auf diese Merkmale einzugehen. Mit einer Ausnahme: Der Farbe der Sporen. Während die Merkmale auf den Sporen selbst nur unter dem Mikroskop zu erkennen sind, können wir ihre Farbe wesentlich leichter beurteilen. Sie entspricht nämlich der Farbe des gesamten Sporenpulvers, und dieses können wir mit bloßem Auge wahrnehmen. Oft liegt es unter den Fruchtkörpern auf Gras, Blättern oder anderen Pilzhüten und wird dann häufig für Schimmel gehalten, gerade wenn es weiß ist. Doch es ist kein Schimmel, sondern es sind die angehäuften Sporen, die Fortpflanzungszellen der Pilze, ein Staub aus mikroskopisch kleinen „Körnchen“, hundertmal feiner als Mehl. Um die Farbe des Sporenpulvers einer beliebigen Pilzart zu beurteilen, gibt es zwei Möglichkeiten:

1) Wir extrahieren das Sporenpulver. Das ist überhaupt nicht kompliziert. Wir nehmen einfach einen reifen Fruchtkörper, schneiden den Hut ab und legen diesen mit der Unterseite auf einen weißen Untergrund, zum Beispiel Pappe. Dies lassen wir windgeschützt ein paar Stunden liegen. In der Zeit fallen die meisten der reifen Sporen aus dem Hut heraus und lagern sich auf der Pappe ab. Anschließend ist gut erkennbar, welche Farbe das Pulver hat.

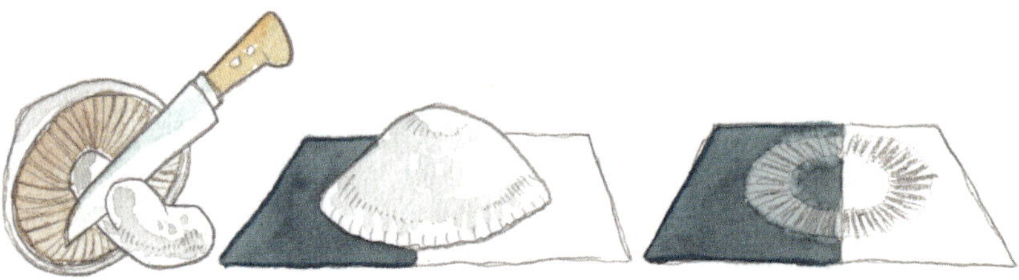

Ich empfehle gerne einen zweigeteilten Untergrund, halb weiß und halb schwarz, denn wenn das Sporenpulver weiß ist, ist es auf weißem Untergrund schwer erkennbar. Auf der schwarzen Hälfte wird es aber klar hervorstechen. Noch einen Vorteil hat die schwarze Hälfte: Da es auch dunkelbraunes Pulver gibt, wird sich dieses auf schwarzem Untergrund leichter beurteilen lassen als im starken Kontrast zur weißen Pappe.

2) Im Wald haben wir selten die Utensilien, geschweige denn die Zeit, den Sporentest wie unter 1) beschrieben durchzuführen. Dort können wir uns mit kleinen Tricks aus der Verlegenheit helfen, indem wir die Unterseite eines reifen Hutes auf ein Papierchen tupfen. Geringe Sporenmengen werden sich dann absetzen und zumindest eine Beurteilung zulassen, ob es sich um einen Hell- oder Dunkelsporer handelt. Ein anderer Trick besteht darin, den kopfüber gehaltenen Fruchkörper ins helle Tageslicht zu halten und mit einem Auge exakt über die Hutunterseite hinwegzupeilen. Im richtigen Winkel sehen wir dann nur die hintereinander liegenden Lamellenschneiden, wobei sich die Färbung der Sporen abschätzen lässt.

Mit der Kenntnis der Sporenfarbe haben wir den wichtigen und entscheidenden Einstieg in die Bestimmung von Blätterpilzen gefunden. Der nachfolgende „Sporenfarbkreis“ vermittelt einen ersten Eindruck darüber, welche Sporenfarben für welche Blätterpilzart typisch sind.

Gute und schlechte Merkmale

Es wurde bereits erwähnt, dass die Farben der Fruchtkörper sowie ihre Gestalt für die Bestimmung einer Pilzart nicht entscheidend sind. Hier wollen wir einmal festhalten, welche Merkmale wie zu behandeln sind.

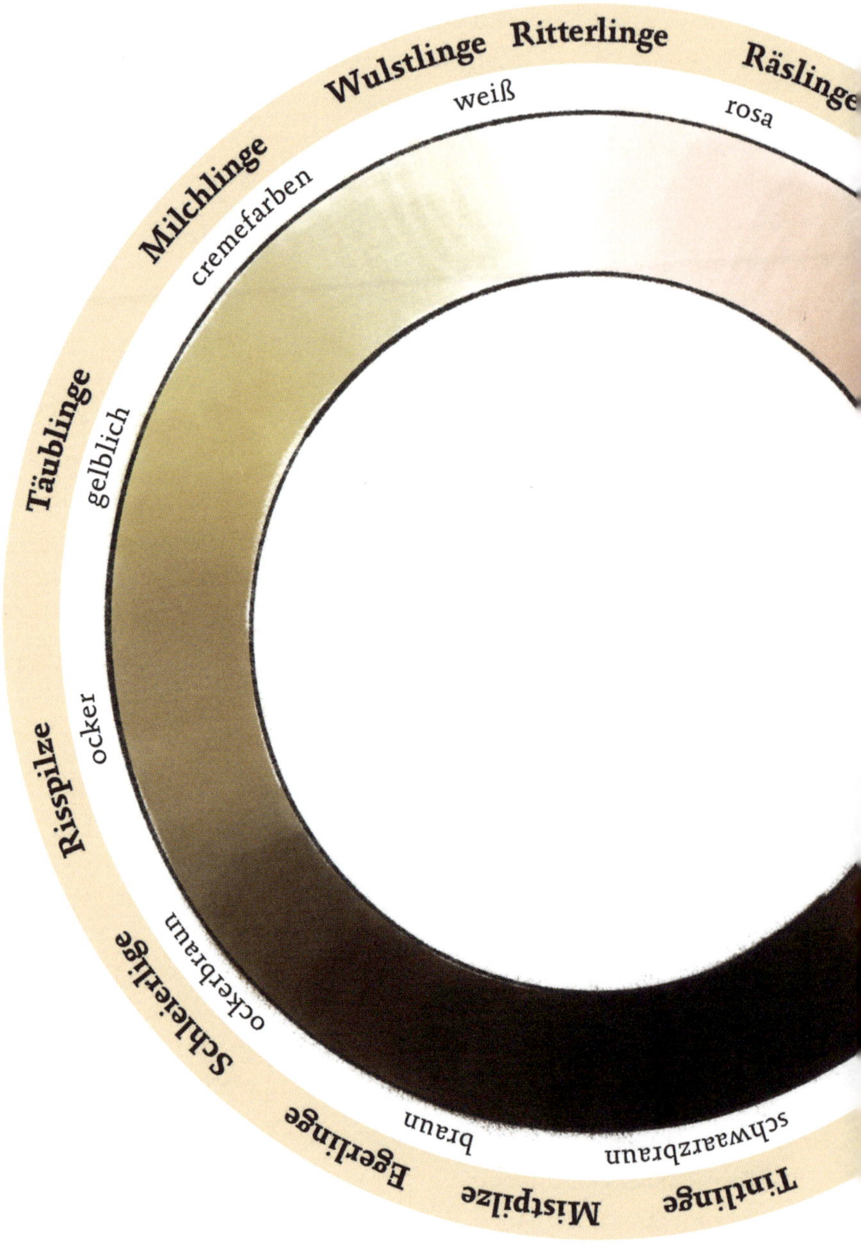
Wulstlinge
Ritterlinge
Räslinge
weiß
rosa
Milchlinge
cremefarben
Täublinge
gelblich
Risspilze
ocker
Schleierlige
ockerbraun
Egerlinge
braun
Mistpilze
schwaarzbraun
Tintlinge

Größe des Fruchtkörpers

Es gibt Größenordnungen, in denen sich die Fruchtkörper bestimmter Arten üblicherweise aufhalten. Das kann ein Anhaltspunkt für die Bestimmung sein. Allerdings tauchen sehr häufig deutliche Ausreißer von diesem Normbereich auf, sowohl nach oben als auch nach unten, sodass letzten Endes die Fruchtkörpergröße als Bestimmungsmerkmal nicht zuverlässig ist.

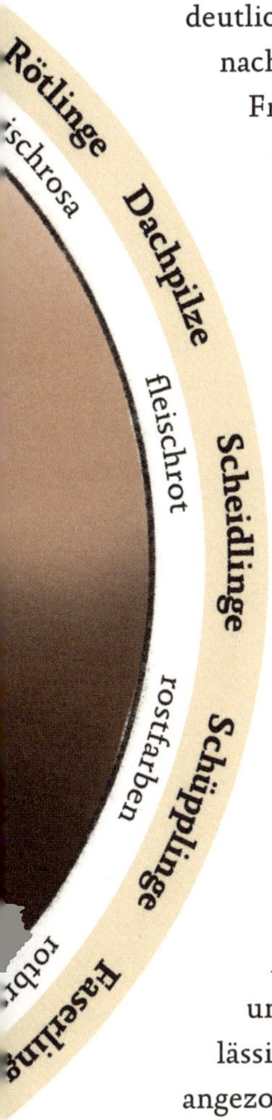

Färbung des Fruchtkörpers

Ein Pfifferling wird niemals grün sein, keine Frage, doch gelb ist er auch nicht immer, auf jeden Fall erscheint er nicht in demselben Gelb wie auf dem Foto in Ihrem Buch. Er kann weißlich sein, blassgelb, dottergelb bis hin zu orange. Manche Pfifferlinge haben auch violettliche Schattierungen. Die Hutfarbe des Grünen Knollenblätterpilzes reicht von weiß über mintgrünlich, gelblich und laubgrün bis nach oliv oder braun. Feuchte, Trockenheit, Kleinklima oder andere Umstände machen die Pilze in ihrer Färbung sehr variabel. Nehmen Sie sie daher nur als Anhaltspunkt und nicht als zwingende Vorgabe.

Anders ist es beim Fruchtträger, dem Fruchtfleisch und dem Sporenpulver. Deren Färbung ist viel zuverlässiger und sollte daher eher für eine Bestimmung herangezogen werden.

Gestalt des Fruchtkörpers

Auch hier gilt: Es gibt eine bestimmte, in der Regel zu erwartende Erscheinungsform für jede Pilzart. Die möglichen Abweichungen von dieser Form sind jedoch noch größer als die Farbvariationen. So werden Sie Steinpilze sowohl mit langen dünnen wie auch mit kurzen dicken Stielen finden. Er wird ihnen mit kugelförmigem, schirmartigem oder bucklig verzerrtem Hut begegnen. Manchmal ist er nur 5 cm groß, beim nächstem Mal ist er ein Trumm von 25 cm Höhe. Dies gilt für alle Pilze. Daher mein Rat: Wenn sie der Formgebung weniger Bedeutung beimessen, werden sie bei der Bestimmung weniger gedanklich eingeengt sein.

Zeitpunkt des Erscheinens

Halten Sie sich nicht so sehr daran fest, zu welcher Jahreszeit Pilze üblicherweise ihre Früchte zeigen. Es ist durchaus nicht ungewöhnlich, Herbstlorcheln im Frühling zu finden oder Steinpilze im Mai. Pilze haben keinen Kalender. Sie reagieren auf Nährstoffvorkommen, Bodenfeuchte und Temperatur. Wenn die Bedingungen passen, entwickeln sie Fruchtkörper, ganz gleich, ob hoch über ihnen die Käuzchen rufen, die Buchfinken schlagen oder die Krähen quarren.

Oberflächenmerkmale

Nun sind wir bei guten Merkmalen angelangt. Es gibt einige für Pilze sehr typische und markante Kennzeichen, die sich auf der Oberfläche von Hut und Stiel abspielen. Dazu gehören Riefungen, also feine, parallele Rillen. Sie können auf dem Stiel, dem Ring oder dem Hutrand auftreten. Ein weiteres, gutes Merkmal sind Schuppen, Härchen oder Körnchen. Die sind jedoch oft so fein, dass Sie sie leicht zerstören können, wenn sie den Fruchtkörper zu grob anfassen. Hier empfiehlt sich einmal mehr, den Pilz im ganzen zwischen Zeigefinger und

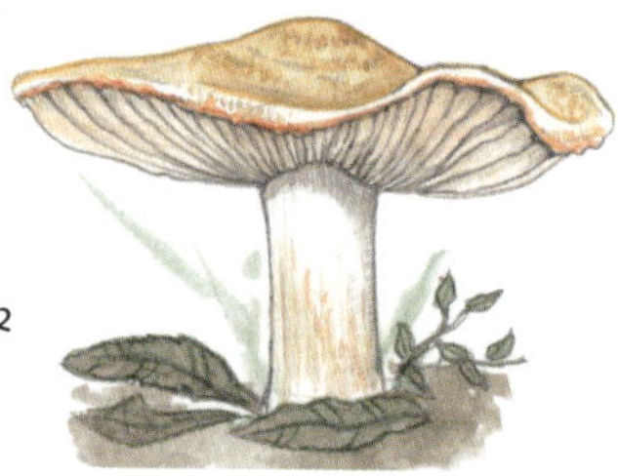

Den Ziegelroten Risspilz finden Sie auf Seite 202

Daumen zu halten und genau zu betrachten, unter Umständen sogar mit einer kleinen aber starken Lupe.

Lamellenansatz

Gerade bei den Blätterpilzen hilft das Betrachten der Art und Weise, wie sich die Lamellen zum Stiel hin verhalten. Erreichen sie den Stiel? Wenn ja, wie sind sie dort angewachsen? Sie können breit angewachsen oder ausgebuchtet sein, oder sie laufen am Stiel herab.

Geruch

Wer es noch nicht kennt, ist zumeist erstaunt, wenn ich den Tipp gebe, mal an einem gefundenen Fruchtkörper zu schnuppern. „Der riecht halt nach Pilz", höre ich dann häufig. Das stimmt, Pilze riechen grundsätzlich erstmal nach Pilz. Es geht nun darum, hinter diesem Pilzgeruch die Note herauszuschnüffeln, die so manche Art erst entlarvt. Das ist sehr häufig ein Duft nach Anis. Aber auch Mehl, Knoblauch, Kakao oder Marzipan sind als Geruch nicht selten. Sie werden verblüfft sein. Vor allem aber werden Sie, einmal erkannt, den Pilz zuverlässig an seinem Geruch wieder erkennen. Es gibt nur eins, was Sie bedenken müssen: Im jungen Zustand oder bei kalter Witterung verströmen die Pilze ihren Odor nur sehr zögerlich. Es ist dann anzuraten, den Fund zunächst einmal ein paar Minuten in den hohlen Händen (Tennisballhaltung) warmzuhalten und anschließend noch mal dran zu riechen. Am besten funktioniert es, wenn Sie den Fund trocknen. Dazu brauchen Sie zwar länger, und Sie können es erst zu Hause machen, aber dafür werden Sie den typischen Geruch anschließend konzentriert wahrnehmen und nie mehr vergessen.

Färbung des Fruchtträgers

Anders als der Rest des Fruchtkörpers sind die Blätter und Röhren in ihrer Färbung recht zuverlässig. Die Ursache ist vielfach das Sporenpulver, das im Verlauf seiner Reifung ein nahezu präzises Farbspektrum durchläuft. Doch auch die Grundfärbung der Blätter und Röhren kann von entscheidender Bedeutung sein.

Kapitel 4:

Aus dem Reich der Mythen und Legenden

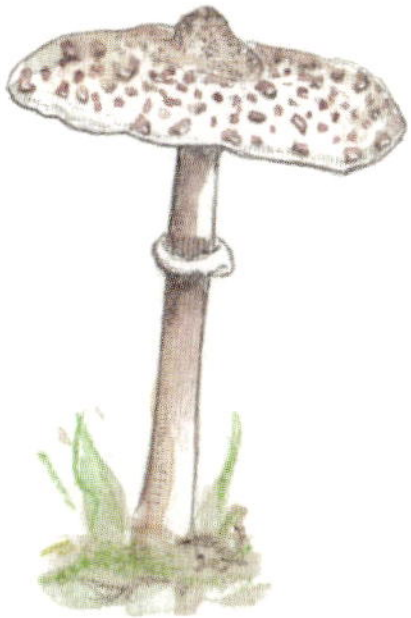

„Wenn das Jahr viel Pilze bringt, der Bauer mit dem Hunger ringt“

Bauernregel

Der Spruch bezieht sich auf den Glauben, dass ein reiches Fruchtvorkommen in der Natur bedeute, es würde ein harter Winter folgen. Dies ist jedoch ebenso irrig wie der Glaube, es gäbe Hausmittel zur Feststellung der Giftigkeit von Pilzen.

Pilze und Märchen gehören zusammen

Pilze, zugegeben, sind märchenhafte Gewächse. Diesem Zauber bin ich bereits als Knabe verfallen. In kaum einer Fantasy-Geschichte fehlen düstere Wälder, und in jeden düsteren Wald gehören bizarre Pilze. Pilze sind ein untrennbarer Bestandteil unserer Vorstellung von Wäldern, und Wälder spielten schon immer eine wichtige Rolle in unseren Sagen, Legenden und Märchen. Doch muss man deswegen gleich auch Märchen über Pilze erzählen? Es ist erstaunlich, wie viel Aberglaube, Halbwissen und Scheinwahrheit gerade in Bezug auf unsere kleinen pilzigen Freunde im Gehölz herrscht.

Sie kennen wahrscheinlich die beliebte Geschichte, in der eine Familie ihrer Katze eine Kostprobe des Pilzessens gibt, um zu testen, ob die Pilze giftig sind. Die Katze frisst die Pilze zunächst schadlos, was die Familie dazu veranlasst, sich das Pilzmahl ebenfalls schmecken zu lassen. Nach dem Essen jedoch beginnt die Katze sich sonderbar zu verhalten. Sie legt sich hin und windet sich in qualvoll anmutender Weise. In Panik eilt die Familie ins Krankenhaus, wo ihnen allen in einer Notfallmaßnahme der Magen ausgepumpt wird. Als sie am nächsten Tag erschöpft und elend nach Hause zurückkehren, stellen sie fest, dass ihre Katze bloß Junge geworfen hat und vollends wohlauf ist.

Sie, lieber Leser, liebe Leserin, können sich sicher sein, dass sich diese Geschichte niemals zugetragen hat. Es handelt sich lediglich um einen uralten Witz. Durch häufiges Erzählen zu passender Gelegenheit wurde er zu einer Art „Urban Legend", und selbstverständlich ist die Story aufregender, wenn man davon ausgeht, dass sie eine wahre Begebenheit darstellt. Dies ist hier jedoch nicht der Fall. Wie auch immer, diese Geschichte stellt ein Paradebeispiel für das Aufkommen von Missinformationen dar. Gerade in heutiger Zeit, in der nicht nur Fakten, sondern auch Halbwissen und Irrtümer rasende und weite Verbreitung durch das Internet finden, müssen wir mit jeder erhaltenen Information äußerst vorsichtig umgehen. Die korrekte Rechnung lautet nicht Halbwissen plus Halbwissen gleich ganzes Wissen, sondern Halbwissen mal Halbwissen gleich Viertelwissen.

Ich könnte mir vorstellen, dass auch in Ihrem Kopf noch so manche Falschinformation herumspukt, die man Ihnen teils in Kindertagen, teils in heutiger Zeit dort hineingesetzt hat. Wollen wir heute ein für alle Mal damit aufräumen.

„Pilze sind eher Tiere als Pflanzen."

Richtig ist: Pilze sind weder das eine noch das andere. Sie bilden ein eigenes Reich unter den Lebewesen. Sie sind im Boden verwurzelt wie Pflanzen und auf Nahrungszufuhr von außen angewiesen wie Tiere. Pilze bevölkerten die Erde lange vor den ersten Pflanzen, denen sie erst den Weg aufs Land geebnet haben.

„Bäume fühlen und kommunizieren."

Der Wald als verbundenes Netzwerk, über das Bäume miteinander kommunizieren und sich gegenseitig warnen und helfen, diese romantisch emotionalisierte Interpretation neuester Forschungsergebnisse macht seit einigen Jahren die Runde und flicht sich mehr und mehr in den Volksglauben ein. Die Grundlage dessen ist das, was unter dem Namen „wood wide web" bekannt geworden ist. Doch um was handelt es sich dort?

Viele Pilze, wie bereits erwähnt, gehen eine Lebensgemeinschaft mit Bäumen und anderen Blütenpflanzen ein, indem sie sich über ihr Fadengeflecht mit deren Wurzeln verbinden. Da dies an mehreren Stellen mit unterschiedlichen Baumexemplaren geschieht, erzeugen sie physische Verbindungen zwischen den einzelnen Bäumen des Waldes, über die biochemische Abläufe über den reinen Nährstoffaustausch hinaus ablaufen, auch mittelbar von Baum zu Baum. Dies ist nur ein Aspekt der komplexen Prozesse, die innerhalb des Waldes zwischen den einzelnen Lebensformen ablaufen. Prinzipiell geht es darum, dass auch Bäume, die ja lebende Organismen sind, so etwas ähnliches wie ein Immunsystem haben, sprich, ihr Metabolismus erzeugt bei Beschädigung Stoffe, die Angreifer abstoßen. Diese Stoffe, einmal gebildet, verbleiben im Baum und stehen beim nächsten Angriff augenblicklich zur Verfügung, was eine Schutzfunktion für den Baum darstellt. Zusätzlich gelangen sie als Botenstoffe über das Pilzgeflecht in andere Bäume, die auf diese Weise gleichermaßen gestärkt werden. Dies ist jedoch kein aktives – und erst recht kein bewusstes – „Warnen" oder „Helfen".

Dass Baumwurzeln auf Schösslinge der eigenen Art schonender reagieren als auf konkurrierende Lebensformen, ist evolutionär logisch. Es als hütendes Bemuttern des alten Baumes zu deuten, ist eine emotional begründete Vermenschlichung. Der Kenntnisstand der Forschung lässt derzeit keine seriösen Rückschlüsse auf mögliche Emotionen von Pflanzen zu.

„Nachts schießen sie aus dem Boden."

Und in stillen Nächten kann man sogar das Ploppen hören. Nein, manchmal wundern wir uns zwar über den Pilzreichtum am frühen Morgen, doch es gibt keine Beweise dafür, dass Pilze nachts schneller wachsen als tagsüber. Anders als Pflanzen sind Pilze nicht in der Lage, die Tageshelle von der nächtlichen Dunkelheit zu unterscheiden und können folglich auch ihr Wachstum nicht auf den Wechsel von Tag und Nacht abstimmen. Lediglich bei trockener Witterung, wenn der Tau der Nacht die einzige Feuchtigkeit ist, die die Pilze abbekommen, beschränkt sich ihr Wachstum auf diese Stunden.

„Pilze soll man bei bestimmten Mondphasen sammeln"

Es gibt bis heute keine schlüssigen Belege für einen Einfluss des Mondes oder der Mondphasen auf das Pilzwachstum. Wie sollte auch der Winkel, unter dem die Sonne den Mond beleuchtet, einen Einfluss haben? Ein gängiges Argument dafür lautet: „Aber der Mond zieht doch Wasser an, siehe Ebbe und Flut, also warum soll er nicht auch das Wasser in Menschen oder Pilzen anziehen? Wir Menschen, und Pilze, bestehen ja zum größten Teil aus Wasser." – Diese Erklärung klingt plausibel, doch sie ist falsch. Der Mond zieht kein Wasser an. Das hat er noch nie gemacht. Die Bewegung des Mondes hat lediglich zur Folge, dass sich das Verhältnis von Gewichtskräften und Fliehkräften im System Erde-Mond ändert. Da Flüssigkeiten hierauf leichter reagieren als Festkörper, folgt Wasser diesem Effekt stärker als das Land, und dies auch nur, weil die Wassermenge der Ozeane so groß ist. Der Effekt auf Menschen oder Pilze liegt nahezu bei Null.

„Ich habe meine geheimen Pilzstellen."

Das dürfen Sie sich getrost aus dem Kopf schlagen. Verabschieden Sie sich ein für alle Mal von der Vorstellung, dass Sie die einzige Person auf Erden sind, die in einem bestimmten Gebiet Pilze suchen geht. In unseren Wäldern geht es während der Pilzsaison hoch her, und Sie wären erstaunt, wenn Sie wüssten, wie viele Pilzfans auf Ihre topgeheime Pilzstelle kommen.

„Silberlöffel und Co."

Ganz langsam stirbt der Aberglaube aus, der besagt, dass man Giftpilze im Kochtopf leicht erkennen könne, wenn man einen Silberlöffel oder eine ganze Zwiebel mitkoche und diese sich dann schwarz verfärben. Andere gefährliche Irrtümer halten sich da schon hartnäckiger. So soll Schneckenfraß an einem Pilz ein Zeichen dafür sein, dass dieser auch für Menschen bekömmlich wäre. Schmeckt ein Pilz bitter oder scharf, soll dies ebenfalls ein Zeichen für seine Giftigkeit sein. Bisweilen hört man auch die Aussage, dass Pilze mit hohlen Stielen grundsätzlich giftig seien und solche mit vollfleischigen Stielen stets essbar, sowie dass jeder Pilz genießbar werde, wenn man ihn nur lange genug koche. Es ist erstaunlich, dass sich dieser Unsinn so fest in den Köpfen der Menschen hält, wo doch schon unser schlimmster Giftpilz, der Grüne Knollenblätterpilz, beinahe jeden dieser Sätze ad absurdum führt: Er wird häufig von Schnecken angefressen, duftet nach Honig und hat einen angenehmen süßkartoffelartigen Geschmack, und Sie könnten ihn bis zur Unkenntlichkeit zerkochen, seine Gifte würden stabil bleiben und dabei noch nicht einmal den winzigsten englischen Teelöffel schwärzen, und sei er aus purem Silber. Zugegeben, einen hohlen Stiel hat er, womit noch eine einzige Regel übrig bleibt, die es noch zu eliminieren gilt. Dazu schauen wir uns am besten die Gruppe einiger tödlich giftiger Schleierlinge an, die samt und sonders vollfleischige Stiele haben, und schon ist jede der oben aufgeführten „Regeln" ihrer Gültigkeit beraubt.

Es gibt in der Tat keine einzige allgemeingültige Regel, anhand derer man ohne Artenkenntnis einen Giftpilz von einem Speisepilz unterscheiden könnte. Daher verinnerlichen Sie bitte auch den folgenden Satz: Die einzige Möglichkeit, die Genießbarkeit eines Pilzes zu bestimmen, liegt darin, seine Art zu erkennen.

„Bloß nicht aufwärmen!"

Pilze werden durch das Aufwärmen nicht unverträglich. Da können Sie ganz beruhigt sein. Wodurch sie jedoch unverträglich werden können, ist die Zeit zu vergammeln, die Sie ihnen bis zum Zeitpunkt des Aufwärmens geben, und dieser Spielraum ist umso kürzer, je älter die Fruchtkörper sind, aus denen die Reste Ihrer Pilzmahlzeit bestehen. Sie sollten sich immer der Tatsache bewusst sein, dass Pilze sehr schnell verderben und dazu oft nur ein paar Stunden brauchen. Das einzige, was sie davon abhalten kann, ist, sie zu trocknen, einzumachen oder einzufrieren. Wenn Sie ein Pilzgericht also noch einmal aufwärmen möchten, dann sollten Sie nur junge, festfleischige Fruchtkörper sammeln.

„Pilze sind sehr gesund!"

Das ist wohlgemeint, hat ein Fünkchen eines wahren Kerns, ist jedoch alles in allem stark übertrieben. Pilze bestehen aus Wasser und unverdaulichem Chitin, womit 98% der Pilzmasse bereits erschlagen wären. 100 g Pilzfleisch enthalten durchschnittlich 0,9 g Eiweiß, 0,5 g Kohlenhydrate (Zucker), 0,3 g Fett sowie winzige Mengen Mineralstoffe und Spurenelemente. Bei Speise- und Giftpilzen kann der Eiweißanteil geringfügig höher sein (etwas mehr als 2 g). Sie müssten also schon ordentlich reinhauen, um eine nennenswerte Menge „Verwertbares" abzubekommen. Das sollten Sie jedoch tunlichst vermeiden, denn Pilze sind sehr schwer verdaulich, und Sie wären nicht die erste Person, die sich durch übermäßigen Pilzverzehr einen Darmverschluss einhandelte. Pilze können zwar Ihrer Figur nicht viel anhaben, doch sollten Sie nicht den irrigen Umkehrschluss wagen, dass sie deshalb besonders gesund wären.

Als Sattmacher und als Ballaststoffe sind sie freilich recht gut zu gebrauchen. Auch hat sich inzwischen bestätigt, dass sich einige der in

Pilzen enthaltenen Substanzen positiv auf die Behandlung verschiedener Erkrankungen auswirken können. Demgegenüber florieren jedoch auch esoterische Anschauungen und pseudowissenschaftlicher Unsinn zu diesem Thema, weswegen es angebracht ist, jedwede Aussage in Richtung „Vital- und Heilpilze" sorgsam zu prüfen.

Wahr ist zum Beispiel: Beta-Glucane aus Pilz-Zellwänden werden von unserer Immunabwehr erkannt und von Fresszellen aufgenommen. Diese stehen dann für andere Erreger gut vorbereitet zur Verfügung, was alles in allem das Immunsystem stärken kann. Dies kann jedoch ebenso in eine allergische Abwehrreaktion münden.

Insgesamt sind die Studienlage und wissenschaftliche Evidenz zur medizinischen Wirksamkeit von Pilzen immer noch äußerst dünn. Vielfach liegen nur Ergebnisse aus Labor- und Tierversuchen vor, die nicht auf den Menschen übertragbar sind. Der Begriff „Vitalpilze" ist zudem eine reine Marketingbezeichnung. Sie gelten bestenfalls als Nahrungsmittelergänzungen und dürfen deshalb nicht mit medizinischen Effekten oder gar Heilversprechen beworben werden. Ihre Produktaufmachungen sind allerdings deutlich an Medikamentenverpackungen angelehnt und erwecken daher oft in täuscherischer Absicht den Eindruck vollwertiger Arzneien.

„Vorsicht vor dem Fuchsbandwurm!"

Der Fuchsbandwurm war einige Zeit lang das moderne Schreckgespenst der Wälder. Wäre ein berühmtes Märchen erst in der heutigen Zeit entstanden, so hieße es bestimmt „Base-Cap und der böse Fuchsbandwurm", und die Moral von der Geschicht' lautete: Ja, Freunde, wenn ihr

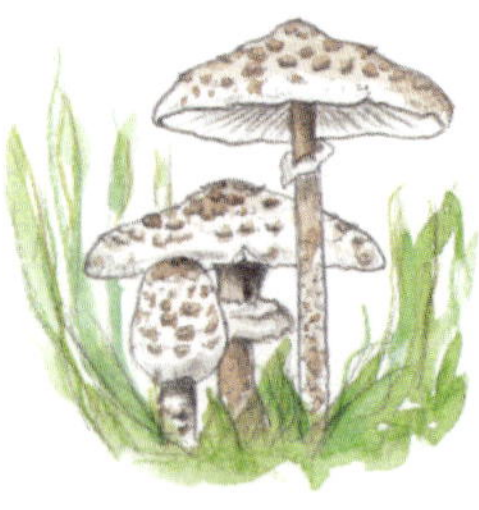

Den Parasol finden Sie auf Seite 154

im Wald Pilze und Beeren suchen geht, kriegt ihr den Fuchsbandwurm und verreckt. Und wenn ihr euch nackig auszieht und euch gegenseitig anfasst, bekommt ihr Chlamydien und sterbt.

Die Wahrheit sieht doch ein bisschen anders aus: In ganz Europa werden pro Jahr lediglich 30 bis 40 Menschen vom Fuchsbandwurm getötet. Bei keinem von Ihnen konnte nachgewiesen werden, dass er sich über den Verzehr von Beeren und Pilzen infiziert hatte. In der Forschung gilt dieser Infektionsweg als nicht sehr wahrscheinlich. Auch konnte selbst in Gebieten mit hohem Anteil an positiv auf Bandwurm getesteten Füchsen kein Anstieg von Erkrankungen bei den dort lebenden Menschen gemessen werden. Außerdem wissen wir, dass sogar bei Aufnahme einer Fuchsbandwurmfinne diese den Menschen nur in einem von 300 Fällen als Wirt annimmt.

Wer dennoch auf Nummer sicher gehen möchte, sollte seine Pilze stets braten oder kochen, denn Temperaturen über 60°C halten die Finnen nicht aus. Dagegen sind sie kälteresistent bis hin zu -80°C, und das bedeutet, dass das Einfrieren zumindest in punkto Fuchsbandwurm nichts nützt.

„Alle Pilze, die es zu kaufen gibt, sind gezüchtet."

Diese Annahme stimmt leider nicht. Zwar sind Champignons (die auf Deutsch eigentlich Egerlinge heißen), Stockschwämmchen und Austernpilze in der Tat Zuchtpilze, jedoch nicht die in Konserven, Gläsern und Körbchen angebotenen Unmengen von Pfifferlingen, Steinpilzen und anderen Waldpilzen. Wir haben bereits gelernt, was Zersetzer- und Partnerpilze sind. Zersetzerpilze lassen sich zumeist sehr gut züchten. Die Lebensgemeinschaft zwischen Partnerpilzen und Bäumen ist jedoch so komplex, dass es bisher noch nicht gelungen ist, sie künstlich zu erzeugen. Da Steinpilze, Pfifferlinge und die meisten Waldpilze aber Partnerpilze sind, können sie folglich nicht gezüchtet werden und müssen der Natur entnommen werden. Es ist leicht nachvollziehbar, dass ein solcher Raubbau ökologisch bedenklich ist. Deshalb ist es gemäß dem Deutschen Naturschutzgesetz illegal, in Deutschland gesammelte Pilze gewerblich zu verwerten. Das bedeutet, dass Waldpilze, die es hier zu kaufen gibt, stets aus dem Ausland stammen, meist aus Polen oder dem Baltikum. Es vergehen sehr oft viele Stunden oder einige Tage, bis diese Pilze in Konserven gefüllt oder hier angeliefert werden. Da Pilze sehr schnell verderben, bedeutet dies, dass sie das Kriterium der Frische dann nicht mehr erfüllen. Deshalb, und weil die fragwürdigen Methoden der gewerblichen „Großsammler" schwere Schäden in der Natur anrichten, sollten Sie ausschließlich Zuchtpilze wie Champignons, Stockschwämmchen oder Austernpilze kaufen.

Es ist nicht verwerflich, sich sein Körbchen Pilze aus dem Wald mitzubringen. Jeder darf Pilze in geringen Mengen für den Eigenbedarf sammeln. Wer jedoch große Mengen sammelt und seinen Kofferraum mit mehreren Körben und Kisten vollstellt, macht sich strafbar! Das gilt ganz besonders dann, wenn er sie weiterverkauft. Also vorsichtig, liebe Freizeit-Pilzdealer, wir Pilzsachverständigen haben im Rahmen der Marktkontrolle auch darauf ein Auge!

„Wildschweine rotten die Steinpilze aus!"

Wildschweine rotten keine Pilze aus. Nur Menschen tun das. Die Veränderung oder gar Zerstörung der Lebensräume macht vielen Pilzarten das Leben schwer. Steinpilze, Maronen und andere Röhrenpilze zum Beispiel brauchen saure Böden, um zu gedeihen. Übermäßige Kalkung von Fichtenwäldern zur Reduzierung der Bodensäure führt stets zum deutlichen Rückgang dieser Arten, und das über mehrere Jahre hinweg.

„Pilze muss man schälen."

Aber nicht doch! Die Huthaut und die Stielrinde bestehen aus demselben Material wie das Fruchtfleisch, es ist nur etwas anders strukturiert. Sie sind auch ebenso schmackhaft und bekömmlich. Alles an einem Speisepilz ist also essbar. Sie müssen Ihre Funde nicht pellen, schälen oder abschaben. Wenn Ihnen die Lamellen oder der Röhrenschwamm unter dem Hut unappetitlich erscheinen, so ist dies nur wieder ein Hinweis darauf, dass Sie einen zu alten Pilz mitgenommen haben. Spätestens in der Pfanne wird sein Fleisch ebenfalls zu einer glitschigen Masse werden, und darauf möchten Sie sicher verzichten. Eine Ausnahme bilden Arten, deren Stielfleisch sehr zäh oder hart ausgebildet ist. Die schneiden wir per se ab und verwenden nur die Hüte.

„Auf jeden Fall immer unten abschneiden!"

Diese Regel ist ganz und gar nicht zu empfehlen. Nehmen Sie einen gefundenen Fruchtkörper lieber immer im Ganzen aus dem Boden, indem Sie ihn unten am Stiel fassen und herausdrehen oder ihn mit dem Finger oder dem Messer aus dem Untergrund hebeln. Der Grund dafür ist weniger die Frage, inwieweit Sie das Pilzgeflecht im Boden schädigen oder schonen. Es ist vielmehr besser für Sie selbst, denn die Stielbasis ist oftmals wichtig für die Bestimmung der Art. Lassen Sie sie im Boden, geht ihnen ein Stück Sicherheit bei der Bestimmung verloren. Das Loch im Boden, das durch das Entnehmen entsteht, drücken Sie einfach wieder mit Humus oder Moos zu, damit das Pilzgeflecht nicht austrocknet.

„Man kann alle Pilze essen, aber manche nur einmal!“

Und Pilzgerichte sind im Voraus zu bezahlen, heißt es. Auch das ist nicht korrekt. Tödlich giftige Pilze enthalten weder Strychnin, noch Zyankali noch Pfeilgift. Wer glaubt, dass man nach dem Verzehr eines Giftpilzes sofort tot umfällt, hat keine Vorstellung davon, wie langwierig und qualvoll der Tod durch Giftpilze ist.

Ich kann Ihnen versichern, dass Sie nach einem Pilzessen, das ausschließlich aus Grünen Knollerblätterpilzen bestünde, noch reichlich Zeit hätten, die Rechnung zu bezahlen sowie eine zweite Portion zu bestellen und aufzuessen. Auch diese zweite Bestellung könnten Sie bei bestem Wohlbefinden in aller Ruhe im Nachhinein bezahlen, und Sie würden noch einige Stunden von diesem vorzüglichen Essen schwärmen. Es würde insgesamt etwa sechs Stunden dauern, bis Sie sich zum ersten Mal unwohl fühlten. Es wäre auch durchaus nicht ungewöhnlich, wenn die ersten Beschwerden erst am nächsten Tag eintreten würden. Von diesem Zeitpunkt an jedoch wären Sie schwerkrank, und erst nach zwei Wochen unsagbaren Leidens bekämen Sie den erlösenden Besuch von dem mageren Burschen mit der Sense.

Pilzvergiftungen dagegen, die unmittelbar nach dem Essen auftreten, sind zumeist ungefährlich. Gewiss, sie können ausgesprochen unerfreulich sein, doch am Ende werden Sie wieder ganz gesund und um eine Erfahrung reicher sein.

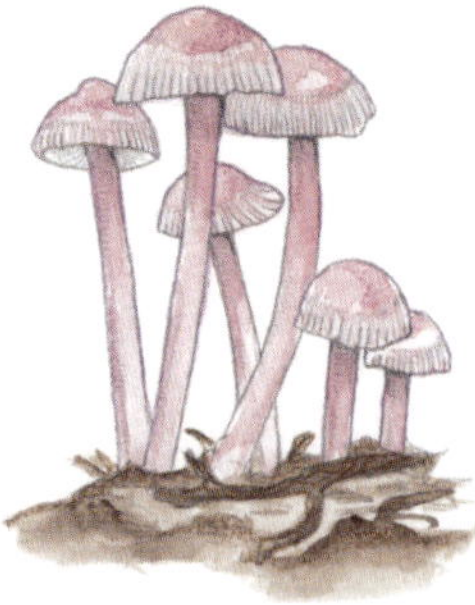

Den Violetten Rettichhelmling finden Sie auf Seite 190

„Giftpilz angefasst – oh Schreck!“

Hier liegt man weder mit übertriebener Vorsicht noch mit großem Leichtsinn richtig. Grundsätzlich ist es ungefährlich, Giftpilze anzufassen. Wenn überhaupt, gelangen nur winzige Mengen des Giftes an Ihre Finger. Selbst wenn Sie danach den Finger in den Mund stecken, genügt diese Giftmenge nicht, um Vergiftungen auszulösen.

Bei tödlich giftigen Arten sollte man jedoch im Auge behalten, dass geringe Mengen ihrer Gifte bereits tödlich sein können. Vom Gift des Grünen Knollenblätterpilzes zum Beispiel genügen 6 mg, um einen erwachsenen Menschen zu töten. Diese Menge befindet sich bereits in einem 70 g schweren Fruchtkörper. Zerschneiden oder zerdrücken Sie einen solchen Fruchtkörper in der Hand, werden geringere Mengen des Giftes womöglich auf Ihre Haut gelangen, die zumindest theoretisch leichtere Vergiftungserscheinungen auslösen könnten, wenn sie in den Verdauungstrakt geraten. Das bloße Anfassen oder Berühren darf aber als unbedenklich angesehen werden.

Fliegenpilz und Satanspilz

Ich weiß noch, dass auch meine Mutter glaubte, im Fliegenpilz und dem Satanspilz die beiden „giftigsten Pilze der Welt“ vor sich zu haben. Liest man sich heute durchs Internet, findet man über diese beiden Pilze Aussagen wie „hochgiftig“, „sehr giftig“ und „äußerst giftig“. Wollen wir auch hier einmal die Verhältnisse gerade rücken: Weder der Fliegenpilz noch der Satanspilz sind tödlich giftig, damit gehören sie nicht einmal annähernd zu den giftigsten Pilzen der Welt. Der Satanspilz enthält neben der in Maßen ungefährlichen Xerocomsäure und Variegatsäure noch ein Zuckerprotein namens Bolesatin, und das hat es wirklich in sich. Es ruft innerhalb kurzer Zeit einen üblen Brechdurchfall hervor, gefolgt von starken Magen-

und Darmbeschwerden. So unerfreulich das auch ist, am Satanspilz ist noch niemand gestorben.

Die Gifte des Fliegenpilzes sind ebenfalls bekannt. Sie hören auf die Namen Muscimol und Ibotensäure. Letztere steckt im Besonderen unter der roten Huthaut. Zu den Symptomen einer Fliegenpilzvergiftung können zwar auch die Klassiker Übelkeit, Erbrechen und Durchfall gehören, doch nicht in dem Maße wie man es von anderen Giftpilzen kennt. Viel intensiver sind die „Begleiterscheinungen“: Speichelfluss, Unruhe sowie Rauschzustände mit bisweilen beeindruckenden Halluzinationen. Verlangsamter Herzschlag und Verkrampfung der Atemwege können ebenfalls auftreten, weshalb eine Vergiftung durch Fliegenpilze für herzschwache und asthmatische Personen durchaus lebensgefährlich sein kann. Für gesunde Menschen besteht dagegen keine Lebensgefahr. Die in der Vergangenheit selten verzeichneten Todesfälle im Zusammenhang mit Fliegenpilzvergiftungen gingen vielfach auf das Konto des behandelnden Personals, das in der irrigen Annahme, Muscarin sei das Hauptgift des Fliegenpilzes, als Gegengift Atropin spritzte und damit die zu behandelnde Person vergiftete. Todesfälle, die zweifelsfrei direkt auf den Verzehr von Fliegenpilzen zurückzuführen sind, sind nicht bekannt. Den Fliegenpilz aber wegen des schönen Trips regelmäßig zu konsumieren, wäre überhaupt nicht empfehlenswert, da eine häufige Zufuhr von Muscimol und Ibotensäure Hirnläsionen auslösen würde. Ich bin da ja ungern der Spielverderber, aber so sieht es leider aus.

„Radioaktivität und Schwermetalle sind gefährlich!“

Das sind sie. Diese Aussage ist kein Mythos, doch bedarf sie gerade im Zusammenhang mit Pilzen einer tieferen Aufklärung. Dazu sei mir ein kurzer Exkurs in die Grundlagen gestattet.

Was ist „radioaktive Strahlung“? – Die gibt es nicht. Es gibt nur radioaktive Stoffe. Lateinisch „Radius“, zu deutsch „Strahl“. „Radioaktiv“ bedeutet „aktiv in Strahlung“, also „Strahlung aussendend“, kurz „strahlend“. „Radioaktive Strahlung“ würde „strahlende Strahlung“ bedeuten. Das ergibt keinen Sinn.

Der brennende Docht einer Kerze sendet Licht aus. Licht ist elektromagnetische Strahlung. Der Docht sendet also Strahlung aus und ist demzufolge radioaktiv. So verwenden wir das Wort jedoch nicht mehr. Heute meinen wir mit Radioaktivität den Umstand, dass ein Stoff ganz bestimmte Arten von Strahlung aussendet, die da wären:

Alphastrahlung: Sie besteht aus Heliumatomkernen, ausgehend von den zerfallenden Atomkernen bestimmter chemischer Elemente.

Betastrahlung: Sie entsteht ebenfalls beim Zerfall von Elementen, besteht jedoch in der Hauptsache aus Elektronen (oder deren Antiteilchen, den Positronen)

Sowohl Alphastrahlung als auch Betastrahlung sind Teilchenstrahlungen, weil sie aus mehr oder weniger massereichen, geladenen Teilchen bestehen.

Gammastrahlung: Sie ist eine harte, kurzwellige, elektromagnetische Strahlung mit Wellencharakter, also kein Strom aus Masseteilchen.

Allen drei Strahlungen gemeinsam ist, dass sie ionisierend sind. Das bedeutet, dass sie das Verhältnis von Elektronen zu Protonen in Atomen ändern können, womit die chemische Reaktionsfähigkeit dieser Atome verändert wird. Und das heißt, es können sich dadurch ganze Moleküle verändern, wie z. B. im schlimmsten Fall DNS-Stränge. Das wiederum führt zu Mutationen bei der Zellteilung, und schon tun Zellen nicht mehr das, was sie sollen und stellen somit eine Abweichung dar, die die Funktionalität eines komplexen Molekulargefüges beeinträchtigen kann, bis hin zu seinem Versagen. Wir Lebensformen sind solche komplexen Molekulargefüge. Sprich: Die Folgen für uns als lebende Organismen können Krankheit und Tod sein.

Das Dilemma ist, dass es keine Grenze gibt, unterhalb derer eine Strahlendosis garantiert ungefährlich ist. Ein einziges Teilchen genügt theoretisch, um Schaden anzurichten. Da es in der Natur jedoch unmöglich ist, Radioaktivität völlig zu entkommen, versucht die Forschung zumindest Bereiche für Strahlendosen zu finden, innerhalb derer die Wahrscheinlichkeit einer Schädigung so gering ist, dass sie für das tägliche Leben akzeptabel ist. Dies gilt auch für Lebensmittel. Aber wie argumentiert man hinsichtlich Sicherheit der Bevölkerung, wenn man es nur mit Wahrscheinlichkeiten zu tun hat? Grenzwerte stellen niemals eine Garantie dar, wie wir gerade erfahren haben. Also werden sich stets Leute finden, denen einmal festgelegte Grenzwerte immer noch zu hoch sind.

Maßgebend in Pilzen ist der Gehalt von Cäsium-137, einem radioaktiven Stoff, der 1986 beim Reaktorunglück von Tschernobyl in großer Menge in die Umwelt geriet. Cäsium-137 zerfällt durch Beta-Zerfall in Barium-137, sendet also Betastrahlung aus. Die Strahlungsintensität reduziert sich alle 32 Jahre um die Hälfte. Das bedeutet, dass die Situation noch nicht ausgestanden ist und dies auch für die nächsten Jahrzehnte nicht sein wird.

Wie reagieren nun die Pilze darauf? Das hängt davon ab, um welche Pilzart es sich handelt und in welcher Gegend wir uns befinden. Um eine Aussage hierzu treffen zu können, müssen wir in allen Landesteilen Pilze sammeln und messen, wie viel Strahlung von ihnen ausgeht. Dazu benutzen wir Messgeräte, so genannte Geigerzähler, die die Zerfallsvorgänge in dem Material zählen. Jeder Zerfall erzeugt ein Strahlungsteilchen. Dieses wird vom Messgerät erfasst und erzeugt einen Klick. Zu Ehren des französischen Physikers Antoine Henri Becquerel, der 1896 die Radioaktivität entdeckte, sagen wir heute: Wenn es einmal pro Sekunde klickt, haben wir eine Strahlungsintensität von 1 Bq (Becquerel, gesprochen „Bekörell"). 10 Klicks, also Zerfallsvorgänge, pro Sekunde sind 10 Bq, 100 Klicks pro Sekunde sind 100 Bq, usw. Nach der Katastrophe von Tschernobyl wurde von Seiten der Politik hastig ein Grenzwert festgelegt, der verhindern sollte, dass stark strahlende Lebensmittel eingeführt wurden. Dieser liegt bei 600 Bq/kg und gilt noch heute. Die Wissenschaft fordert längst niedrigere Grenzwerte: 50 Bq/kg für Erwachsene, 20 Bq/kg für Schwangere, Stillende und Kinder sowie 5 Bq/kg für Neugeborene.

Die Messungen an Wildpilzmaterial im vergangenen Jahrzehnt liegen deutlich über dem Grenzwert. Im am stärksten betroffenen Süddeutschland wurden Werte zwischen 1.000 und 3.500 Bq gemessen, bei einigen Pilzarten wie Raslingen sogar bis zu 8.000 Bq. Als hoch belastet gelten Maronen, Kuhröhrlinge, Butterpilze, Schweinsohren und Lacktrichterlinge. Unterhalb der Grenzwerte liegen Pfifferlinge und Steinpilze.

Inwiefern das jetzt gefährlich ist, lässt sich nicht bestimmen. Zu Krebszellen mutierte Körperzellen geben keine Auskunft darüber, durch welche Art Strahlung sie verändert wurden, erst recht nicht, woher die Strahlung kam, ja, ob überhaupt eine Strahlung verantwortlich war. Radioaktivität in Pilzen stellt zudem nur einen winzigen Bruchteil der natürlichen Strahlung dar, der wir jeden Tag ausgesetzt sind. Nun ist die Strahlung von außen relativ ungefährlich, wohingegen durch Nahrungsaufnahme ins Körperinnere aufgenommenes Material Zellen auf direktem Wege schädigen kann. Zumindest lässt sich sagen, dass die Belastung der Pilze in der Eifel im Schnitt nur etwa ein Viertel der Belastung in Bayern beträgt, womit die Maronen bei uns deutlich unter den Grenzwert fallen. Im schlimmsten Fall entspricht der Verzehr von 200 g Wildpilzen zu einer Mahlzeit derselben Strahlendosis wie ein einfacher Flug nach Ägypten ans Rote Meer.

Wie Sie letzten Endes damit umgehen, müssen Sie selbst entscheiden. Mein Rat an Sie lautet: Verzehren Sie Pilze im Sinne Ihrer Gesundheit nicht zu häufig und nur in kleinen Mengen. Wenn Sie dieses Credo schon beim Sammeln im Kopf behalten, wird es auch den Pilzen selbst und letztlich der Natur zugute kommen.

Kapitel 5:
Wir gehen in die Pilze

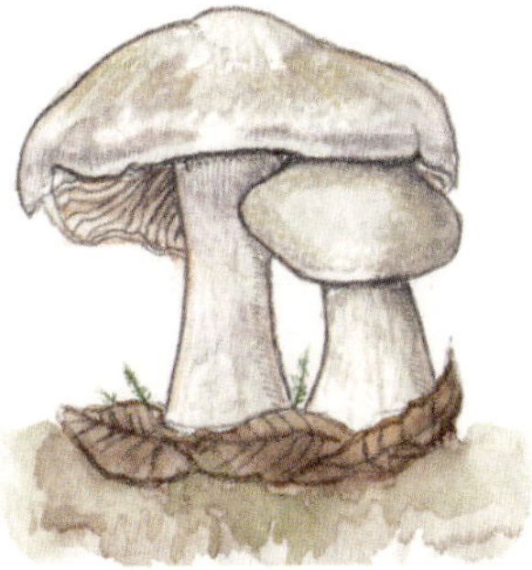

„Erfahrungen sammelt man wie Pilze: Einzeln und mit dem Gefühl, dass die Sache nicht ganz geheuer ist.“

Erskine Caldwell, 1903-1987
US-amerik. Schriftsteller

Frische Pilze – jeder will se

Alljährlich im Herbst ist es soweit. Wenn die Witterung die nötige Feuchtigkeit bringt, dann zieht es uns Pilzliebhaber früh morgens in die Natur. Wenn wir den angenehmen Duft der Bäume riechen und der Waldboden dumpf unter unseren Schritten knirscht, dann suchen wir gespannt nach Steinpilzen, Maronen und Pfifferlingen. Wassertropfen funkeln im Moos, und viele kleine und große uns unbekannte Pilze verzieren das Bild des Waldes und kündigen die großen Funde an – ein wundervoller Tag steht uns bevor.

Da stört es uns auch nicht, dass wir nicht die einzigen Pilzjäger sind, und dass an unseren ach so geheimen Pilzstellen mehr los ist als im Phantasialand während der Sommerferien. Nun ja, ein bisschen stört es uns vielleicht doch, wenn wir ein Waldstück betreten und schon nach wenigen Schritten auf die ersten Leichenteile zerschnippelter Pilzfruchtkörper stoßen, von denen sich auf den zweiten Blick herausstellt, dass ihre strahlend weißen Fragmente den dunklen Boden des jungen Fichtenwaldes bereits übersäen und wir die Erkenntnis verarbeiten müssen, dass uns wer zuvorgekommen ist.

Dabei ist es so einfach, nachfolgenden Mitmenschen zumindest die Illusion zu lassen, sich in einem ertragversprechenden Jagdgrund zu bewegen, und wenn es das schon nicht ist, so können sie sich immer noch am Anblick eines unberührten Stückchens Natur erfreuen.

Wie stellen wir es also an, dass wir uns nicht gerade wie das Messer im Pilzwald benehmen? Die Antwort steckt in der Frage: Wir vergessen das Messer einfach für eine Weile! Das fällt Ihnen schwer? Kein Wunder, schließlich ist es das Messer, an das alle sofort denken, wenn es ums Pilzesuchen geht. Der Transportbehälter, das Bürstchen – einerlei; nein, es ist das Messer, das mit muss!

Sie möchten gerne neue Pilzarten in Ihren Speisezettel aufnehmen, möchten gerne Ihre Kenntnisse über Pilze erweitern und vielleicht eine richtige Koryphäe werden? Dann vergessen Sie Ihr Messer!

Pilzkundige haben statt eines Messers eine Lupe, vor allem aber Papier und Blei dabei, und sie tragen stets Trauer unter dem Nagel ihres Zeigefingers. Sie schneiden Pilze niemals am Stiel ab, sondern entnehmen sie immer im Ganzen, mit Stumpf und Stiel der Erde. Die Stielbasis ist eines der wichtigsten Bestimmungsmerkmale der Pilze. Verbleibt sie im Boden, weil der Stiel mal wieder in die elende Zange zwischen Daumen und Klinge geriet, so ist zumeist die Chance vertan, eine neue Pilzart kennen zu lernen.

Sachkundige rühren den Stiel des Pilzes nicht an, sondern bohren ihren Zeigefinger in die Erde, um den ganzen Kerl aus dem Boden zu hebeln. Dabei drückt der Daumen sanft von oben auf die Pilzkappe. Schließlich klemmt der Pilz zart zwischen Daumen und Zeigefinger. Die feinen Merkmale am Stiel, die sich unter der Lupe offenbaren, bleiben so erhalten. Auch wer Pilze nur zum Essen sammelt, sollte auf diese Weise vorgehen, denn die Stielbasis bringt die Sicherheit, ob der Bursche nun „echt“ ist oder nicht. Die Humusreste und Fichtennadeln werden rasch mit dem Pilzbürstchen abgewedelt, dann kann der Fund ins Körbchen gelegt werden.

Diese Methode hinterlässt ein Loch im Boden, welches man sofort wieder mit Erdreich verschließt, damit das im Boden lebende Pilzgeflecht nicht austrocknet und bald schon wieder neue Fruchtkörper hervorbringt.

Auf dem mitgebrachten Papier notiert man sich, unter welcher Baum-Art und auf welchem Boden der Pilz gefunden wurde, denn auch diese Dinge sind wichtig, will man die gefundene Art später bestimmen oder einer sachverständigen Person zeigen.

Es wird Ihnen sicherlich noch schwerer fallen, das Messer aus dem Spiel zu nehmen, wenn es darum geht, Pilze auf Madenbefall zu prüfen. Doch man muss einen Fruchtkörper durchaus nicht vom Stiel bis zum Hut in Scheiben schnippeln, um dieser Frage nachzugehen.

Tippen Sie dem Pilz, noch bevor Sie ihn dem Untergrund entnehmen, einfach zuerst auf die Kappe. Ist die schon weich, und hinterlässt Ihr Fingerdruck eine Delle, so können Sie sicher sein, dass dieser Pilz Untermieter hat oder aber zumindest überständig ist. Es wäre also völlig sinnlos, ihn jetzt noch abzuschneiden oder aus dem Boden zu hebeln. Stattdessen lassen Sie Ihn einfach stehen, denn seine Sporen entwickeln sich trotz allem weiter, und so kann er wenigstens noch seine primäre Aufgabe erfüllen.

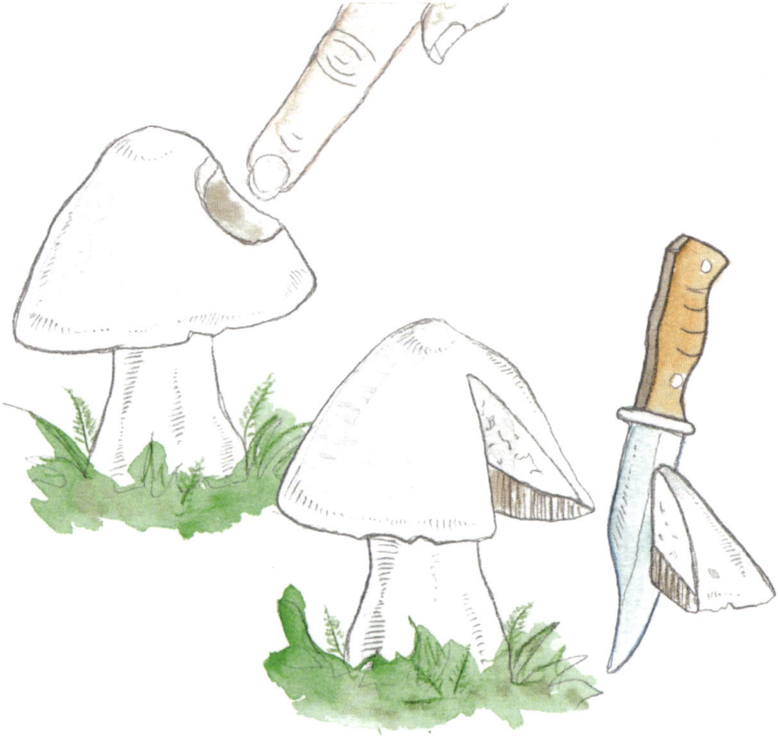

Liefert Ihnen der Fingerdruck kein sicheres Gefühl, können Sie immer noch Ihr Messer zücken und ein kleines „Tortenstück" aus dem Hut herausschneiden. Wenn dieses Stückchen Fraßgänge im Fleisch aufweist, haben Sie den Beweis für Untermieter gefunden und können den Pilz wiederum im Wald lassen.

Ist der Kamerad dagegen schön festfleischig bzw. strahlt Ihnen aus dem Hutstückchen reines Fruchtfleisch entgegen, dann können Sie ihn beruhigt ins Körbchen legen, denn selbst wenn im Stiel noch ein paar Würmchen stecken sollten – bis Sie zu Hause sind, kommen die nicht raus.

Sie sehen, wie Sie der weitestgehende Verzicht auf Ihr Tranchierwerkzeug dazu nötigt, sich etwas intensiver mit jedem gefundenen Pilz auseinanderzusetzen. Wenn Sie in diesen bezaubernden Geschöpfen mehr als nur einen vollen Magen sehen, wird es Ihnen bald gelingen, Ihre Artenkenntnis zu erweitern und ein Pilzkenner oder eine Pilzkennerin zu werden.

Wenn Sie auf Ihren Pilzzügen außerdem immer einen luftdurchlässigen Korb verwenden, werden Ihre Pilze auch nach der Heimkehr noch appetitlich aussehen. Körbe, die etwas grobmaschiger sind, sind übrigens noch besser geeignet als die beliebten Erdbeerkörbchen, denn diese bestehen meist aus breiten Spänen und sind daher nicht sehr luftig. Papier oder Folie halten den Korb zwar schön sauber, doch so ausgekleidet nützt selbst der luftigste Weidenkorb nichts mehr – am Ende sind Ihre Pilze dann doch wieder „im Eimer". Nicht vergessen: Wenn sie verderben, sind selbst Speisepilze Giftpilze!

Die Jagd nach den Kostbarkeiten des Waldes

Das Pilzesammeln oder Pilzesuchen ist nicht nur in Deutschland eine beliebte Beschäftigung. Auch unsere Nachbarnationen frönen dieser Leidenschaft. Ob *ramasser des champignons*, *cercare i funghi*, *recoja setas* oder *paddenstoelen zoeken*, stets spielt das „Sammeln" und „Suchen" der Pilze die Hauptrolle in der landeseigenen Beschreibung jener Beschäftigung, in der es darum geht, Entspannung in der Natur zu finden, sich an ihrer Schönheit zu erfreuen und hinterher eine Mahlzeit aus frischen Pilzen zu genießen.

Doch werden sie auch gerne gejagt, unsere kleinen pilzigen Freunde im Gehölz – „little mycotic friendies in the woods", so nannte sie einmal eine Dame aus Massachusetts, mit der ich mich über Pilze unterhielt. Was für eine zauberhafte Bezeichnung! Immerhin ist der Hauptterminus für das Habhaftwerden der Pilze in ihrer Sprache das „Pilzejagen". Während sich also im englischen Sprachraum das „mushroom hunting" zur üblichen Benennung des Pilzesuchens entwickelt hat, kennt man die Pilzjagd zumindest metaphorisch auch in anderen Ländern, wie zum Beispiel als *la chasse aux champignons*, *la caccia ai funghi* oder *la caza de setas*. Tatsächlich bezeichnen sich spanische Pilzsucher bisweilen gerne als cazadores, als Jäger.

Weshalb aber sollte man Pilze jagen? Ausgehend von der alten Bezeichnung des „Jägers und Sammlers" wird doch spätestens deutlich, dass es einen fundamentalen Unterschied zwischen den beiden Begriffen gibt. Etwas, das weglaufen kann, muss gejagt werden, während etwas, das unbeweglich ist, einfach eingesammelt werden kann. Pilze sind angewachsen und können nicht weglaufen, folglich werden sie gesammelt, oder?

Das Jagen ist, zumindest von der ersten Vorstellung her, die man damit verbindet, mit größerer Anstrengung verbunden. Da die Wahrscheinlichkeit, von einem großen, sich verteidigenden Beutetier verletzt oder getötet zu werden, wesentlich größer ist, als beim Beerensammeln zu stolpern und dabei umzukommen, ist freilich das Gefahrenpotential, das persönliche Risiko, beim Jagen ungleich höher. Man muss nicht Volkswirtschaft studiert haben, um zu erkennen, dass aufgrund der höheren Anstrengung und Gefahr das Jagdergebnis, also der erbeutete Höhlenbär, einen höheren Wert darstellt als ein Körbchen voll selbstgesammeltem Spitzwegerich.

Haben Sie sich mal gefragt, warum Trüffel, Steinpilze und Pfifferlinge so „kostbar" sind? Sie sind von dem Mythos umrankt, dass sie selten sind und von unübertrefflichem Wohlgeschmack. Nun, ersteres stimmt nicht, und letzteres ist persönliches Empfinden und kaum als allgemeingültig anzusehen. Vielleicht glauben Sie es einfach, weil so viele andere es behaupten? Weil es Ihnen Ihr Leben lang suggeriert wurde? Da bleibt durchaus etwas hängen, wenn man jahrzehntelang im Kategoriendenken von „Edelpilzen" und „minderwertigen Pilzen" aufwächst. Es ist ja im menschlichen Wertdenken und daher in der gesamten Marktwirtschaft allgemein üblich, hin und wieder Ursache und Wirkung zu vertauschen: Etwas, dem ich einen hohen Wert beimesse, indem ich es zur Kostbarkeit erkläre, stelle ich genau auf diese Weise dermaßen ins Zentrum des Interesses, dass sich am Ende niemand mehr fragt, warum das Objekt der Begierde denn eigentlich so kostbar ist, sondern fieberhaft danach strebt, in seinen Besitz zu gelangen. Je mehr Leute danach streben, als umso kostbarer wird das Objekt erachtet, und je kostbarer es ist, desto höher wächst die Zahl derer, die sich nach ihm sehnen. Eine Wertspirale entsteht, und die Jagd beginnt. Es wird jedoch nicht das Objekt gejagt, da es ja nun einmal unbeweglich ist, sondern die Jagd erfolgt gegeneinander. Begriffe wie „nachjagen" und „abjagen" entstehen genau hier. Letzten Endes aber ist Gold nur ein Metall, ein Diamant nur kristalliner Kohlenstoff, Kaviar nur Fischrogen und ein Trüffel nichts weiter als ein schmutziger organischer Klumpen aus Wasser und Chitin mit kleinen Anteilen von Eiweiß, Zucker und Fett. Trotzdem wird er, je nach Sorte, mit bis zu 3.500 Euro pro Kilo gehandelt. Warum? Darauf kann ich Ihnen keine einfache Antwort geben, doch ich weiß einerseits, dass es genügend Menschen gibt, die mehr Wert auf Schein legen als auf Sein. Darunter befinden sich oft diejenigen, die sich „Trüffelstücke" andrehen lassen, die „der Hund beim Ausgraben zerbissen hat". Andererseits wird es gewiss Genussmenschen geben, denen der Trüffelgeschmack die Kosten Wert ist. Ich selbst kann das wohl kaum beurteilen, immerhin renne ich bereits nach einer irrtümlich erwischten Kaffeepraline ins Badezimmer und greife hektisch nach der Mundspülung.

Trüffel stellen die Diamanten unter den Speisepilzen dar, doch auch andere Arten stehen bei vielen Menschen hoch im Kurs: Steinpilze und Pfifferlinge folgen nicht wesentlich tiefer, und ich erlebe leider immer wieder, wie die Leute sich teilweise aufführen, wenn sie eine Stelle entdeckt haben, an denen Fruchtkörper der genannten Arten gerade zahlreich vorhanden sind. Da wird geschnippelt und gerupft, was das Zeug hält. Hastig wird ein Pilz nach dem anderen ohne direktes Einsammeln abgeschnitten, um die Besitzansprüche gegenüber anwesenden Konkurrenten klarzustellen. Manche stellen auch einfach ihren Sammelkorb mitten in eine Fundstelle und pflocken damit ihren Claim ab. Sie sind gewissermaßen die „Liegestuhl-mit-Handtuch-Markierer" unter den Pilzsammlern. Oft werden dann alle guten Vorsätze über schonendes Pilzesammeln über den Haufen geworfen, nur aus Habgier oder um des Ruhmes willen, der erfolgreichste, ja, beste Pilzsammler zu sein und sich möglicherweise obendrein mit seinem Foto von 65 kg Steinpilzen im Kofferraum in irgendeinem sozialem Netzwerk feiern zu lassen.

Aber muss es so sein? Ist der Goldrausch wirklich angebracht? Oder sinnvoll? Das besondere an frischen Waldpilzen ist doch gerade die Frische, sprich, die Funde zu Hause sofort zuzubereiten und zu genießen. Aber dazu genügen 300 g pro Person völlig, für eine fünfköpfige Familie also 1,5 kg. Was geschieht mit den 63,5 übrigen Kilogramm? Ja, völlig richtig, die kann man einfrieren oder einmachen, aber Frischpilze sind es dann nicht mehr, mit merklichem Unterschied zum Ausgangsprodukt. Beliebt, und durchaus reizvoll, ist das Trocknen von Pilzen, da es das Aroma hervorhebt und je nachdem ein feines Würzpulver ergibt. Doch dazu braucht man kaum diese Mengen, womöglich auch noch mehrfach im wöchentlichen Rhythmus.

Den Rest verkaufen, sagen Sie? Am besten an Hotels und Restaurants? Nun, das ist illegal, von Ausnahmegenehmigungen einmal abgesehen. Sowohl wer kauft als auch wer verkauft macht sich in dem Fall strafbar, denn dem deutschen Naturschutzgesetz zufolge dürfen Pilze und andere Gewächse nur in geringen Mengen und ausschließlich zum Eigenbedarf der Natur entnommen werden. Und das aus gutem Grund. Die Erzeugnisse der Natur sind nicht nur zu unserer Glückseligkeit da. Früchte, Sämereien, Kräuter und Pilzfruchtkörper werden in erster Linie zur Fortpflanzung, zur Erhaltung und Verbreitung ihrer Art gebraucht. Zum zweiten dienen sie den frei lebenden Tieren als Nahrung. Viele von ihnen sind zudem auf ganz spezielle Nahrungsquellen angewiesen, können sich also nicht umstellen, wenn ihnen das Futter ausgeht und müssen verhungern. Schon alleine deswegen dürfen wir Menschen uns nicht maßlos bedienen, wenn wir durch die Wälder und Fluren streifen. Jeder geerntete Pilz, jede gepflückte Beere oder Nuss und jedes ausgerupfte Kraut ist letzten Endes ein Stückchen Kastration und ein Stückchen Mundraub in der Gemeinschaft des Lebens, der wir Menschen immer noch angehören, und deren funktionierendes Miteinander auch für unser Überleben für alle Zeiten essentiell sein wird.

Was brauchen wir für die Jagd?

Um Stockschwämmchen und Pfifferlinge zu jagen, brauchen wir keine Schusswaffen, geschweige denn Munition, sodass uns die Angelegenheit nicht so teuer kommt wie eine Großwildjagd. Die Meinungen driften auseinander, was die nötigen Utensilien zum Pilze suchen angeht. In der Tat lässt sich über den Sinn und Zweck vieler Ausrüstungsgegenstände diskutieren. Manches Zubehör jedoch sei dem Sammler dringend empfohlen.

Nehmen wir zum Beispiel Schuhe. Da brauche ich im Grunde gar nicht drauf einzugehen. Sie werden schon wissen, was Sie sich an die Füße ziehen, wenn Sie mehrere Kilometer durch feuchtes, unwegsames Gelände marschieren. Ich kenne da welche, die schieben ausschließlich mit Sandalen los, die einen mit, die anderen ohne Socken. Was soll ich da von Gummistiefeln oder wasserdichten Wanderschuhen anfangen? Es funktioniert offensichtlich auch anders. Auch über zweckmäßige Bekleidung könnten wir philosophieren, doch auch hierbei schmieden sich alle ihr eigenes Glück. Ich persönlich bin ja immer ganz froh, wenn ich etwas Wind- und Regendichtes dabeihabe, das obendrein auch ein bisschen warm hält wenn's drauf ankommt. Wer jedoch meint, im Minirock oder im Arztkittel in die Pilze gehen zu müssen, kann das von mir aus gerne tun.

Ganz anders sieht es aber beim Sammelbehältnis aus. Hier sollten Sie die wohlgemeinten Ratschläge der Fachkundigen durchaus annehmen. Denn wer Speisepilze sammelt, weiß ja, dass die Zeitspanne der Frische bei Pilzen nicht so übermäßig lang ist, und dass sie umso schneller verderben, je weniger Frischluft sie abbekommen. Deshalb schauen Sie bitte, dass ihr Sammelbehälter möglichst luftdurchlässig ist. Recht weitmaschige Weidenkörbe sind sehr gut geeignet; noch bes-

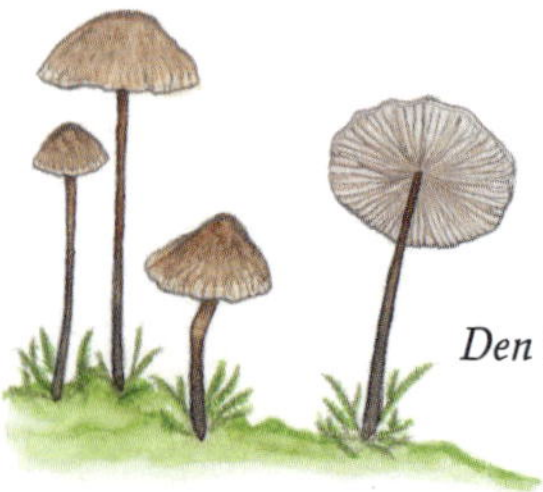

Den Saitenstieligen Knoblauchschwindling finden Sie auf Seite 192

ser sind Drahtkörbe. Die allseits beliebten Spankörbchen (Erdbeerkörbchen) sind da bei Weitem weniger atmungsaktiv, da die Späne für gewöhnlich recht breit sind und nur einen relativ kleinen Luftmaschenanteil zulassen. Flache Körbe haben den Vorteil, dass die Pilze eher nebeneinander liegen und folglich mehr Luft abbekommen können. Recht ungeschickt ist es dagegen, wenn man einen wie auch immer gearteten Korb mit Zeitungspapier oder gar Folie auslegt, denn dann ist die Luftzufuhr natürlich wieder blockiert. Also, wenn sie Ihren guten Einkaufskorb zum Pilzesammeln benutzen, nehmen Sie bitte die Kunststoffeinlage heraus! Wer unterwegs zufällig ein paar Steinpilze findet und weiß, dass er in einem Stündchen wieder zu Hause ist, kann sich einstweilen mit mit einer Jutetasche (Stoffbeutel) aus der Verlegenheit helfen. Nehmen Sie aber auf keinen Fall Eimer, Plastiktüten oder andere Kunststoffbehälter! In diesen können Sie den Pilzen nämlich beim Verwesen zuschauen.

Ab und zu würde man gerne einen Pilz, den man nicht kennt, mitnehmen und zu Hause bestimmen. Kein Problem, hier helfen verschiedene Becher und Dosen. Dass diese eventuell aus Kunststoff sind, ist nicht weiter schlimm, denn diese Pilze nimmt man ja sowieso nicht zu Speisezwecken mit. Wichtig ist nur, dass die unbekannten Pilze nicht mit den Speisepilzen in Kontakt kommen, denn sie könnten ja giftig sein.

Manche Bestimmungsmerkmale sind sehr klein, wie zum Beispiel feine Härchen oder ähnliches. Um diese gut beurteilen zu können, sollte eine dieser kleinen zusammenklappbaren Lupen mitgeführt werden. Diese Lupen haben meistens eine 8-, 10- oder 12fache Vergrößerung, und damit sind sie im Feld ein äußerst praktisches Hilfsmittel.

Wer einen unbekannten Pilz mitnimmt, um ihn zu Hause zu bestimmen, muss sich auch einige Informationen über sein Umfeld mitnehmen. Dazu dienen ein Notizblöckchen und der gute alte Bleistift. Warum ein Bleistift? Weil dieser auch auf regennassem Papier noch schreibt. Auf welchem Untergrund stand der Pilz? Welche Bäume oder Sträucher standen in der Nähe? All das wird notiert und dem Fremdling beigelegt, denn diese Daten können für die Bestimmung entscheidend sein. Bei Arten, die schnell zusammenschrumpeln, kann man sich auch aufzeichnen, wie der Pilz im frischen Zustand ausgesehen hat. Wer es moderner liebt, kann natürlich auch auf Digiknipse und Quakofon (Diktiergerät) zurückgreifen. Ihr Smartphone bietet Ihnen gleich beides. Bedenken Sie aber, dass Sie auf Ihrem digitalen Bild hinterher nicht unbedingt die feinen Details ausmachen können, die Sie mit Ihren eigenen Augen beobachten können!

Ein Pilzbürstchen kann nützlich sein, wenn man die aus dem Grund gelösten Pilze von grobem Schmutz oder Fichtennadeln befreien möchte. Man muss ja nicht den halben Wald mit nach Hause nehmen. Ich trage meines, ein einfaches Champignonbürstchen, immer an einem Seil um den Hals. Es ist im Jahr meiner Sachverständigenprüfung als „Gerolsteiner Einfallspinsel“ bekannt geworden, weil es, so die humorigen Wortschöpfer, ein guter Einfall war.

Die Wichtigkeit des Messers fürs Pilzesammeln wird allenthalben überschätzt. Im Grunde braucht man es kaum, denn das Ernten der Fruchtkörper ist viel sinnvoller ohne Messer. Es spukt aber in Verbindung mit dem Pilzesammeln so fest in unseren Köpfen umher, dass wir uns einbilden, es wäre von großer Wichtigkeit. Wer jedoch etwas bewusster an die Sache herangeht, wird schnell feststellen, dass man im Großen und Ganzen prima ohne es auskommt.

Eine Trillerpfeife kann ein lebensrettendes Utensil sein, sollte man denn mal in „Waldnot“ geraten. Wenn man sich verlaufen hat und wieder zur Gruppe zurück möchte, ist sie sicherlich sehr praktisch. Es soll jedoch auch Mitmenschen geben, die, als Gruppe unterwegs, permanent ihre Trillerpfeifen blasen, um dem Abirren der einzelnen Gruppenmitglieder vorzubeugen. Davon wollen wir dann doch bitte absehen.

Wo stehen sie denn nur?

Wäre es nicht toll, wenn über jedem Speisepilz ein rotes Lichtchen leuchten würde? Oder wenn es ein Peilgerät gäbe, das einen punktgenau zu den besten Speisepilzen führen würde? Vielleicht einen Pilzkompass oder etwas in der Art?

Sie ahnen vielleicht, wie phantasievoll die Seminarteilnehmenden bisweilen sind, wenn es um den Wunsch der Pilzfreunde geht, schnell und ohne große Mühe Massen von Pilzen zu finden. Doch diese Wundermittel werden uns wohl ebenso wenig gegeben werden wie der Wolkenbohrer, der Goldesel oder der Stein der Weisen. Wir müssen uns eben Mühe geben, wenn wir frische Waldpilze verzehren wollen. Immerhin heißt die Tätigkeit, die wir alle so lieben, „Pilze suchen“ und nicht „Pilze finden“ oder „über Pilze fallen“. Die optimistischsten Bezeichnungen für das Pilzesuchen, die mir in meinem Leben begegnet sind, waren „Pilze sammeln“, „in die Pilze gehen“ und „noch eben ein paar Pilze abmachen“, wobei letzteres sich nicht etwa auf Zuchtpilze bezog.

Nein, sie machen sich in der Regel rar, unsere kleinen pilzigen Freunde im Gehölz, und es gehört meist viel Glück dazu, reiche Funde sein Eigen zu nennen.

Trotzdem, Sie sind dem Zufall nicht völlig ausgeliefert. Pilze haben Vorlieben, und jede Art dazu ihre eigenen. Wenn Sie die Vorlieben Ihrer Lieblingspilze kennen, können Sie die Wahrscheinlichkeit, sie in der Natur zu finden, drastisch erhöhen.

Von welchen Vorlieben sprechen wir hier? Nun, zum einen haben wir bereits erfahren, dass die meisten Waldpilze Lebensgemeinschaften mit Bäumen eingehen – Stichwort Partnerpilze. Dabei ist es nicht nur so, dass Bäume und Pilze sich gegenseitig zum Leben brauchen, sondern alle Pilzarten haben sogar ganz bestimmte Partnerbäume, an die sie sich binden. Suche ich bewusst nach den Partnerbäumen, die ja wesentlich leichter zu finden sind, so erhöhe ich meine Chancen, auch bestimmte Pilze zu finden. Auch bevorzugen viele Pilze ganz bestimmte Bodenarten, in denen sie gedeihen. Und schließlich sind es noch das Terrain, die Wetterrichtung und das örtliche Kleinklima, die alle zusammenwirken und so bestimmte Pilzvorkommen begünstigen oder behindern, je nachdem.

Nun sind nicht alle Menschen gleich. Die einen denken, ich zieh einfach mal los und lass mich überraschen, und wenn ich nichts finde, war ich eben ein paar Stunden in der schönen Natur. Andere werden lieber denken, also wenn ich schon im Wald herumlaufe, dann will ich auch auf jeden Fall Pilze finden, und zwar Steinpilze und Pfifferlinge! Wieder andere sind eher der Ansicht, dass sie nicht viel Zeit haben und in einer Stunde möglichst eine üppige Mahlzeit zusammen haben möchten.

Grundsätzlich kann ich sagen: All das kann sein, aber nichts davon ist garantiert. Das Sammlerglück ist und bleibt unberechenbar. Ja, es gibt Regeln, denen auch die Pilze gehorchen. Wer diese Regeln kennt, kann seinen Erfolg in der Tat merklich beeinflussen. Es wäre jedoch trügerisch zu glauben, man könne seine Pfifferlinge gezielt auffinden und einsammeln, indem man einfach ein paar Regeln anwendet. So einfach ist es nun wieder nicht!

Fangen wir ganz vorne an. Wann und wo wachsen Pilze? Dies ist die große Frage, die uns allem voran brennend interessiert. Die Antwort: Immer und überall! – Wie jetzt? Eben hieß es noch, Pilze muss man suchen, und man muss sich Mühe geben, und jetzt bekommen wir diese dumme Antwort? Nun, irgendetwas war mit unserer Frage eben doch nicht in Ordnung, und wer bis hierher aufgepasst hat, weiß das auch. Wie war das doch gleich? Der Pilz, also das unterirdische Pilzgeflecht, lebt viele Jahre lang im Boden oder im Holz, und wenn die Bedingungen ausreichend sind, entwickelt es seine an der frischen Luft erscheinenden Fruchtkörper. Das heißt, die Pilze stecken permanent und beinahe überall im Boden und in Hölzern drin. Unsere Frage muss deshalb lauten: Wann und wo bilden die Pilze ihre Fruchtkörper aus?

Spitzfindigkeiten? Keineswegs. Wenn wir Pilze nicht endlich als das sehen, was sie sind, wenn wir nicht endlich begreifen und verinnerlichen, wie sie leben und was ihre Natur ist, werden wir ihre Geheimnisse nicht lüften, geschweige denn zu unserem Vorteil nutzen! Deshalb noch einmal, und diesmal lesen Sie es bitte laut: Pilze sind keine vereinzelt stehenden, separaten Pflanzen, sondern permanent unterirdisch existierende Lebensformen, deren Früchte von Zeit zu Zeit überirdisch erscheinen, so dass wir diese ernten können.

Das heißt für uns: Pilze wachsen nicht plötzlich im Herbst und verschwinden im Winter. Sie sind bereits im Frühling da! Und sie sind seit vielen Lenzen ständig anwesend, auch wenn wir sie nicht sehen. Das, was wir im Herbst gehäuft vorfinden, sind nur ihre Früchte. Wenn diese im Spätherbst verschwinden, bleibt der Pilz unterirdisch bestehen und lebt weiter, bis er im nächsten Jahr wieder Früchte hervorbringt. Haben Sie sich schon einmal gefragt, warum oftmals jedes Jahr an derselben Stelle wieder die gleichen Pilze stehen? Nun kennen Sie die Antwort.

Warum reite ich auf dieser Tatsache so sehr herum? Weil wir es in unsere Köpfe bekommen müssen. An der althergebrachten aber falschen Auffassung, dass jeder Pilzfruchtkörper eine eigene, separate

Pflanze sei, hängt ein ganzer Rattenschwanz an irrigen Folgerungen, die uns wie ein Klotz am Bein an unserem Sammelerfolg hindern. Selbst wenn man uns hundertmal die wahre Natur der Pilze eintrichtert, neigen wir dazu, sie nicht zu beherzigen. Ein Beispiel dazu: Wann entscheiden Sie, den Gang in die Pilze zu wagen? Sie warten wahrscheinlich, bis die „Pilzsaison" beginnt, beobachten zwei Wochen lang das Wetter, und wenn Ihnen die Regenmenge bzw. die Bodenfeuchte günstig erscheint, schnappen Sie sich ihr Körbchen und ziehen los. So hat es die Großmutter schon gemacht, und so gehört es sich alljährlich aufs Neue. Wir wissen doch aber jetzt, dass Pilze das ganze Jahr über im Erdreich leben. Um genau zu sein, handelt es sich dabei um die Humusschicht, die oberste Schicht des Bodens. Wenn der Regen irgendetwas als erstes durchnässt, wenn die Sonne irgendetwas als erstes austrocknet, wenn der Frost in irgendetwas als erstes eindringt, dann ist es die Humusschicht! Ist uns je der Gedanke gekommen, dass die klimatischen Bedingungen im Herbst möglicherweise gar nicht allein entscheidend sind, sondern dass die Bedingungen, denen der Pilz im Winter, Frühling und Sommer ausgesetzt war, mindestens ebenso bedeutend für sein Verhalten im Herbst sind, vielleicht sogar noch bedeutender?

Pilzfäden sind mikroskopisch fein. Wie ein Spinnennetz durchziehen sie den Grund oder altes Holz. Die Fruchtkörper bestehen aus Abertausenden dieser Fäden, zusammengeklebt und strukturiert zu vergleichsweise monsterhaften Gebilden, massiver und schwerer als das zugehörige, filigrane Pilzgeflecht im näheren Umfeld. Es kostet den Pilz ein enormes Übermaß an Energie, um auch nur einen einzigen dieser Fruchtkörper hervorzubringen. Woher nimmt er diese Energie? Aus 14 Tagen Regenwetter? Wenn man mal so drüber nachdenkt, eigentlich kaum vorstellbar, nicht wahr?

Was richtet ein harter Winter mit tiefem, wochenlangen Dauerfrost mit einem Pilzgeflecht an? Was geschieht in einem milden, regnerischen Winter? Wie wirkt sich ein warmer, feuchter Frühling auf einen Pilz aus, und wie ein heißer, trockener Sommer? Was bewirkt die Kombination der drei vorangegangenen Jahreszeiten in ihrer Gesamtheit? Die Forschung ist weit davon entfernt, diese Zusammenhänge vollends zu begreifen, doch eines ist klar: Der Pilz sammelt seine Lendenkraft das ganze Jahr über, und er beginnt damit gleich nach seiner Fruchtphase. Nach der Fortpflanzung ist vor der Fortpflanzung. Die Natur gewährt keine Verschnaufpausen.

Wovon können wir also ausgehen? Pilze brauchen Wärme und Feuchte. Weder Kälte und Nässe, noch Hitze und Trockenheit sind ihnen zuträglich, sondern sie brauchen in der Tat moderate Wärme und Feuchte. In Zahlen lässt sich zumindest die Wärme genauer definieren: Zwischen 16 °C und 24 °C sollte die Außentemperatur idealerweise liegen. Die Feuchte darf in Richtung Nass tendieren, doch zu viel Wasser fördert Fäulnis, selbst für Pilze. Wichtig ist, dass der Boden schön tief durchfeuchtet ist. Das Jahr kann für den Pilz gut verlaufen sein; ist der Boden zur Saison staubtrocken, gibt es keine Ernte.

Haben wir einen milden Winter mit darauf folgendem Frühling und Sommer, in denen regelmäßig und oft Regen fällt, sagen wir 1.000 mm pro Quadratmeter und Jahr, unterbrochen von kurzen, sonnig warmen Perioden, stehen die Chancen für ein gutes, ergiebiges Pilzjahr ausgezeichnet, vorausgesetzt, der Herbst verkommt nicht zur Dürre. Ein bis zwei Monate feuchte Witterung sollte dem Gang in die Pilze also durchaus vorausgehen. Gewiss, Reisende sowie Freibad- und Eisdielenbetriebe wären mit einer solchen längerfristigen Wettersituation nicht so glücklich, aber so ist des einen Freud eben oft des anderen Leid.

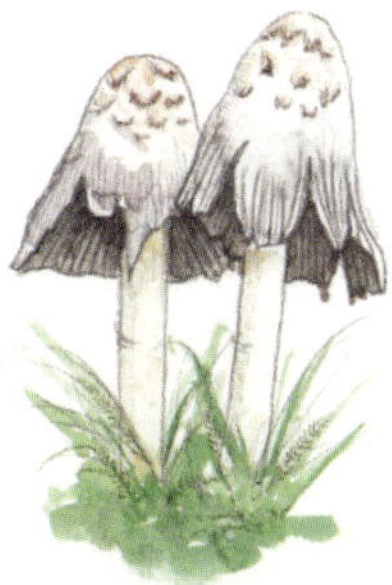

Den Schopftintling finden Sie auf Seite 230

Das passende Wetter hätten wir nun. Jetzt geht es um die Strategie. Wer sich treiben lassen möchte, oder wer recht viele Pilzarten kennt, geht einfach in den Wald hinaus. Eine einfache Regel spart hier trotz aller Gelassenheit unnötig vertane Zeit: Sind vom Weg aus keine Pilze, ganz gleich ob essbare oder giftige, am Waldrand zu sehen, werden tiefer im Gehölz ebenfalls keine zu finden sein, und den Gang in den Wald hinein können wir uns von vornherein sparen. Diese Regel gilt insbesondere für Monokulturen, also für Zahnstocherschachteln wie z. B. Fichtenmonokulturen. Da diese jedoch leider immer noch sehr häufig sind und oftmals die begehrten Steinpilze und Maronen beherbergen, werden sie entsprechend häufig und ausgiebig aufgesucht, und es ist daher sinnvoll, auf diese Regel hinzuweisen. Die Erklärung ist einleuchtend: Die Bäume leben mit Pilzen in einer Lebensgemeinschaft. Der Baum versorgt den Pilz, und der Pilz den Baum. Der Baum kann den Pilz aber nur gut versorgen, wenn er gesund und wohlgenährt ist. Fehlt es dem Baum an Versorgung, hat er nicht genügend Reserven übrig, um dem Pilz so viel davon zukommen zu lassen, dass dieser Fruchtkörper ausbilden kann. Baum und Pilz vegetieren dann so vor sich hin. Sehen wir uns nun solch eine Monokultur, zum Beispiel aus Fichten, an. Am Waldrand, wo genügend Licht hinkommt, sind die Fichten zumindest halbseitig voll benadelt, können also im großen Umfang Photosynthese betreiben, womit sie stark genug sind, ihre Partnerpilze bei der Ausbildung von Fruchtkörpern zu unterstützen. Tiefer im Wald stehen die Bäume dicht an dicht, und so erhalten nur ihre Wipfel Sonnenlicht. Alle Äste unterhalb des Wipfels sind kahl und dürr. Diese Bäume sind wortwörtlich unterernährt, und für die sie begleitenden Pilze bleibt nicht genug übrig, um Fruchtkörper sprießen zu lassen. Die Erklärung, dass die Bäume in Waldmitte mehr Regen abhalten und der Waldrand dadurch feuchter ist, bewirkt dagegen bloß einen zeitlichen Verzug in der Durchfeuchtung des Bodens. Dieser kann aber entscheidend sein, wenn die Regenperiode vergleichsweise kurz ist.

Junge Monokulturen können für Personen auf Einstiegsniveau mitunter interessant sein, da sie zwar wenige verschiedene Pilzarten enthalten, doch jede von diesen kann durchaus in großer Zahl an Einzelexemplaren vertreten sein. Es kann also – übertrieben ausgedrückt – sein, dass in einer jungen Fichtenmonokultur nur zwei Speisepilzarten vorkommen, sagen wir Steinpilze und Maronen. Doch wenn ich dieses Gebiet einmal durchquere, kann mein Korb schon mit vielen Fruchtkörpern dieser beiden Arten gefüllt sein.

Anders ist es bei gesunden, naturnahen Waldbeständen mit verschiedenen Wachstumsschichten und Lebensgemeinschaften. Hier kommen irre viele verschiedene Arten von Pilzen vor, doch jede von ihnen ist in relativ kleiner Zahl an Fruchtkörpern vorhanden. Mein Korb kann also unter Umständen ebenfalls recht schnell voll sein, doch wird es sich dabei um ein buntes Sammelsurium aus vielen verschiedenen Sorten handeln. Solche Wälder sind anspruchsvolle Sammelgebiete, denn sie enthalten neben vielen beliebten Speisepilzen auch sämtliche Giftpilze, auch die tödlichen! Das heißt natürlich nicht, dass Monokulturen keine Giftpilze enthalten. Wagen Sie bitte keine gefährlichen Umkehrschlüsse. Vorsicht ist immerzu geboten!

Naturnahe Wälder zeichnen sich dadurch aus, dass sie oft Lebensgemeinschaften aus ganz bestimmten Pflanzen aufbauen. Man spricht in der Biologie von Pflanzensoziologien oder Pflanzengesellschaften. In diese Gesellschaften ordnen sich auch ganz bestimmte Pilze ein, und wir sind gut beraten, uns ein wenig mit diesen Dingen auszukennen. Hilfreich ist hierzu zum einen die Partnerpflanzen, meist Bäume, für jede Pilzart zu kennen, sofern es sich um „Partnerpilze“ handelt, also jene Gruppe, die sich mit den Wurzeln der Pflanzen verbindet. Zum Anderen bevorzugt jede Pilzart auch bestimmte Bodenarten. So werden wir auf mageren Böden völlig andere Arten vorfinden als auf fetten Böden. Auf basischen Untergründen wachsen wiederum andere Arten als auf sauren. Doch keine Sorge, Sie müssen keine Bodenproben analysieren, denn das zuvor gesagte trifft auch auf Pflanzen zu. In diesem Sinne kann ich Ihnen nur ans Herz legen, sich zusätzlich mit der Pflanzenkunde zu befassen. Dort lernen Sie die so genannten „Zeigerarten“ kennen, die Ihnen Hinweise auf Bodenart und Soziologie Ihres Sammelgebiets geben. Diese können Sie schon während Ihrer Frühlings- und Sommerspaziergänge bestimmen, und im Spätsommer wissen Sie dann, wo Sie hingehen müssen, um bestimmte Pilze zu finden.

Ein kleiner Leitfaden für die beliebtesten Arten

Egerlinge – besser bekannt als Champignons, mundartlich gerne als „Schampiongs“ über die Lippen gehend – sind ergiebige Zuchtpilze und müssen daher nicht nötigerweise gesucht werden. Wer es dennoch möchte, sollte in mildfeuchten Sommern vornehmlich nach Pferdekoppeln und Viehweiden Ausschau halten. Durch intensive Bewirtschaftung und Überdüngung in der heutigen Zeit sind jene weiß übersäten Felder, wie ich sie in meiner Kindheit noch kannte, jedoch extrem selten geworden. Sie werden die meisten Ihrer Champignons vereinzelt am Wegrand auffinden.

Steinpilze und Maronen sind Bewohner saurer Böden. Sie begleiten Fichten, der Steinpilz im selben Maß Buchen, wo Maronen nur selten erscheinen. Die Fruchtkörper beider Arten können örtlich sehr zahlreich erscheinen, wenn nach einer sommerlichen Trockenphase ergiebige Regenfälle einsetzen und über vier Wochen anhalten. Es geschieht nicht selten, dass Nachzügler unter den Pilzgeflechten im darauffolgenden Winter, sofern dieser mild ist, einen Schwung Fruchtkörper nachreichen. Wichtig ist stets, dass die Wälder ausreichend lange (mehrere Jahre) nicht gekalkt worden sind, denn sonst ist der Boden nicht sauer genug.

Ihre Pfifferlinge suchen Sie idealerweise an steilen Hanglagen von Mischwaldbeständen. Dort, wo das fallende Laub von Buchen und Eichen aufgrund dessen nicht gut liegen bleibt, tauchen die gelben Fruchtkörper etwas häufiger auf als in ebenen Lagen.

Den Echten Reizker, Butterpilze wie auch die Krause Glucke werden Sie nur bei Kiefern finden. Es lohnt sich daher, nach Kiefernwäldern zu suchen. Bei günstigen Witterungsverhältnissen werden Sie sie nicht lange suchen müssen.

Ähnliches gilt für Goldröhrlinge. Sie sind typische Begleiter von Lärchen. Oft sind sie, gerade in einer schleppend verlaufenden Pilzsaison, verlässliches und zahlreiches Material fürs Körbchen. Wenn Sie gezielt nach Lärchen schauen, wird sich der Erfolg bald einstellen.

In eher trockenen Jahren erhöhen Sie Ihre Chancen, Speisepilze zu finden, indem Sie sich auf Gebiete konzentrieren, die eine nachmittägliche Sonnenausrichtung und eine allgemeine Exposition zur Hauptwetterrichtung aufweisen. In Deutschland sind dies zumeist die Südwestflanken von Erhebungen der Mittelgebirge. Auch die Nähe des Sammelgebiets zu Gewässern und Feuchtgebieten wirkt sich günstig aus.

Wie wir gesetzlich im Rahmen bleiben

Es mag Sie vielleicht erstaunen, doch in der Tat dürfen wir uns nicht alles herausnehmen, während wir auf einer Sammeltour sind. Es ist wichtig zu wissen, wann und wo wir uns im Wald aufhalten dürfen, welche Pilze wir sammeln dürfen und in welchen Mengen. Auch hier schützt Unwissenheit nicht vor Strafe. Wollen wir uns also auch einmal kurz mit den Gesetzen befassen, damit unser nächster Streifzug durch die Pilzwelt nicht durch irgendeinen rechtlichen Fauxpas ruiniert wird.

Ich gebe Ihnen an dieser Stelle eine Einschätzung der Gesetzeslage in Rheinland-Pfalz und Nordrhein-Westfalen zum Zeitpunkt des Verfassens dieses Textes. In jedem Fall müssen Sie sich, ganz gleich in welchem Land, selbst über die Gesetzeslage vergewissern.

Wann und wo gilt das Waldbetretungsrecht?

Weder das Landeswaldgesetz (LWaldG) in Rheinland-Pfalz noch das Landesforstgesetz (LFoG) Nordrhein-Westfalens sehen eine zeitliche Beschränkung des Waldbetretungsrechts vor. Nehmen Sie jedoch bitte den Begriff „Betretungsrecht" wörtlich. Befahren dürfen Sie den Wald nämlich nicht, mit Ausnahme von Fahrrädern, wenn Sie auf den befestigten Wegen bleiben. Die Besitzerschaft eines Waldes, ob nun privat oder öffentlich, kann Eigenregelungen treffen. Diese, einmal kenntlich gemacht, müssen von uns befolgt werden. Dies gilt insbesondere für bestimmte Waldbereiche. Sind diese per Beschilderung oder Abzäunung kenntlich gemacht, so sind diese für uns tabu. Es ist darüber hinaus eine Selbstverständlichkeit, für die ein vernünftiger Mensch gar keinen Gesetzestext benötigt, dass wir uns im Wald kooperativ mit der Natur und anderen Waldnutzungsinteressen verhalten. Ganz gleich ob jung oder alt: Wir hinterlassen keinen Müll, wir schädigen keine Pflanzen und Tiere, wir bleiben Dickungen und Schutzzonen fern und vor allem verhalten wir uns leise! Da zudem kein rationaler Grund dafür existiert, im Dunkeln Pilze zu suchen, verlassen wir den Wald vor dem Sonnenuntergang bzw. betreten ihn frühestens nach Sonnenaufgang und überlassen auf diese Weise die Dämmerungszeiten der Jägerschaft. So kommen wir alle aneinander vorbei.

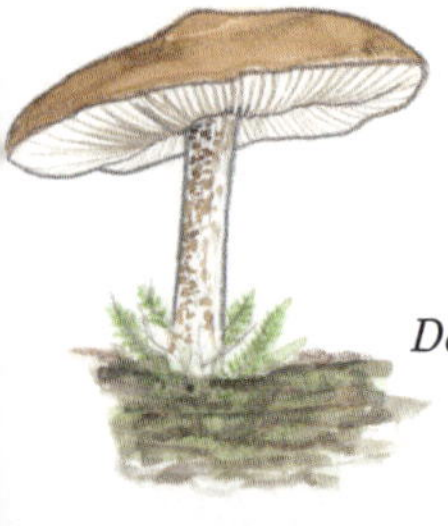

Den Rehbraunen Dachpilz finden Sie auf Seite 198

Herrscht im Wald Leinenzwang?

Hier machen LWaldG und LFoG einen Unterschied. Rheinland-Pfalz ist ausgesprochen hundefreundlich und sieht von einer Pflicht zum Anleinen Ihres Hundes in jedem Fall ab. Nordrhein-Westfalen dagegen besteht darauf, dass Hunde außerhalb der Wege an die Leine kommen. Im Grunde ist es auch hier ganz einfach: Sie betrachten Ihren Vierbeiner als Familienmitglied? Das ist schön. Und es erleichtert Ihnen möglicherweise zu akzeptieren, dass alles aus dem vorherigen Abschnitt auch für ihn gilt. Da man Ihrem Hund kein Fehlverhalten vorwerfen kann, liegt es in Ihrer Verantwortung, dass er sich kooperativ mit der Natur verhält, dass er Pflanzen und Tieren nicht schadet, dass er Dickungen und Schutzzonen fernbleibt und vor allem leise ist.

Gibt es Pilzarten, die wir nicht sammeln dürfen?

Es gibt einige sehr seltene Arten, die gemäß dem Bundesnaturschutzgesetz einen ganz besonderen Schutz genießen. Das Sammeln dieser Arten ist verboten. Sie werden die meisten wahrscheinlich noch nicht einmal vom Namen her kennen. Es sind Schafporlinge, Semmelporlinge, Kaiserlinge, Weiße Bronzeröhrlinge, Gelbe Bronzeröhrlinge, Sommerröhrlinge, Echte Königsröhrlinge, Blauende Königsröhrlinge, Erlengrüblinge, sämtliche Saftlingsarten, Märzschnecklinge, Grünlinge sowie durchweg alle Trüffelarten.

Was dürfen wir denn überhaupt?

Mit Ausnahme der geschützten Arten dürfen Sie Pilze, wie heißt es so schön schwammig, in geringen Mengen für den Eigenbedarf sammeln. Was heißt das nun genau? In Österreich ist diese Frage leicht zu beantworten: Zwei Kilogramm pro Tag ist offiziell die erlaubte Sammelmenge für Personen ohne Sondergenehmigung. Die deutsche Rechtsprechung nennt eine solch wohldefinierte Grenze zwar nicht, doch orientiert sie sich an ähnlichen Werten. Es werden pro Person 250 Gramm pro Person angenommen. Dabei darf ein einzelner Mensch für seine gesamte Familie Pilze sammeln. Deshalb lässt man auch hierzulande ein bis zwei Kilogramm Wildpilze pro Tag durchgehen. Wer mit einer deutlich größeren Menge erwischt wird und keine Sondergenehmigung vorweisen kann, muss nicht nur seine Tagesausbeute abgeben, sondern auch noch ein empfindliches Bußgeld bezahlen, das schnell einmal die 1.000-Euro-Grenze übersteigen kann.

Sämtliche Gesetzestexte weisen darüber hinaus darauf hin, dass jedwedes Sammeln in schonender Weise zu erfolgen hat. Wie Pilzfruchtkörper schonend und sachgemäß geerntet werden, wissen wir ja inzwischen.

Bloß nicht! – Fehltritte auf der Pilzpirsch

Pilz-Apps blind vertrauen

Finger weg von Apps zur Pilzbestimmung! Immer wieder erhalte ich Anrufe von Krankenhäusern, die nach Unterstützung bei der Diagnose von Pilzvergiftungen fragen. Inzwischen beklagen vier von zehn Vergifteten: „Aber meine App hat gesagt, ...“ – Ganz egal was die App sagt, Pilzbestimmung ist komplex und ohne Fachkenntnis kaum durchführbar. Wer sich auf eine App zur Pilzbestimmung verlässt, spielt mit der eigenen Gesundheit, im schlimmsten Fall mit dem Leben! Die aktuellen Apps sind bestenfalls als Unterstützung für Kundige und Fortgeschrittene zu empfehlen. Fachkenntnis können sie nicht ersetzen.

Merke: Auch wenn man nach Navi fährt, muss man immer noch Autofahren können, die Verkehrsregeln kennen und seine Augen offen halten!

Alte, überständige Pilze sammeln

Diese Pilze befinden sich bereits in einem der Stadien, die auf Seite 26–29 beschrieben werden. Sie durchlaufen innerhalb ihrer natürlichen Entwicklung die Phase der Eiweißzersetzung. Es können nach dem Genuss dieser Exemplare ernste Beschwerden auftreten, die nichts anderes als eine Lebensmittelvergiftung darstellen.

Unbekannte Arten zu den essbaren Pilzen legen

Es könnten ja giftige Arten sein, und wenn Sie diese zu Ihren Speisepilzen legen, könnten Fragmente davon in Ihrer Mahlzeit landen. Bewahren Sie unbekannte Arten, die sie später bestimmen oder einer sachverständigen Person vorlegen möchten, immer separat auf! Wussten Sie, dass Pilzsachverständige, wenn sie bei einer Pilzberatung einen tödlich giftigen Pilz in Ihrem Korb finden, alle Ihre gefundenen Pilze verwerfen müssen? Wäre schade drum.

Unbekannte, überreife oder giftige Pilze zerstören

Es kann freilich frustrierend sein, wenn man lange unterwegs ist und trotzdem kein Glück bei der Suche nach Speisepilzen hat. Trotzdem sollten Sie dann keine Luft ablassen, indem Sie die Ihnen unbekannten Pilze zerschlagen oder zertreten. Genauso wenig sollten Sie das mit überreifen, madigen oder giftigen Pilzen tun. Die meisten Pilze leben nämlich in einer Symbiose (Lebensgemeinschaft) mit Bäumen und anderen Blütenpflanzen, wobei beide Seiten einander brauchen, um zu gedeihen. Mutwillige Zerstörung schadet also letzten Endes dem Wald. Außerdem könnten nachfolgende Menschen, die vielleicht rein biologisch unterwegs sind, durchaus Interesse an diesen Pilzen haben. Erklären Sie bitte auch Ihren Kindern frühzeitig, welchen Wert Pilze für die Natur und für andere Menschen haben.

Moos oder Laubschicht abraufen oder wenden

Was können Sie unter dem Moos und Laub schon finden? Doch bestenfalls Fruchtkörper in den ganz frühen Wachstumsstadien (Stadium 1 bis 2, siehe Seite 26), und die sollten Sie aus den ebenda beschriebenen Gründen sowieso nicht sammeln. Alles, was Sie damit erreichen, ist die Freilegung des Waldbodens und dessen Austrocknung, und der Wald hat doch schon genug unter Umwelteinflüssen zu leiden.

Fruchtkörper aus dem Substrat reißen

Als Substrat bezeichnet man den Grund, in dem der Pilz wächst. Wenn man nun einen Fruchtkörper nicht sorgfältig aus dem Grund herausdreht, sondern ihn einfach nur herausreißt, dann reißt man auch größere Teile des Pilzgeflechts mit heraus und schädigt somit den Pilz. Dieses Vorgehen wäre eine klare Tätlichkeit gegen die Natur und verdient die Gelbe Karte.

Rohe Pilze essen bzw. kosten

Heute weiß man, dass rohe Pilze sehr häufig Hämolysine enthalten. Das sind blutauflösende Stoffe. Es wird deshalb davon abgeraten, rohe Pilze zu essen. Aber auch das Kosten, für Kundige sehr oft eine Hilfe für die Bestimmung von Pilzen, kommt für Sie noch nicht in Frage; viel zu hoch ist die Gefahr einer Vergiftung! Die einzige Ausnahme sind die Sprödfleischigen Blätterpilze (siehe Schlüssel ab Seite 118), aber auch hier gilt, dass Sie die Kostpröbchen immer wieder ausspucken sollten.

Raubbau betreiben

Oft wird damit geprahlt, dass man Zig Kilo Steinpilze gefunden hat. Goldrauschartige Sammelgier ist eine Unart, die viel über den Charakter einer Person aussagt. Dabei besteht eigentlich kein vernünftiger Grund dazu, den ganzen Wald auszuplündern. Zwar ist das Pilzesammeln (wenn es mit Bedacht durchgeführt wird) nichts anderes als das Ernten von Früchten, also im Grunde für das Stammgewächs unschädlich, doch sollte man immer im Auge behalten, dass diese Fruchtkörper primär einen „Fortpflanzungsauftrag" haben. Deshalb sollte man eine Fundstelle eben nicht rigoros absammeln, sondern wenigstens ein paar von den reifen Fruchtkörpern stehen lassen. Da Pilzfruchtkörper die Eigenschaft haben, sich nach dem Abtrennen vom Pilzgeflecht, ja, selbst nach dem Zerschneiden und Putzen weiterzuentwickeln, stellt es auch eine gute Methode dar, die beim Fegen entfernten Blätter und Röhren wieder in den Wald zu bringen, wo sie aussporen können

Kapitel 6:

Bestimmung von Pilzen

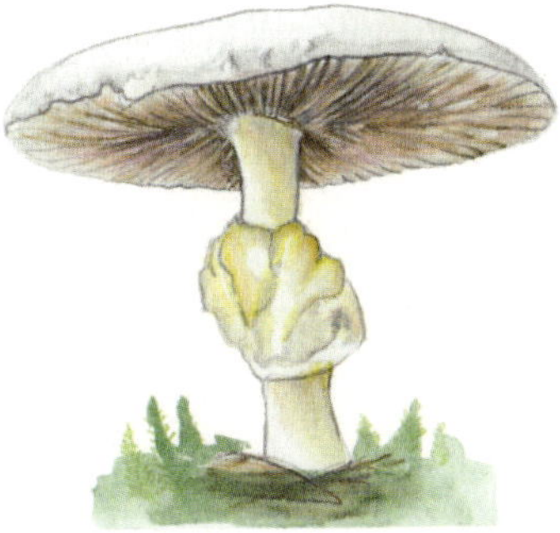

„Ein Hügel, der nicht möchte, dass man auf ihm herumtritt, darf keine essbaren Pilze wachsen lassen."

Aus Afrika, Sprichwort der Mende

Eine einheitliche Sprache

Bei der Bezeichnung der einzelnen Bestimungsmerkmale ist es wichtig, dass wir diese immer in gleicher Weise benutzen, damit eindeutig ist, welcher Teil eines Fruchtkörpers gerade gemeint ist. Im Folgenden zeige ich Ihnen auf, welche Begrifflichkeiten ich innerhalb dieses Buches verwende.

Fruchtkörper und Fruchtfleisch

Als Fruchtkörper bezeichnen wir die Frucht eines Pilzgeflechts, das, was volkstümlich nach wie vor ebenfalls Pilz genannt wird. Im vertrautesten Fall ist er in Stiel und Hut unterteilt. Das Material im Inneren des Fruchtkörpers, das sich erst im Schnitt offenbart, ist das Fruchtfleisch. Auf Schlau heißt ein Fruchtkörper „Karposom", Mehrzahl „Karposoma", und das Fruchtfleisch „Trama". Da haben sie noch mal was, womit Sie das Fachchinesisch während einer Pilzexkursion hinterschauen können.

Stiel und Hut, Fußteil und Kopfteil

Bei bestimmten Pilzen sind die Fruchtkörper sichtbar in einen „Kopfbereich" und einen „Stielbereich" unterteilt. Bei den Hutpilzen sprechen wir von Hut und Stiel. Bildet der Fruchtkörper keinen klassischen Hut aus, also einen, der über einen deutlich abgegrenzten, unterseitigen Fruchtträger verfügt, so sprechen wir lieber vom Kopfteil und dem Fußteil. Der unterste Bereich sowohl des Stiels als auch des Fußteils wird Basis genannt.

Fruchtträger und Fruchtschicht

Diese beiden Bestandteile eines Fruchtkörpers sind von entscheidender Bedeutung, da sie die einzigen Merkmale sind, deren Färbung von einer bestimmten Zuverlässigkeit ist. Fruchtträger können sehr unterschiedlich ausgebildet sein. Sie sind in erster Linie Strukturen zur Oberflächenvergrößerung, die folgende Formen annehmen können:

1. Außen am Fruchtkörper, mit Luftkontakt während der Reifung, für den Betrachter ohne Anschneiden sichtbar:
- Strukturen unter den Hüten von Hutpilzen, wie z. B. Blätter, Röhren, Leisten, Stoppeln oder Poren.
- Strukturen auf Kopfteilen, wie z. B. Gruben, Windungen, Lappen oder Hohlformen.
- Strukturen auf dem ganzen Fruchtkörper, wie z. B. Falten, Runzeln oder Verzweigungen.

2. Innen im Fruchtkörper, ohne Luftkontakt während der Reifung, für den Betrachter erst im Anschnitt sichtbar:
- Struktur im Inneren des Fruchtkörpers, die einen Hohlraum im Fruchtfleisch ausfüllt.

Auf dem jeweiligen Fruchtträger befinden sich die mikroskopisch kleinen Ständer oder Schläuche, die die Sporen enthalten. Sie breiten sich wie ein Rasen auf der Oberfläche des Fruchtträgers aus. Diese Schicht, diesen „Rasen“, nennen wir Fruchtschicht.

Wer es auf Schlau bezeichnen möchte, darf zum Fruchtträger „Hymenophor“ und zur Fruchtschicht „Hymenium“ sagen.

Schuppen, Natterungen, Warzen, Ringe, Scheiden und Riefen

Anders als bei Menschen sind Schuppen bei Pilzen angewachsen. Wenn sie nur am Fruchtkörper anpappen (meistens auf dem Hut), also im Idealfall abwischbar sind, dann sind es Warzen. Was witzig ist, weil Warzen bei Menschen angewachsen sind, aber lassen wir das.

Wenn Schuppen so schwach ausgebildet sind, dass sie entfernt wie eine Schlangenhaut wirken, sprechen wir von einer Natterung. Diese betrifft in den meisten Fällen den Stiel.

Bei vielen Pilzarten sind die Fruchtkörper anfangs komplett von einer Schutzhülle umgeben, die im Verlauf des Wachstums des Fruchtkörpers aufreißt und Reste hinterlässt. Auf dem Hut entstehen so die schon erwähnten Warzen. An der Stielbasis bleibt oft eine Art Tütchen, eine häutige Scheide übrig. Eine weitere Form der Schutzhülle kann die „Teilhülle" sein. Diese bedeckt nur den Fruchtträger auf der Hutunterseite. Wächst der Fruchtkörper heran, reißt sie am Hutrand ab und verbleibt als Ring am Stiel. Dieser Ring sieht sehr oft wie ein Miniröckchen aus. Doch die Teilhülle muss nicht aus einer Haut bestehen. Bei manchen Pilzen ist sie auch eine dünne Schicht aus feinen Fasern, die manchmal schleimig ist. Reißt sie vom Hutrand ab, bildet sich anstelle eines häutigen Rings ein feiner, sehr vergänglicher Haarschleier am Stiel.

Manchmal sind gewisse Teile eines Fruchtkörpers gerieft. Das bedeutet, dass er mit feinen, parallelen Rillen überzogen ist. Sowohl Stiel, Hut wie auch der Ring können gerieft sein.

Alle diese Merkmale stellen Hilfen zur Bestimmung dar, die sehr entscheidend sein können. Daher werden diese Begriffe im Bestimmungsteil häufig fallen.

Der Bestimmungsprozess

Die erste Unterteilung, die wir vornehmen, ist die in Schlauchpilze und Ständerpilze. Diese Aufteilung haben wir bereits kennen gelernt. Im Grunde sind wir mit den Schlauchpilzen schnell fertig. Für uns als Pilzsammler sind aus dieser riesigen Gruppe nur die Morcheln und Lorcheln interessant. Zudem sind die meisten ihrer Vertreter winzig und entsprechend unscheinbar. Sie werden also mit dieser Gruppe von Pilzen nur sehr selten in Kontakt kommen. Nahezu immer wird Ihr Fund zu den Ständerpilzen gehören.

Sie werden feststellen, dass der Weg zum Erkennen einer neuen Art stets dem Schema folgt, dass der Fund in mehreren Schritten immer engeren „Merkmalgruppen" zugeteilt wird. Das erfolgt über einfache Regeln. Von jeder erkannten Merkmalgruppe führen Folgeregeln zur nächsten Merkmalgruppe. Das klingt jetzt erstmal ungeheuer kompliziert, ist es jedoch gar nicht. Es ist vielmehr ein ausgeklügeltes Filtersystem, das uns am Ende Hinweise auf eine konkrete Pilzart liefert. Es gibt nur zwei Punkte, die Sie dabei ständig im Kopf haben müssen, Punkte, die so wichtig sind, dass es lebensgefährlich werden kann, wenn Sie sie nicht beherzigen:

1. Eine erkannte Merkmalgruppe sagt rein gar nichts über die Genießbarkeit oder Giftigkeit Ihres Fundes aus! Dies entscheidet sich erst mit der gesicherten Artbestimmung!

2. Die Folgeregeln haben immer nur für ihre jeweilige Merkmalgruppe Gültigkeit! Niemals dürfen Sie eine Folgeregel auf eine andere als diejenige Merkmalgruppe anwenden, mit der Sie sich gerade befassen!

Sofern Sie diese beiden Punkte verstanden und verinnerlicht haben, dürfen Sie nun fortfahren.

Merkmalgruppe: Schlauchpilze oder Ständerpilze?

Unser erster Schritt ist es zu prüfen, ob wir einen Vertreter der Schlauchpilzgruppe oder der Ständerpilzgruppe gefunden haben. Keine Sorge, beinahe immer werden Sie es mit Ständerpilzen zu tun haben. Die Schlauchpilze sind zwar völlig so artenreich wie die Ständerpilze, doch gibt es unter ihnen nur wenige, die groß genug werden, um für Speisepilzsammler in Frage zu kommen. Deshalb behandeln wir diese Gruppe gleich zu Anfang, dann haben wir sie „aus de Füß".

Die in Frage kommenden Schlauchpilze sind Becherlinge, Trüffeln sowie Morcheln und Lorcheln. Diese Gruppen grenzen sich gut voneinander ab, sodass eine Unterscheidung leicht fällt.

Becherlinge bilden Fruchtkörper, die wie kleine Schälchen und Schüsselchen aussehen. Trüffeln sind knollenförmig, wachsen unterirdisch, haben so festes Fruchtfleisch wie Kohlrabi und zur Reife diesen typisch metallischen Geruch. Nur die Morcheln und Lorcheln teilen sich scheinbar in Stiel und Hut auf. Sie haben aber keine richtigen Hüte, sondern bestenfalls Kopfteile, die zusammen mit dem Fußteil ein einziges hohles Gebilde formen, was Sie am besten herausfinden, indem Sie den Fruchtköper über die gesamte Länge in zwei Hälften schneiden. Dann sehen Sie sofort, ob Kopfteil und Fußteil eine gemeinsame, unter Umständen gekammerte, Hohlform bilden. Falls dem so ist, prüfen Sie das Fruchtfleisch. Es wird wachsartig brüchig sein und bisweilen an spröden Knorpel erinnern. Auch wenn das überhaupt nicht appetitlich klingt, bietet die Gruppe der Morcheln und Verpeln durchaus vorzügliche Speisepilze. Doch Vorsicht vor den Lorcheln, sie enthalten oft das gefährliche Gift Gyromitrin!

Wie halten wir sie also auseinander? Ganz einfach: Die Kopfteile der Morcheln erscheinen von außen wabenartig bzw. grubenartig.

Die Kopfteile der Lorcheln sehen eher wie Gehirne oder Lappen aus.

Diese Gruppe, Schlauchpilze genannt, wird im Bestimmungsteil ab Seite 126 mit einer kleinen Auswahl ihrer häufigsten großen Arten repräsentiert.

Zu den Ständerpilzen müssen wir uns mehr Gedanken machen. Hier ist die Zahl der Arten mit großen Fruchtkörpern viel größer. Entsprechend mannigfaltig sind ihre Formen. So gibt es auf der einen Seite diejenigen Sorten, die eindeutig in Hut und Stiel gegliedert sind, und auf der anderen Seite die, die das eben ganz und gar nicht sind. Sie können kugelartig sein, sternförmig oder zungenartig. Sie können auch wie Keulen, Ohren oder Korallen aussehen.

Die Gruppe der Ständerpilze beginnt im Bestimmungsteil ab Seite 132, doch bevor wir sie aufschlagen, verfeinern wir nun erst einmal die Suchkriterien.

Merkmalgruppe: Hutpilz oder Nichthutpilz?

Hier angekommen betrachten wir die grundsätzliche Form des Fruchtkörpers. Ist er in Hut und Stiel gegliedert? Um diese Frage mit „Ja“ zu beantworten, ihn also der Gruppe der „Hutpilze“ zurechnen zu können, ist es nicht entscheidend, ob es wirklich eine klar ausgebildete Kappe gibt. Es wäre dann zwar eindeutig, doch entscheidend ist vielmehr die Tatsache, ob es eine klare Trennung zum Fruchtträger gibt. Nehmen wir zum Beispiel die Porlinge, die seitlich ohne Stiel an Holz wachsen. Sie haben stets eine klar erkennbare Unterseite,

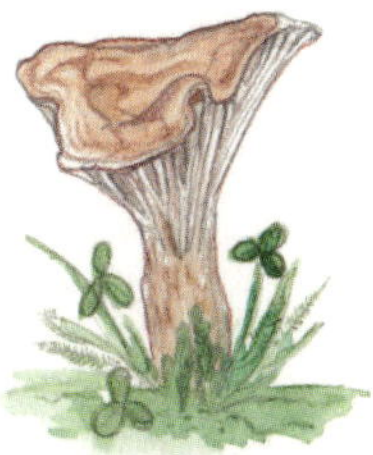

Den Heidetrichterling finden Sie auf Seite 172

die den Fruchtträger bildet. Das macht sie zu Hutpilzen. Oder nehmen wir die Herbsttrompete. Auch sie gehört zur Gruppe der Hutpilze, da sie eine klar zu unterscheidende Oberseite und eine fruchttragende Außenseite hat, auch wenn letzterer eine klar definierbare Struktur des Fruchtträgers fehlt.

Die zweite Gruppe der Ständerpilze ist die, deren Vertreter weder Hüte noch separate Fruchtträger ausbilden. Nennen wir sie „Nichthutpilze“. Hierher gehören alle Boviste, Stäublinge, Korallenpilze etc. Falls Ihr Fund in diese Kategorie fällt, finden Sie ab Seite 260 eine Auswahl möglicher Arten. Falls er jedoch die zuvor genannten Kriterien für Hutpilze erfüllt, geht es im nächsten Abschnitt weiter.

Merkmalgruppen nach Art des Fruchtträgers

Die Hutpilze unterteilen wir an erster Stelle nach der Beschaffenheit ihrer Fruchtträger. Dazu drehen wir unseren Fund um und schauen ihm buchstäblich unter den Hut. Welche Struktur finden wir dort? Möglich sind Blätter, Leisten, Röhren, Poren und Stoppeln. Dies sind auch gleichzeitig unsere nächsten Merkmalgruppen.

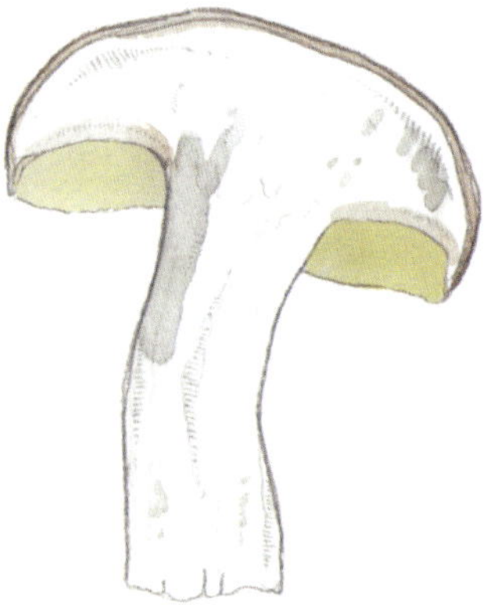

Blätter

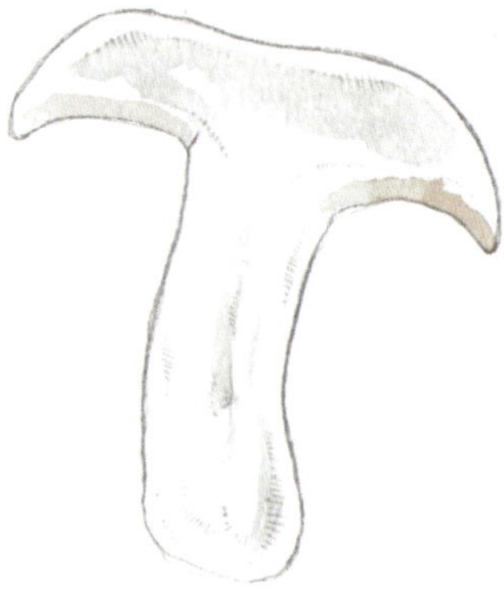

Leisten

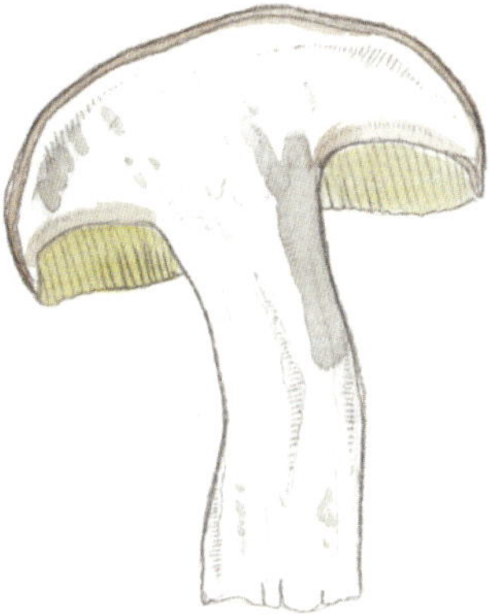

Röhren

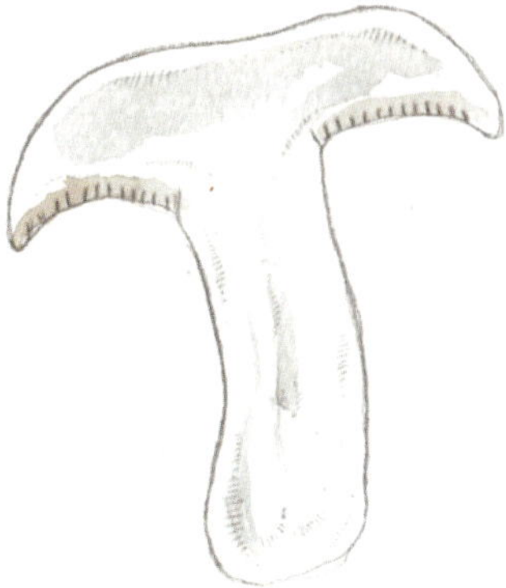

Poren

Zu Anfang wird es Ihnen wahrscheinlich nicht leicht fallen, Blätter von Leisten zu unterscheiden sowie Röhren von Poren. Das ist bei näherer Betrachtung jedoch ganz einfach: Sowohl Blätter als auch Röhren unterscheiden sich in ihrer Beschaffenheit deutlich vom Fruchtfleisch. Sie sind weicher und lassen sich leicht bewegen und sogar ablösen. Bei Leisten und Poren ist das nahezu unmöglich, da sie gewissermaßen ins Fruchtfleisch „eingearbeitet" sind. Sie sind außerdem nicht so tief wie ihre Gegenstücke. Am besten erkennen Sie es im Schnitt: Sowohl Blätter als auch Röhren zeigen sich deutlich vom Fruchtfleisch abgegrenzt. Leisten und Poren zeigen dieses Merkmal nicht. Typische Beispiele sind hierbei:

Merkmalgruppe Blätterpilze (ab S. 134), z. B. Fliegenpilz
Merkmalgruppe Leistenpilze (ab S. 234), z. B. Pfifferling
Merkmalgruppe Röhrenpilze (ab S. 238), z. B. Steinpilz
Merkmalgruppe Porenpilze (ab S. 255), z. B. Winterporling

Sofern Ihr Fund unter Leisten-, Röhren-, Poren- oder Stoppelpilze fällt, können Sie auch gleich die entsprechende Seite aufschlagen. Ist es dagegen ein Blätterpilz, wird es an dieser Stelle ernst, denn es ist die Gruppe der Blätterpilze, zu denen die gefährlichsten heimischen Giftpilze gehören. Vorsicht müssen wir bei der Bestimmung von Pilzen immer walten lassen, doch ab hier kommt es ganz besonders auf unsere Sorgfalt an!

Merkmalgruppe: Faserfleischig oder sprödfleischig?

Das Fruchtfleisch der Blätterpilze kann zwei Eigenschaften aufweisen; entweder ist es faserig wie Spargel, oder es erinnert von der Konsistenz her an das Fruchtfleisch von Äpfeln. Um der Frage, zu welcher Gruppe unser Fund gehört, auf den Grund zu gehen, haben wir drei Möglichkeiten, die wir allesamt ausprobieren:

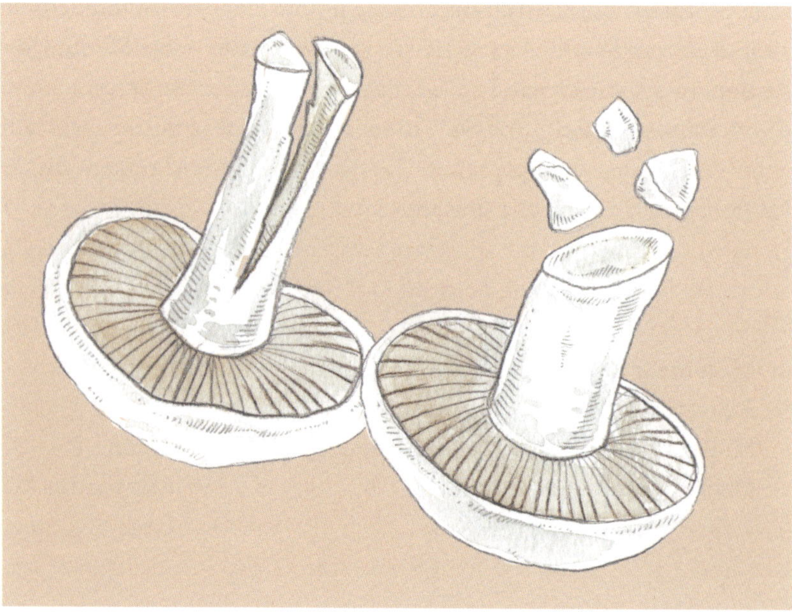

1. Wir versuchen, den Stiel von der Basis her längs auseinander zu reißen.
2. Wir versuchen, den Stiel in der Mitte durchzubrechen.
3. Wir streichen kräftig quer über die Blätter.

Ein faserfleischiger Blätterpilz wird folgendermaßen auf diese Versuche reagieren:

1. Der Stiel wird sich vollständig von der Basis bis zum Hut aufspalten lassen. Machen Sie den Versuch ruhig mehrmals, da es durchaus passieren kann, dass das Fleisch zwischendurch abreißt.

2. Der Stiel wird sich knicken lassen, aber in der Regel nicht durchbrechen. Bei Trockenheit und je nach Art kann es passieren, dass der Stiel bricht, dann aber werden zumeist Fasern an der Bruchstelle zu erkennen sein.

3. Die Blätter werden nachgeben. Sie können zwar einreißen, aber sie verbleiben am Hut.

Anders verhält sich ein sprödfleischiger Blätterpilz:

1. Es wird nicht gelingen, den Stiel auseinander zu ziehen. Statt dessen wird er bröckeln. Bei alten, zäh gewordenen Fruchtkörpern kann der Stiel allerdings ein Stückweit einreißen. Achten Sie daher darauf, den Versuch mit einem möglichst frischen Exemplar durchzuführen.

2. Der Stiel knickt nicht, sondern bricht mit einem Mal durch, zumeist mit einem leisen Ploppgeräusch. Der Vorgang erinnert an das Brechen von Apfelfruchtfleisch.

3. Die Blätter zersplittern in losgelöste Fragmente.

Sie werden mit der Zeit erkennen, dass sich sprödfleischige Blätterpilze auch optisch von ihren faserfleischigen Cousins unterscheiden und diese Brechversuche früher oder später nicht mehr nötig haben.

Wenn Sie nun bestimmt haben, zu welcher Merkmalgruppe ihr Fund gehört, gehen Sie bitte zum passenden Folgeabschnitt.

Merkmalgruppen innerhalb der faserfleischigen Blätterpilze

Hier ist unser nächster Schritt das Bestimmen der Farbe des Sporenpulvers. Verfahren Sie dazu so wie im Kapitel „Der Farbkreis der Pilze“ (S. 54) beschrieben.

Wenn Sie die Sporenpulverfarbe Ihres Funde bestimmt haben, prüfen Sie bitte, ob die Blätter am Stiel angewachsen sind oder nicht. Diese Einteilung genügt fürs erste. Erst für Fortgeschrittene gilt es, die Feinheiten im Übergangsbereich zwischen Blättern und Stiel genauer zu klassifizieren. Schauen Sie also einfach nach, ob die Blätter bis zum Stiel reichen, dann bezeichnen wir sie als angewachsen, oder ob sie womöglich keinerlei Kontaktpunkte mit dem Stiel haben. Im letzteren Fall sagen wir: Die Blätter sind frei.

Daraus ergibt sich der folgende Wegweiser:

Weißsporer:	Blätter frei	S. 151
	Blätter angewachsen	S. 165
Rosasporer:	Blätter frei	S. 198
	Blätter angewachsen	S. 199

Braunsporer:	Blätter frei	S. 222
	Blätter angewachsen	S. 201
Schwarzsporer:	Blätter frei	S. 222
	Blätter angewachsen	S. 227

Bedenken Sie hierbei, dass die Übergänge fließend sind und Sie im Zweifelsfall mehrere Optionen untersuchen sollten.

Merkmalgruppen innerhalb der sprödfleischigen Blätterpilze

An dieser Stelle wird es sehr einfach. Unter sprödfleischigen Blätterpilzen gibt es keine gefährlichen Giftpilze. Ein für Anfänger sehr dankbares Terrain, zumal es (ausschließlich in dieser Merkmalgruppe!) die Möglichkeit gibt, die Genießbarkeit einer Art durch eine einfache Kostprobe festzustellen.

Zunächst einmal brechen Sie von Ihrem Fund ein Stück des Hutrandes ab. Was geschieht? Bleibt das Fruchtfleisch trocken, oder sondert es eine farbige, weiße oder klare Flüssigkeit ab? Diese Flüssigkeit wird als Milch bezeichnet, und wenn sie auftritt, sagen wir: Der Fruchtkörper ist „milchend".

Nicht milchend Merkmalgruppe Täublinge (ab Seite 134)
Milchend Merkmalgruppe Milchlinge (ab Seite 144)

Täublinge und Milchlinge dürfen wir im Wald kosten. Das Praktische ist nämlich: Essbare Arten schmecken mild, ungenießbare bis schwach giftige Arten dagegen scharf. Bei den Milchlingen ist es fast immer so, dass die Arten mit karotten- oder weinroter Milch essbar sind und die mit weißer, gelblicher, lila oder klarer Milch nicht.

Das Ganze in Kurzform

Den Bestimmungsprozess, den Sie nun kennen gelernt haben, sieht kompakt zusammengefasst so aus:

1. Schlauchpilze:

- Kopfteil wabenartig oder gerippt
    - Kopfteil helmartig herabhängend Verpeln
    - Kopfteil eine Einheit mit Fußteil Morcheln
- Kopfteil gehirnartig oder lappig
    - Fußteil nicht gerippt Giftlorcheln
    - Fußteil längs gerippt Lorcheln
- Fruchtkörper becher- oder schüsselförmig Becherlinge
- Fruchtkörper knollig, unterirdisch Trüffeln

2. Ständerpilze:

- Eindeutig abgegrenzter Fruchtträger (Hutpilze)
    - Blätter als Fruchtträger
        - Faserfleischige Blätterpilze
            - Weißsporer
                - Blätter frei
                - Blätter angewachsen
            - Rosasporer
                - Blätter frei
                - Blätter angewachsen
            - Braunsporer
                - Blätter frei
                - Blätter angewachsen
        - Schwarzsporer
        - Sprödfleischige Blätterpilze
            - Milchlinge
            - Täublinge

    - Leisten als Fruchtträger Leistenpilze
    - Röhren als Fruchtträger Röhrenpilze
    - Poren als Fruchtträger Porenpilze
    - Stoppeln als Fruchtträger Stoppelpilze
- Fruchtträger nicht klar abgegrenzt Nichthutpilze

Ein wichtiger Hinweis zum Schluss:
Dieser Schlüssel wie auch das gesamte Buch mit seinem Bestimmungsteil wird Ihnen – und das gilt für jedes Pilzbuch auf der Welt – nicht das schrittweise und langwierige Lernen ersparen. Pilze, die Sie auf seiner Basis ansprechen, lassen Sie stets von einem erfahrenen Pilzkenner bestätigen. Für die meisten Pilze ist es unbedingt notwendig, dass Sie die entscheidenden Merkmale am Anschauungsobjekt gezeigt bekommen, bevor Sie genügend Sicherheit gewinnen. Dies gilt auch und besonders für den Geruch von Pilzen, der erstens so individuell ist, dass er oft die entscheidende Gewissheit zur Bestimmung liefert, aber eben nicht von einem Buch treffend vermittelt werden kann. Man muss ihn einmal in der Nase gehabt haben, um den Lerneffekt dauerhaft herbeizuführen.

Achtung!
Lassen Sie Ihre Pilzfunde unbedingt von einem zertifizierten Pilzsachverständigen bestimmen! Pilzsachverständige in Ihrer Nähe finden Sie unter: https://www.dgfm-ev.de

Dieses Buch wurde nach dem aktuellen Wissensstand sorgfältig erarbeitet. Dennoch erfolgen alle Angaben ohne Gewähr. Autor und Verlag tragen keinerlei Verantwortung für Fehlbestimmungen durch den Nutzer dieses Buches. Das gilt ebenso für individuelle Unverträglichkeiten. Pilze im Allgemeinen niemals roh verzehren, sondern vorher mindestens 15 Minuten erhitzen.

Steckbriefe

Übersicht über die verschiedenen Pilzarten

Frühjahrslorchel

Gyromitra esculenta

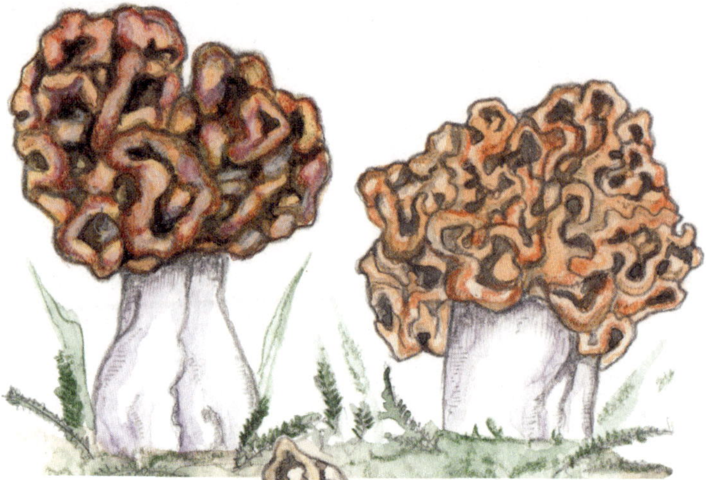

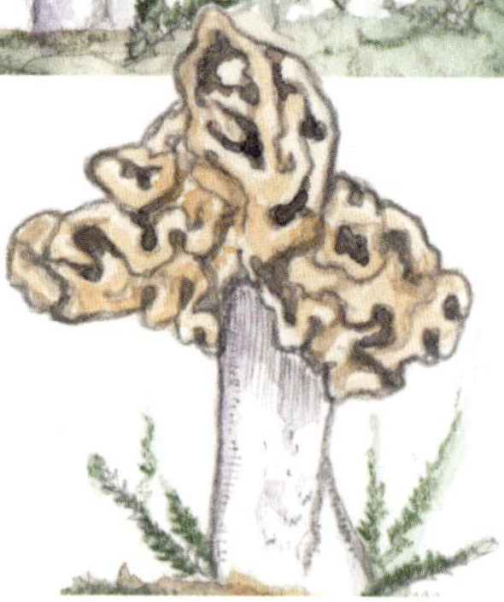

Fruchtträger
(Kopfteil Außen)

Jung: Braun

Mittelalt: Braun

Alt: Braun

Sporenpulver:
Cremeweiß

Gute Merkmale:	Fleisch weißlich, wachsartig brüchig, Kopfteil hirnartig, Stiel hohl und gekammert
Geruch:	Würzig *(Gerüche sind bei Pilzen nicht immer wahrnehmbar)*
Speisewert:	Giftpilz, kann Todesfälle durch Hirnödeme oder Atemstillstand hervorrufen
Bemerkungen:	Wir verwenden Lorcheln grundsätzlich nicht zu Speisezwecken!

Lebensweise:	Zersetzerpilz	**Hauptsaison:**	Frühling
Umgebung:	Nadelwälder, Parks, Gärten	**Untergrund:**	Humus auf Sand, Mulch

Grubenlorchel

Helvella lacunosa

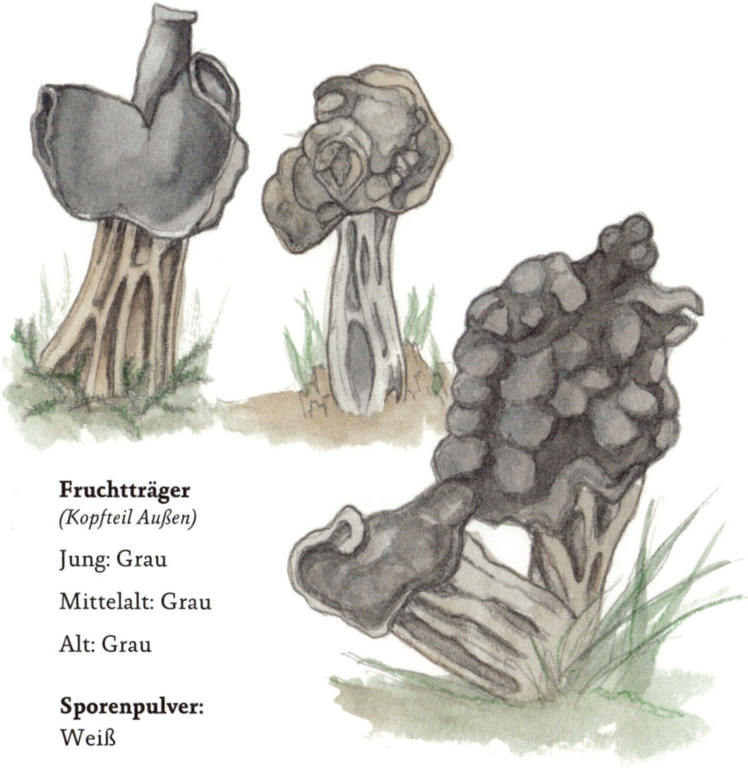

Fruchtträger
(Kopfteil Außen)

Jung: Grau

Mittelalt: Grau

Alt: Grau

Sporenpulver:
Weiß

Gute Merkmale:	Fleisch grauweiß, brüchig, Kopfteil lappig, Rand mit Stiel verbunden
Geruch:	Unauffällig *(Gerüche sind bei Pilzen nicht immer wahrnehmbar)*
Speisewert:	Kein Speisepilz, kann das Gift der Frühlingslorchel enthalten
Bemerkungen:	Wir verwenden Lorcheln grundsätzlich nicht zu Speisezwecken!

Lebensweise:	Zersetzerpilz	**Hauptsaison:**	Herbst
Umgebung:	Laub- und Mischwälder	**Untergrund:**	Humus

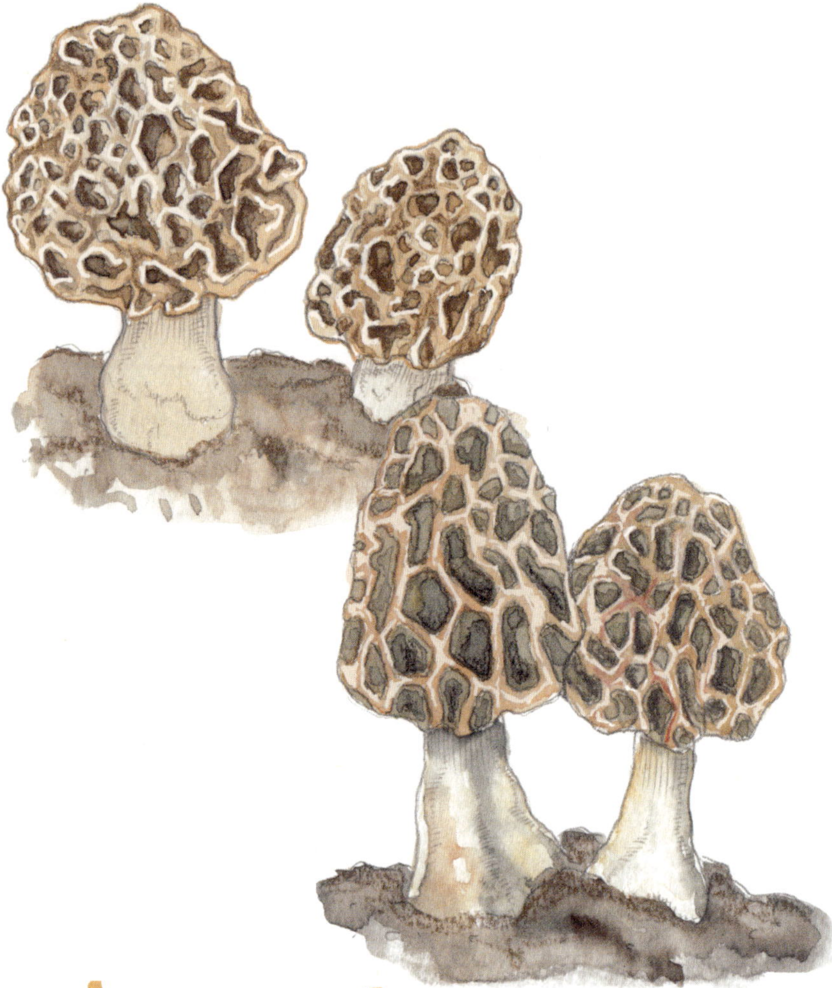

Speise-morchel

Speisemorchel

Morchella esculenta

Diese beliebte Morchel ist selbst in der kalten Eifel an manchen Stellen zu finden. Achten Sie auf grasige Standorte, die zunächst flach nach Norden hin von einem kleinen Fließgewässer wegführen und dann in einen buschigen Südhang übergehen.

Die Fruchtkörper der Morcheln haben die Eigenschaft, sehr lange frisch auszusehen, auch wenn sie bereits verderben. Konzentrieren Sie sich daher bitte nur auf die kleineren, wirklich frischen Exemplare.

Gute Merkmale:	Fleisch weißlich, wachsartig brüchig, Kopfteil grubig, oben rund, Fruchtkörper hohl
Geruch:	Würzig *(Gerüche sind bei Pilzen nicht immer wahrnehmbar)*
Speisewert:	Speisepilz, sehr beliebt und geschätzt, doch im rohen Zustand giftig
Bemerkungen:	Nicht mit der Frühjahrslorchel verwechseln!

Fruchtträger: *(Kopfteil Außen)*
Jung: Hellbraun
Mittelalt: Hellbraun
Alt: Hellbraun

Sporenpulver:
Cremeweiß

Lebensweise: Zersetzerpilz

Hauptsaison: Frühling

Umgebung: Auwälder, Parks, Gärten

Untergrund: Humus, Mulch

Spitzmorchel

Morchella conica

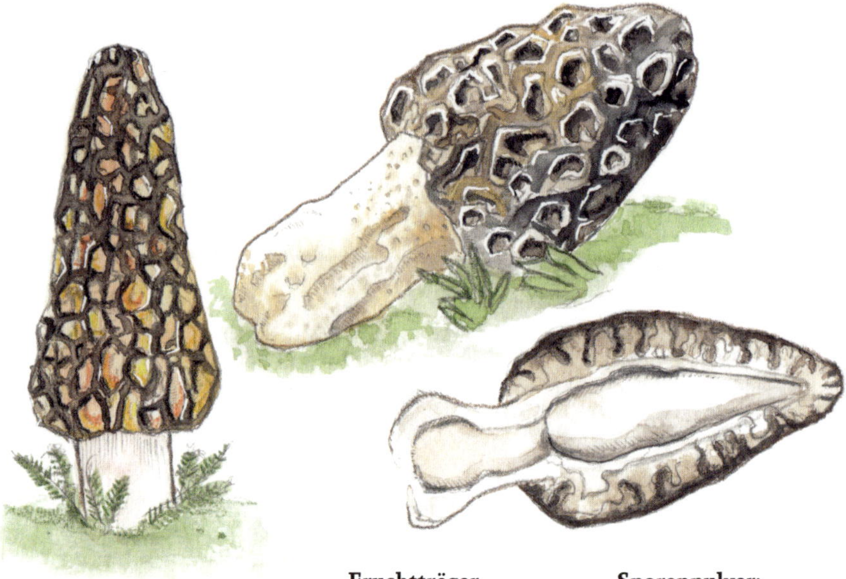

Fruchtträger
(Kopfteil Außen)

Jung: Dunkelbraun

Mittelalt: Dunkelbraun

Alt: Dunkelbraun

Sporenpulver:
Cremeweiß

Gute Merkmale:	Fleisch weißlich, wachsartig brüchig, Kopfteil grubig, oben spitz, Fruchtkörper hohl
Geruch:	Mild *(Gerüche sind bei Pilzen nicht immer wahrnehmbar)*
Speisewert:	Speisepilz mit mildem Geschmack, jedoch im rohen Zustand giftig
Bemerkungen:	Nicht mit der Frühjahrslorchel verwechseln!

Lebensweise:	Zersetzerpilz	**Hauptsaison:**	Frühling
Umgebung:	Auwälder, Parks, Gärten	**Untergrund:**	Humus, Mulch auf Kalkstein

Schmutzbecherling

Bulgaria inquinans

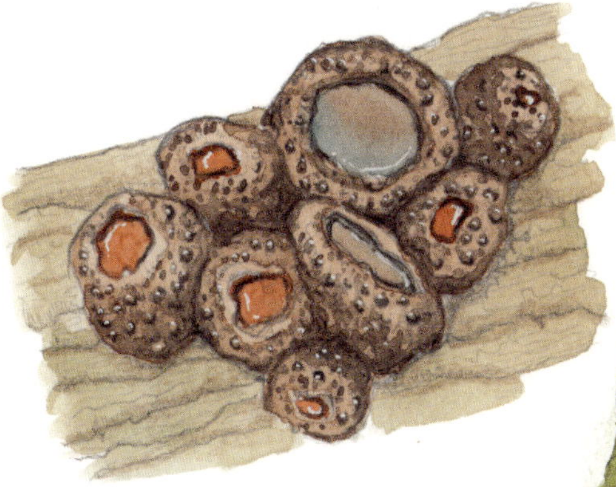

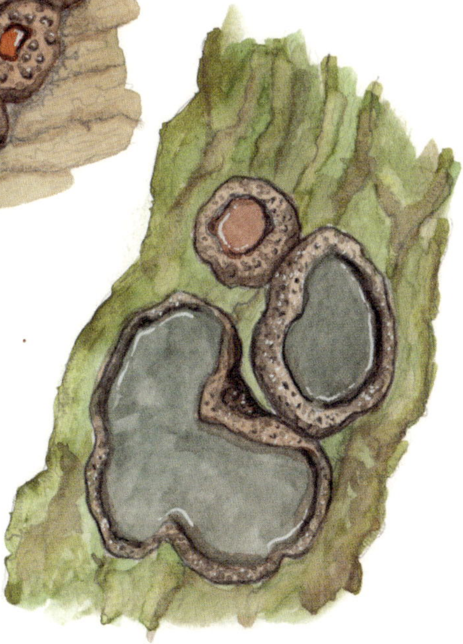

Fruchtträger
(Becherfläche)

Jung: Schwarz

Mittelalt: Schwarz

Alt: Schwarz

Sporenpulver:
Schwarz

Gute Merkmale:	Fleisch bräunlich und gummiartig, mit flacher Becherfläche, kann auch Rottöne enthalten
Geruch:	Unauffällig *(Gerüche sind bei Pilzen nicht immer wahrnehmbar)*
Speisewert:	Kein Speisepilz, weder appetitlich noch schmackhaft
Bemerkungen:	Beim Reiben über die Becherfläche schwarz abfärbend (Sporen)

Lebensweise:	Zersetzerpilz	**Hauptsaison:**	Ganzjährig
Umgebung:	Gleichgültig	**Untergrund:**	Totes Laubholz

Frauentäubling

Russula cyanoxantha

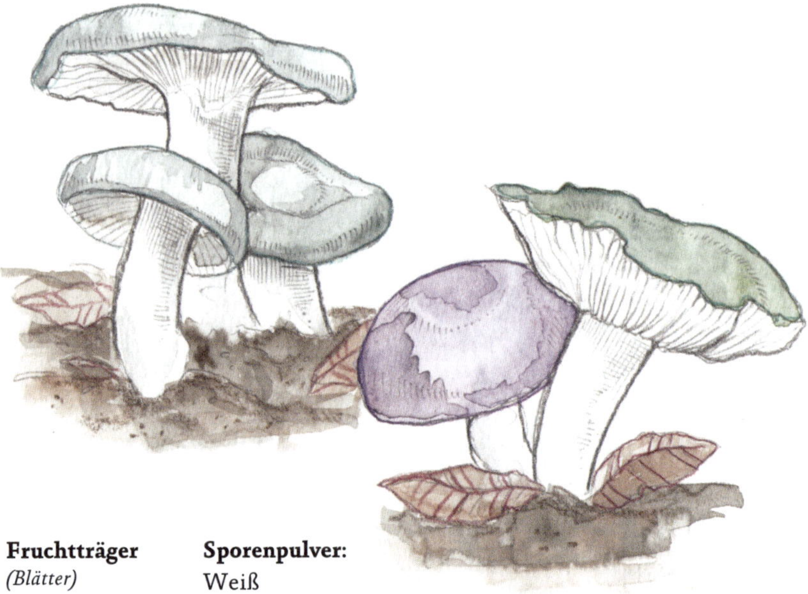

Fruchtträger
(Blätter)

Jung: Weiß

Mittelalt: Weiß

Alt: Weiß

Sporenpulver:
Weiß

Gute Merkmale:	Fleisch weiß, Hut reicht von grün bis violett, ein Täubling mit weichen statt brüchigen Blättern!
Geruch:	Unauffällig *(Gerüche sind bei Pilzen nicht immer wahrnehmbar)*
Speisewert:	Speisepilz, eine von den wirklich guten Täublingsarten
Bemerkungen:	Der Grasgrüne Täubling hat ebenfalls weiche Blätter und ist auch essbar.

Lebensweise:	Partnerpilz	**Hauptsaison:**	Herbst
Umgebung:	Mischwälder	**Untergrund:**	Fast alle Böden

Kirschroter Speitäubling

Russula emetica

Fruchtträger *(Blätter)*

Jung: Weiß

Mittelalt: Weiß

Alt: Weiß

Sporenpulver: Weiß

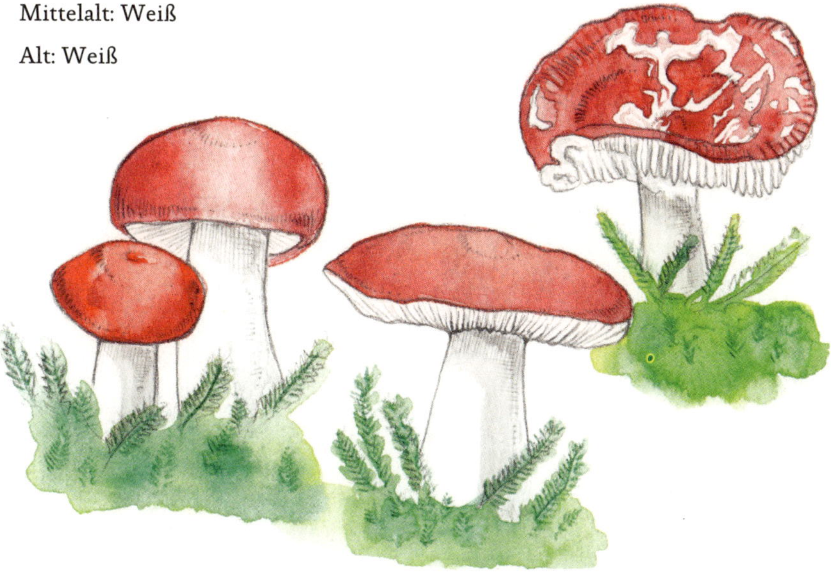

Gute Merkmale:	Fleich weiß, Hut lebhaft rot, Hutrand grob gerieft, Stiel und Blätter schneeweiß
Geruch:	Obst *(Gerüche sind bei Pilzen nicht immer wahrnehmbar)*
Speisewert:	Giftpilz, Magen-Darm-störend, darüberhinaus extrem scharf!
Bemerkungen:	Meiden Sie am Anfang lebhaft bunte und bei Feuchtigkeit glänzende Täublinge

Lebensweise:	Partnerpilz	**Hauptsaison:**	Herbst
Umgebung:	Nadelwälder	**Untergrund:**	Saure Böden

Gallentäubling

Russula fellea

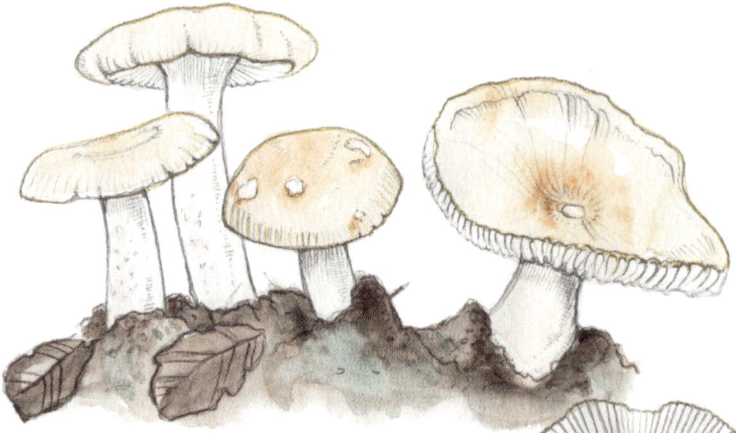

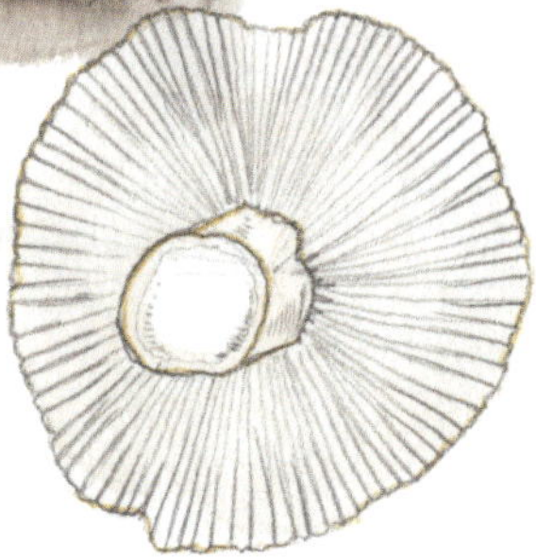

Fruchtträger
(Blätter)

Jung: Weiß

Mittelalt: Cremeweiß

Alt: Cremegelb

Sporenpulver:
Cremeweiß

Gute Merkmale:	Fleisch weiß bis blasscremefarben, Fruchtkörper einheitlich gefärbt, Stiel etwas heller als der Hut
Geruch:	Geranien *(Gerüche sind bei Pilzen nicht immer wahrnehmbar)*
Speisewert:	Kein Speisepilz, da brennend scharf
Bemerkungen:	Entgegen seines Namens ist der Gallentäubling nicht bitter, nur sehr scharf

Lebensweise:	Partnerpilz	**Hauptsaison:**	Herbst
Umgebung:	Laubwälder, selten Nadelwald	**Untergrund:**	Fast alle Böden

Stinktäubling

Russula foetens

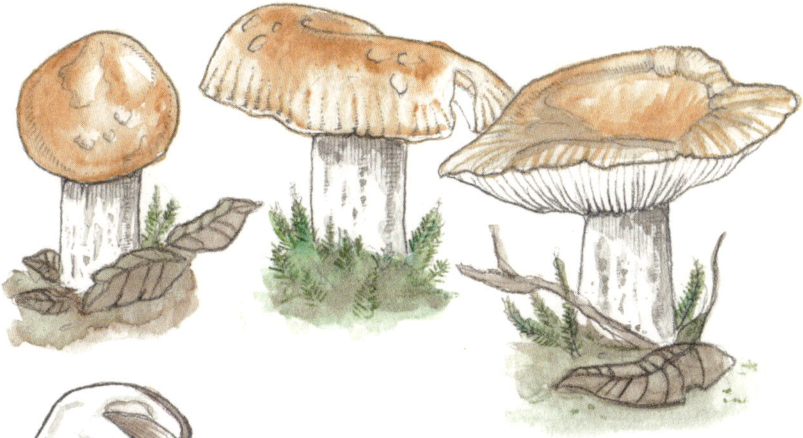

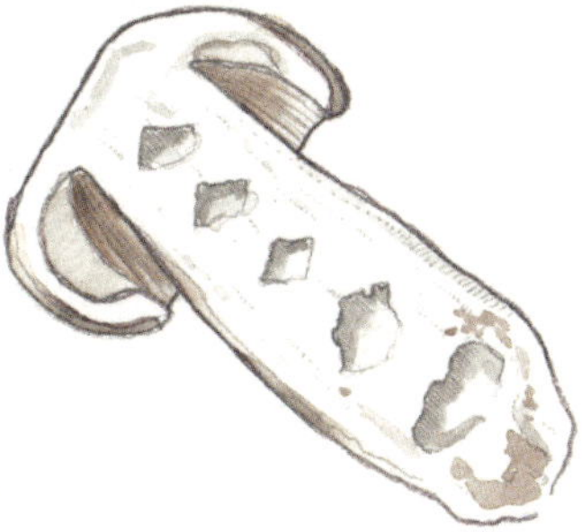

Fruchtträger
(Blätter)

Jung: Blassgelb

Mittelalt: Blassgelb

Alt: Rostfleckig

Sporenpulver:
Cremefarben

Gute Merkmale:	Fleich weiß, manchmal mit Rosaton, bei Bruch klarmilchend, Hut filzig, Stiel heller als Hut, sehr mürbe
Geruch:	widerlich stechend *(Gerüche sind bei Pilzen nicht immer wahrnehmbar)*
Speisewert:	Kein Speisepilz, da brechreizerregend scharf und stinkend
Bemerkungen:	Alte Fruchtkörper werden braunfleckig und stinken nach Aas. Der Stiel ist früh auffällig gekammert.

Lebensweise:	Partnerpilz	**Hauptsaison:**	Herbst
Umgebung:	Mischwälder	**Untergrund:**	Alle Böden

Brauner Ledertäubling *Russula integra*

Fruchtträger
(Blätter)

Jung: Weiß

Mittelalt: Gelblich

Alt: Ockergelb

Sporenpulver:
Kräftig Gelb

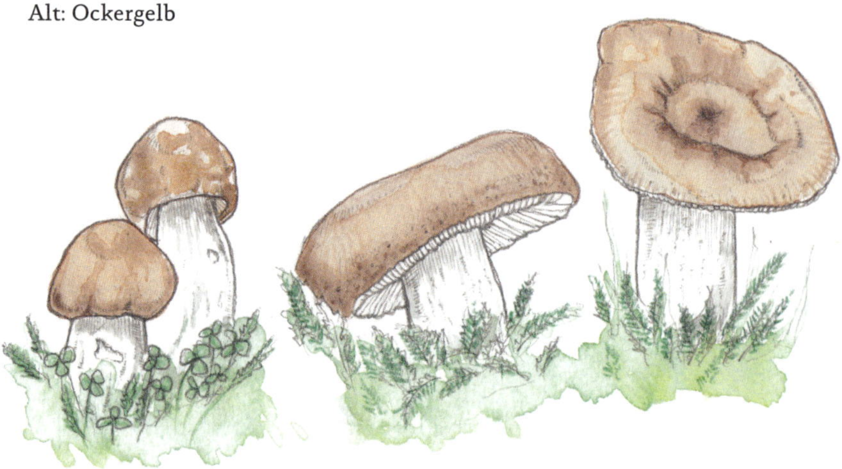

Gute Merkmale:	Fleisch weiß, Hutfarbe sehr variabel, Huthaut knapp bis zur Hälfte abziehbar, Stiel auf Druck gilbend
Geruch:	Meist unauffällig *(Gerüche sind bei Pilzen nicht immer wahrnehmbar)*
Speisewert:	Speisepilz, durch das mürbe Fruchtfleich für viele ungewohnt
Bemerkungen:	Kann stattliche Größen erreichen. Verwechselbar mit dem Wieseltäubling. Beide sind essbar.

Lebensweise:	Partnerpilz	**Hauptsaison:**	Ganzjährig
Umgebung:	Mischwälder, meist Nadelwälder	**Untergrund:**	Boden auf Kalkstein

Buchen-Speitäubling

Russula mairei

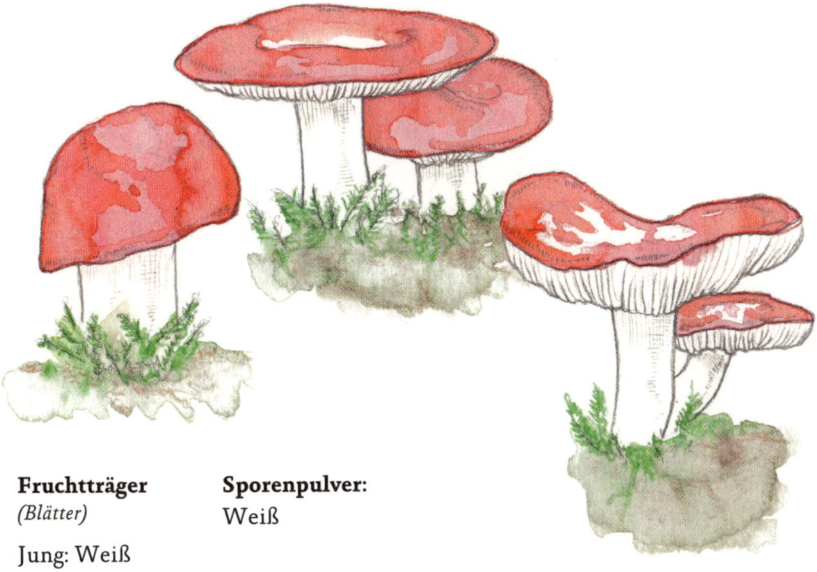

Fruchtträger
(Blätter)

Jung: Weiß

Mittelalt: Weiß

Alt: Weiß

Sporenpulver:
Weiß

Gute Merkmale:	Fleisch weiß, Hut lebhaft rosa, Hutrand nur alt zart gerieft, Stiel und Blätter schneeweiß
Geruch:	Obst oder Honig *(Gerüche sind bei Pilzen nicht immer wahrnehmbar)*
Speisewert:	Giftpilz, Magen-Darm-störend, darüberhinaus extrem scharf!
Bemerkungen:	Meiden Sie am Anfang lebhaft bunte und bei Feuchtigkeit glänzende Täublinge

Lebensweise:	Partnerpilz	**Hauptsaison:**	Herbst
Umgebung:	Laubwälder	**Untergrund:**	Boden auf Kalkstein

Ockertäubling

Russula ochroleuca

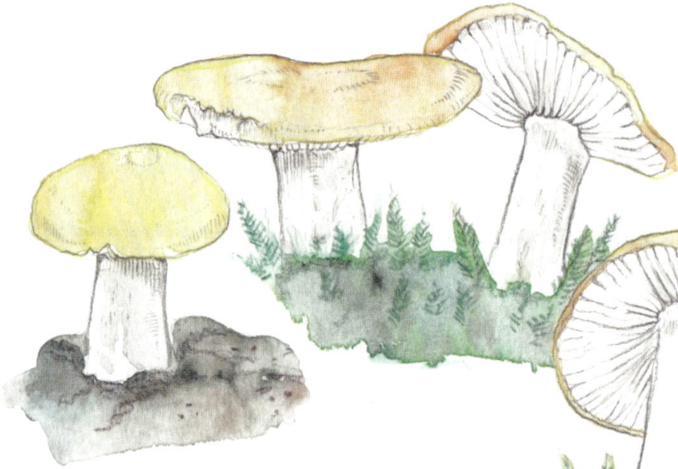

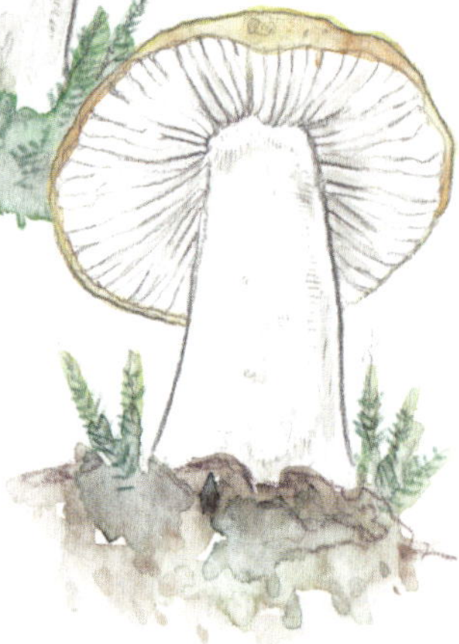

Fruchtträger
(Blätter)

Jung: Weiß

Mittelalt: Weiß

Alt: Weiß

Sporenpulver:
Hellgelb

Gute Merkmale:	Feisch weiß, alt gräulich, Huthaut in Richtung Hutmitte bis zur Hälfte abziehbar
Geruch:	Obst *(Gerüche sind bei Pilzen nicht immer wahrnehmbar)*
Speisewert:	Essbar, manchmal leicht scharf, kein kulinarisches Highlight
Bemerkungen:	So häufig, dass man über ihn fällt. In der Eifel ist er fast immer scharfschmeckend.

Lebensweise:	Partnerpilz	**Hauptsaison:**	Herbst
Umgebung:	Mischwälder, meist Nadelbäume	**Untergrund:**	Saure Böden

Stachelbeertäubling *Russula queletii*

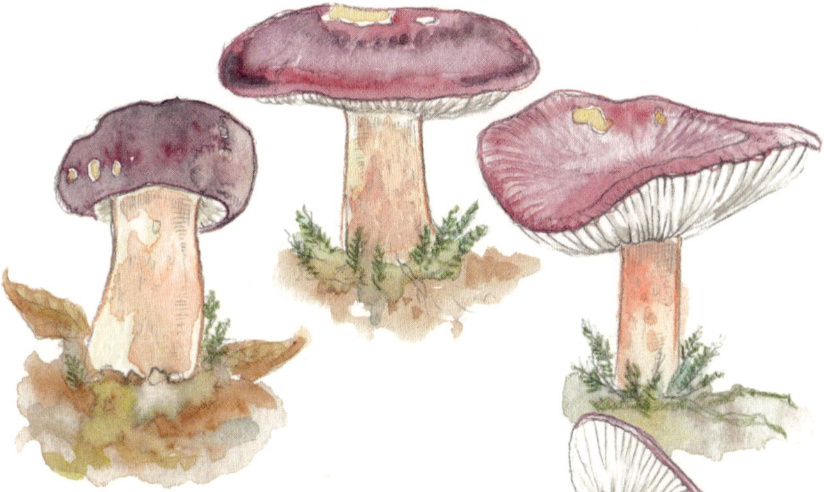

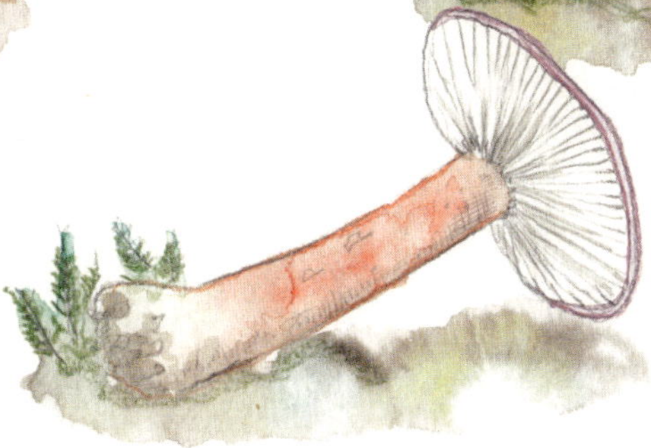

Fruchtträger
(Blätter)

Jung: Weiß

Mittelalt: Blassgelb

Alt: Grüngelb

Sporenpulver:
Cremegelb

Gute Merkmale:	Fleisch weiß, bei Feuchte weich, Hutrand gerieft, Haut über die Hälfte abziehbar, Stiel wie Hut gefärbt
Geruch:	Stachelbeeren *(Gerüche sind bei Pilzen nicht immer wahrnehmbar)*
Speisewert:	Giftpilz, verursacht Bauchschmerzen und manchmal Lippenbläschen
Bemerkungen:	Sehr ähnlich ist der seltenere Wolfstäubling, der grundsätzlich etwas dunkler gefärbt ist

Lebensweise:	Partnerpilz	**Hauptsaison:**	Herbst
Umgebung:	Nadelwälder	**Untergrund:**	Boden auf Kalkstein

Speisetäubling

Russula vesca

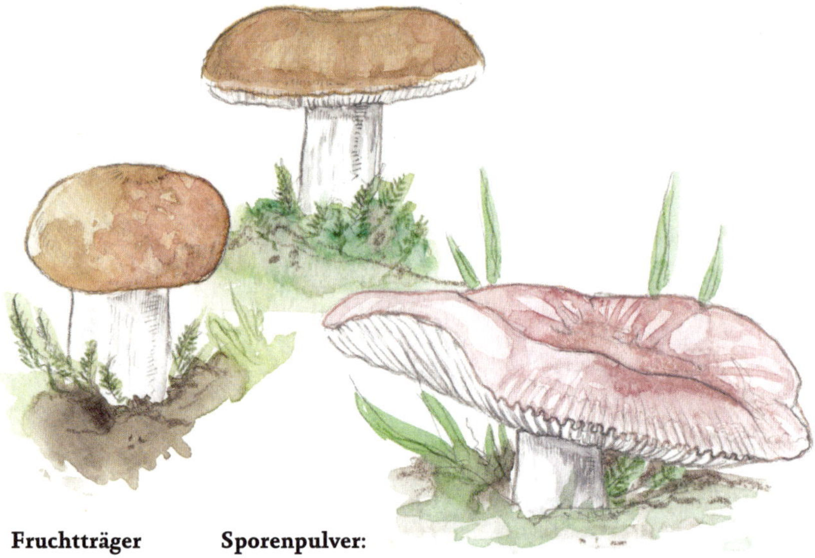

Fruchtträger
(Blätter)

Jung: Weiß

Mittelalt: Weiß

Alt: Weiß

Sporenpulver:
Weiß

Gute Merkmale:	Fleisch weiß, die Huthaut reicht nicht bis zum Hutrand und lässt sich zu einem Drittel abziehen
Geruch:	Nussig *(Gerüche sind bei Pilzen nicht immer wahrnehmbar)*
Speisewert:	Speisepilz, wohlschmeckend, das mürbe Fruchtfleisch ist ungewohnt
Bemerkungen:	Ein Täubling, von dem man wirklich behaupten kann, ein wahrer Speisepilz zu sein

Lebensweise:	Partnerpilz	**Hauptsaison:**	Herbst
Umgebung:	Misch- und Nadelwälder	**Untergrund:**	Saure Böden

Roter Heringstäubling

Russula xerampelina

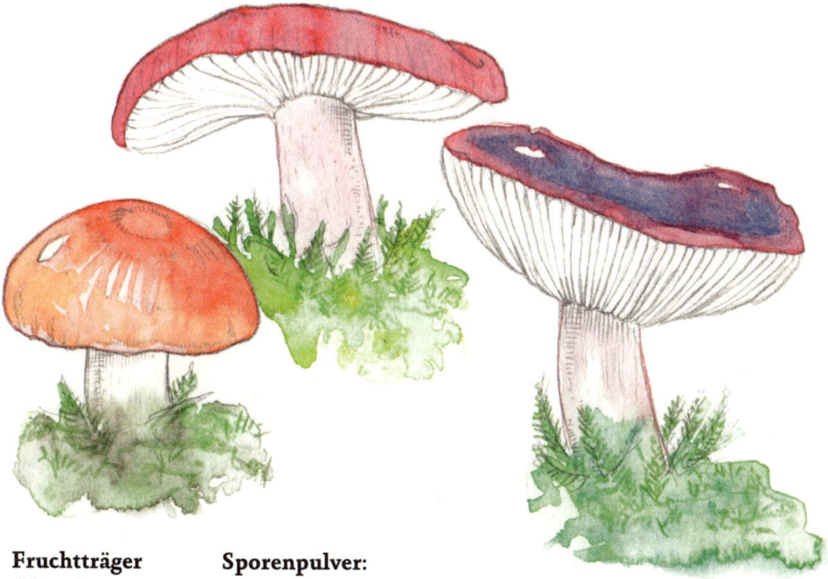

Fruchtträger
(Blätter)

Jung: Hellgelb

Mittelalt: Hellgelb

Alt: Hellgelb

Sporenpulver:
Ockergelb

Gute Merkmale:	Fleisch weiß, bei Beschädigung bräunend, Stiel weiß, rosa überhaucht, bei Berührung langsam bräunend
Geruch:	Fisch *(Gerüche sind bei Pilzen nicht immer wahrnehmbar)*
Speisewert:	Speisepilz, der Geruch verschwindet beim Garen
Bemerkungen:	Es gibt mehrere Heringstäublingarten, die samt und sonders essbar sind.

Lebensweise:	Partnerpilz	**Hauptsaison:**	Herbst
Umgebung:	Nadelwälder	**Untergrund:**	Alle Böden

Graugrüner Milchling *Lactarius blennius*

Fruchtträger *(Blätter)*

Jung: Weiß

Mittelalt: Cremeweiß

Alt: Graubeige

Sporenpulver: Hellocker

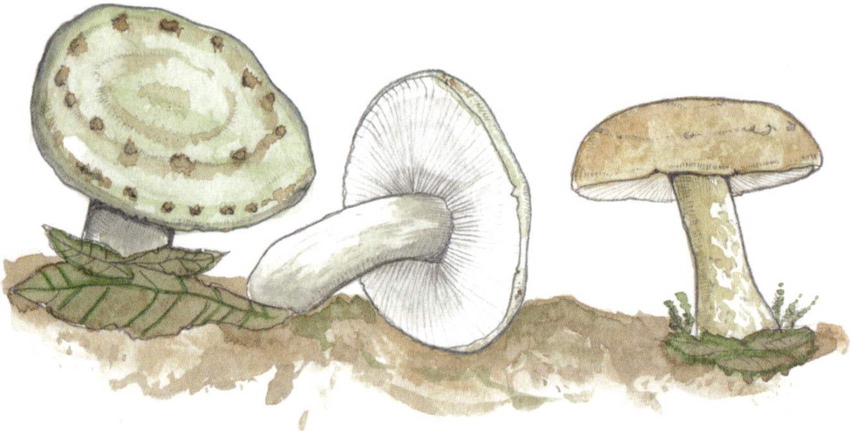

Gute Merkmale:	Fleisch weiß, bei Bruch weißmilchend, nur Lamellen auf Druck bräunend, Hut ohne weißen Rand
Geruch:	Würzig *(Gerüche sind bei Pilzen nicht immer wahrnehmbar)*
Speisewert:	Kein Speisepilz, brennend scharf
Bemerkungen:	Einer seiner Schwesterarten ist der Braunfleckige Buchenmilchling, beide sind häufig

Lebensweise:	Partnerpilz	**Hauptsaison:**	Herbst
Umgebung:	Laubwälder (Buchen)	**Untergrund:**	Boden auf Kalkstein

Edelreizker, Echter Reizker

Lactarius deliciosus

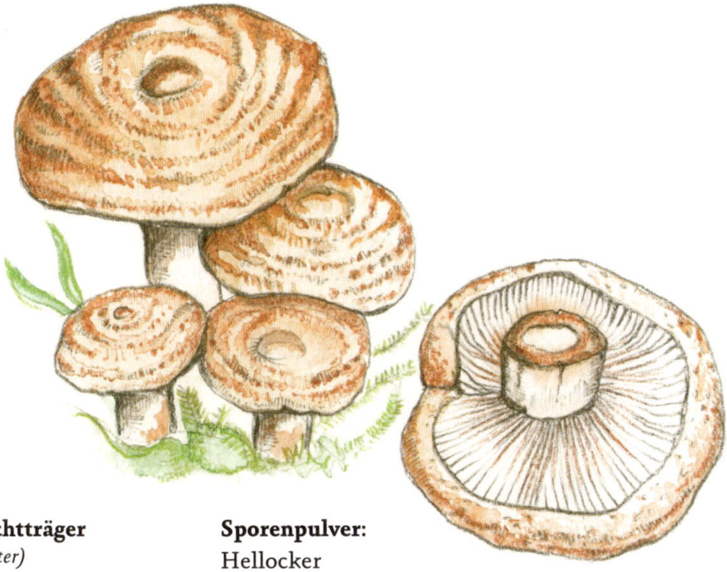

Fruchtträger
(Blätter)

Jung: Orange

Mittelalt: Orangeocker

Alt: Ocker

Sporenpulver:
Hellocker

Gute Merkmale:	Fleisch karottenrot, orangemilchend, bei Bruch langsam grünend, Hut mit auffälliger Zonierung,
Geruch:	Obst *(Gerüche sind bei Pilzen nicht immer wahrnehmbar)*
Speisewert:	Speisepilz, vorzüglich zum Braten
Bemerkungen:	Färbt nach dem Verzehr den Urin rot. Das ist völlig ungefährlich und klingt wieder ab.

Lebensweise:	Partnerpilz	**Hauptsaison:**	Herbst
Umgebung:	Misch- und Nadelwälder (Kiefern)	**Untergrund:**	Boden auf Kalk- und Sandstein

Fichtenreizker

Lactarius deterrimus

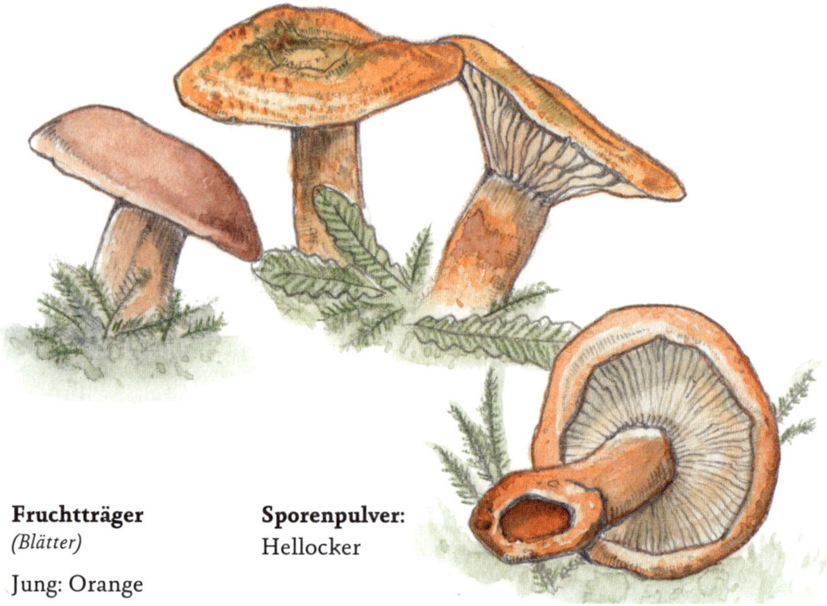

Fruchtträger
(Blätter)

Jung: Orange

Mittelalt: Orangeocker

Alt: Ocker

Sporenpulver:
Hellocker

Gute Merkmale:	Fleisch weiß, Schnittränder orange, Hut mit schwacher Zonierung und deutlichem Grünanteil
Geruch:	Obst *(Gerüche sind bei Pilzen nicht immer wahrnehmbar)*
Speisewert:	Speisepilz, weniger wertig als der Echte Reizker
Bemerkungen:	Gilt als schwächerer Ersatz für den Echten Reizker, ist dafür aber häufiger zu finden

Lebensweise:	Partnerpilz	**Hauptsaison:**	Herbst
Umgebung:	Misch- und Nadelwälder	**Untergrund:**	Alle Böden

Braunfleckiger / Weißrandiger Buchenmilchling

Lactarius fluens

Fruchtträger
(Blätter)

Jung: Weiß

Mittelalt: Cremeweiß

Alt: Graubeige

Sporenpulver:
Hellocker

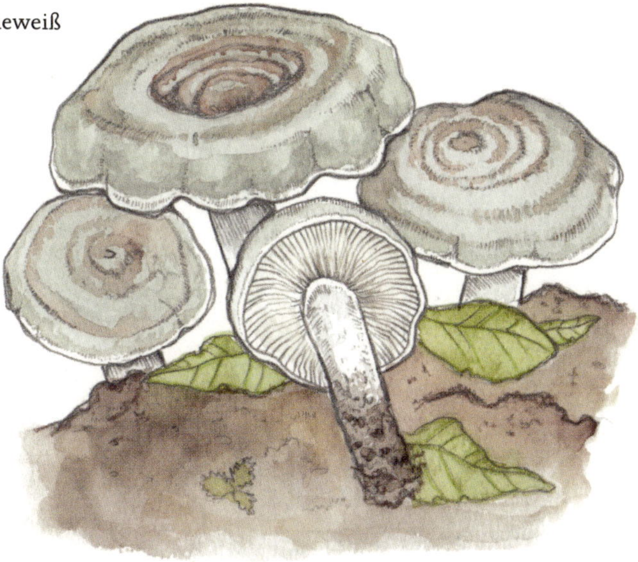

Gute Merkmale:	Fleisch weiß, bei Bruch weißmilchend, Lamellen und Stiel auf Druck bräunend, Hut mit weißem Rand
Geruch:	Unauffällig *(Gerüche sind bei Pilzen nicht immer wahrnehmbar)*
Speisewert:	Kein Speisepilz, äußerst scharf
Bemerkungen:	Einer seiner Schwesterarten ist der Graugrüne Milchling, beide sind häufig

Lebensweise:	Partnerpilz	**Hauptsaison:**	Herbst
Umgebung:	Laubwälder (Buchen)	**Untergrund:**	Boden auf Kalkstein

Filziger Milchling, Maggipilz, Bruchreizker

Lactarius helvus

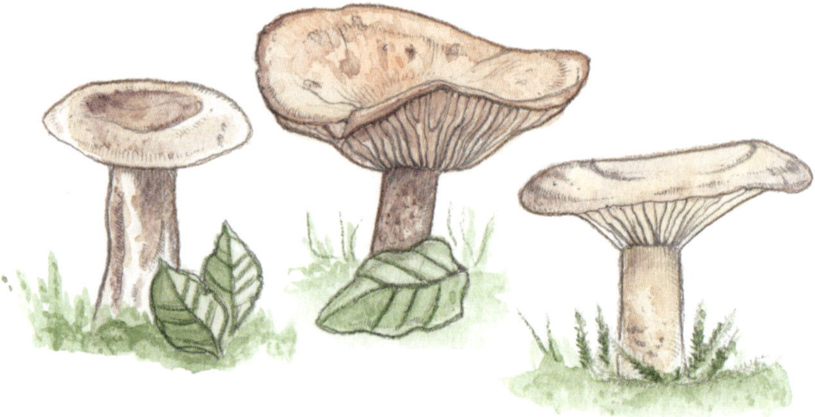

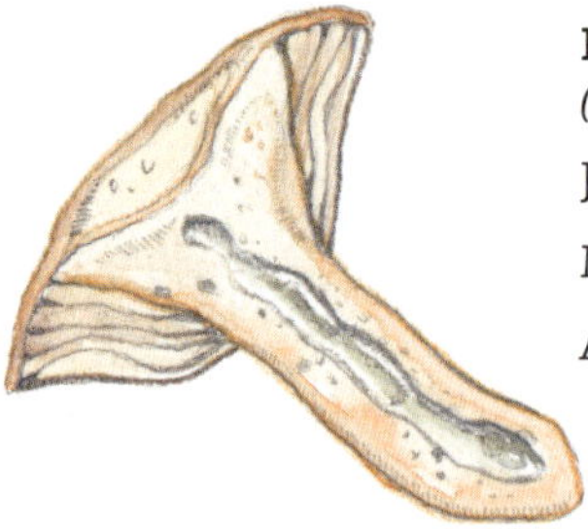

Fruchtträger
(Blätter)

Jung: Cremeweiß

Mittelalt: Hellgelb

Alt: Hellocker

Sporenpulver:
Gelb

Gute Merkmale:	Fleich weiß, manchmal mit Rosaton, bei Bruch klarmilchend, Hut filzig, Stiel heller als Hut, sehr mürbe
Geruch:	Liebstöckl *(Gerüche sind bei Pilzen nicht immer wahrnehmbar)*
Speisewert:	Giftpilz, kann Magen-/Darmbeschwerden auslösen
Bemerkungen:	Oft ist es so, dass Sie den Pilz schon riechen, noch bevor Sie ihn zu Gesicht bekommen

Lebensweise:	Partnerpilz	**Hauptsaison:**	Herbst
Umgebung:	Mischwälder	**Untergrund:**	Saure Böden

Eichenmilchling

Lactarius quietus

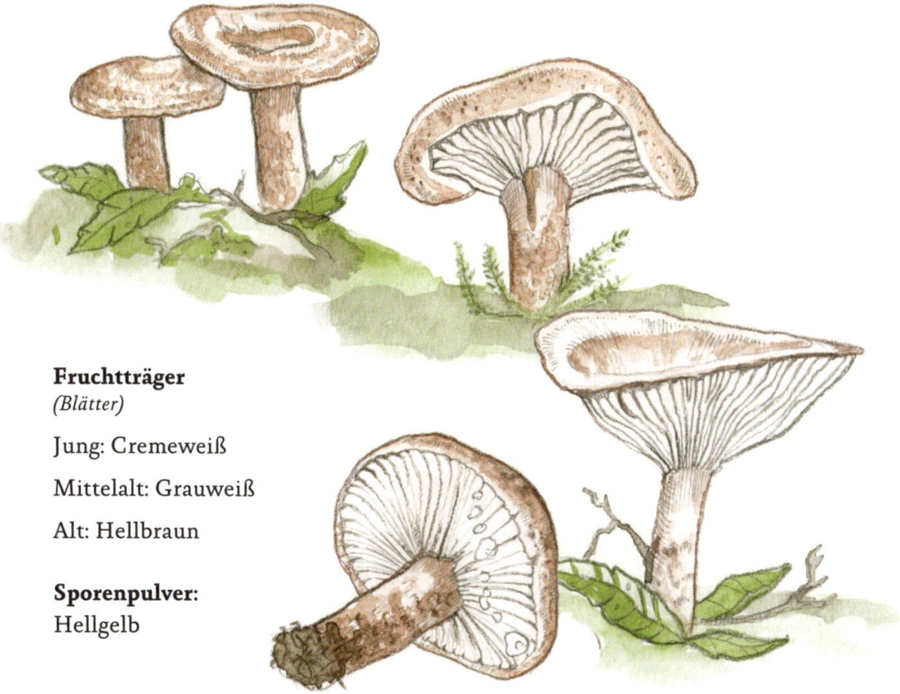

Fruchtträger
(Blätter)

Jung: Cremeweiß

Mittelalt: Grauweiß

Alt: Hellbraun

Sporenpulver:
Hellgelb

Gute Merkmale:	Fleisch cremeweiß, auf Druck weinrot bräundend, bei Bruch weißmilchend, Stielfleisch bräunlicher
Geruch:	Blattwanzen *(Gerüche sind bei Pilzen nicht immer wahrnehmbar)*
Speisewert:	Essbar, im rein technischen Sinne
Bemerkungen:	Wer an dem Pilz schnuppert, weiß fortan, wie Blattwanzen riechen. Der Geruch ist markant.

Lebensweise:	Partnerpilz	**Hauptsaison:**	Ganzjährig
Umgebung:	Misch- und Laubwälder (Eichen)	**Untergrund:**	Alle Böden

Wolliger Milchling, Erdschieber

Lactarius vellereus

Fruchtträger
(Blätter)

Jung: Weiß

Mittelalt: Hellocker

Alt: Ockergelb

Sporenpulver:
Weiß

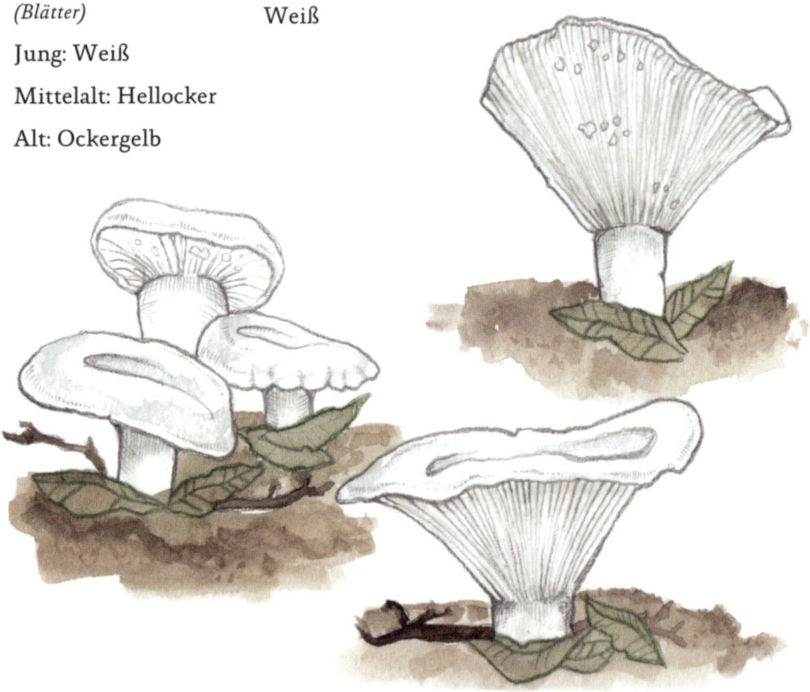

Gute Merkmale:	Fleisch weiß, läuft an der Luft gelblich an, Lamellen herablaufend, Stiel stellenweise braunfleckig
Geruch:	Neutral, alt fischig *(Gerüche sind bei Pilzen nicht immer wahrnehmbar)*
Speisewert:	Giftpilz, größere Mengen verursachen heftige Magen-/ Darmstörungen
Bemerkungen:	Breitet seinen Hut noch im Boden aus, sodass er fast immer Humus auf dem Hut hat.

Lebensweise:	Partnerpilz	**Hauptsaison:**	Herbst
Umgebung:	Misch- und Laubwälder	**Untergrund:**	Boden auf Kalk- und Basaltstein

Kleiner Stinkschirmling

Lepiota cristata

Fruchtträger
(Blätter)

Jung:Weiß

Mittelalt: Weiß

Alt: Gelblich

Sporenpulver:
Weiß

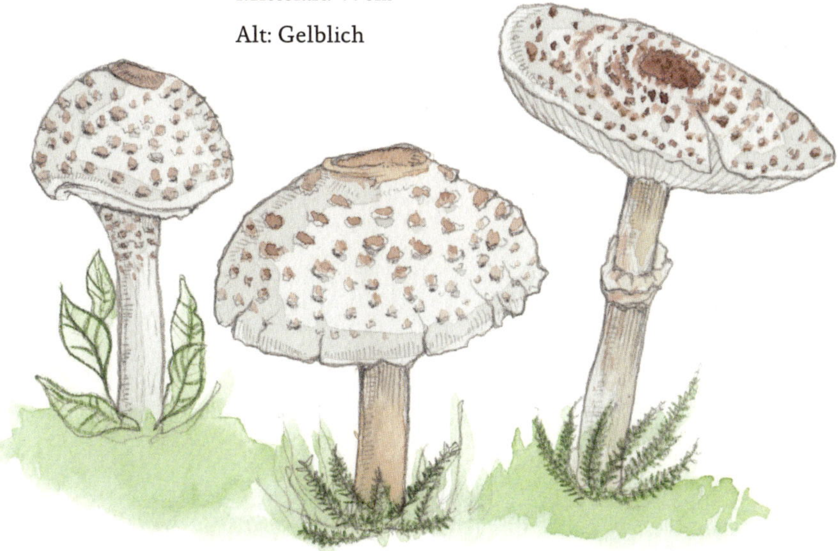

Gute Merkmale:	Fleisch weiß, Blatter frei, dichtstehend, Hut dunkelschuppig, Ring unverschieblich
Geruch:	Widerlich *(Gerüche sind bei Pilzen nicht immer wahrnehmbar)*
Speisewert:	Giftpilz, stinkt außerdem zum Himmel, wer isst sowas?
Bemerkungen:	Begegnet uns immer wieder am Wegrand und markiert damit ein gutes Sammelgebiet.

Lebensweise:	Zersetzerpilz	**Hauptsaison:**	Herbst
Umgebung:	Mischwälder	**Untergrund:**	Humus unter Nadel-/Blätterstreu

Wolliggestiefelter Schirmling

Lepiota clypeolaria

Fruchtträger
(Blätter)

Jung: Weiß

Mittelalt: Weiß

Alt: Gelblich

Sporenpulver:
Weiß

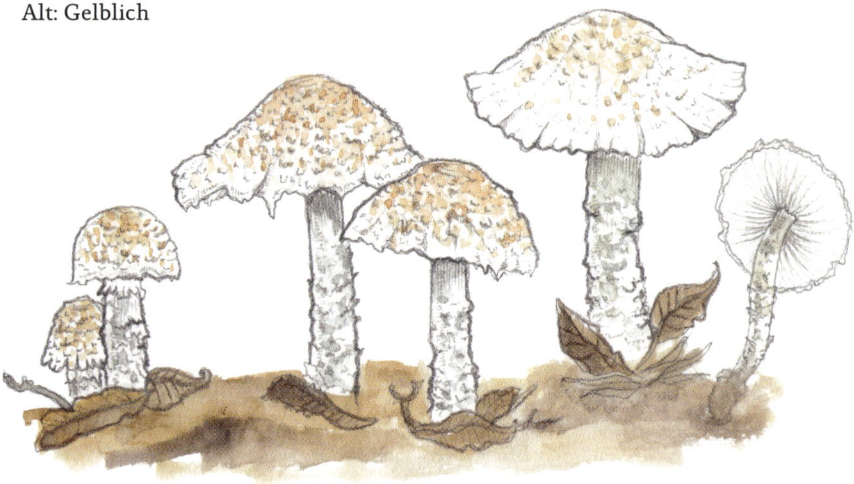

Gute Merkmale:	Fleisch weiß, Blätter frei, Hut mit hellbräunlichen Haarschuppen, Ring unverschieblich, Stiel wollig
Geruch:	Süß wie Blüten *(Gerüche sind bei Pilzen nicht immer wahrnehmbar)*
Speisewert:	Giftpilz
Bemerkungen:	Meiden Sie grundsätzlich kleine Schirmlingsarten! Viele von ihnen sind tödlich giftig.

Lebensweise:	Zersetzerpilz	**Hauptsaison:**	Herbst
Umgebung:	Mischwälder	**Untergrund:**	Alle Böden

Rötender Riesenschirmling

Chlorphyllum olivieri

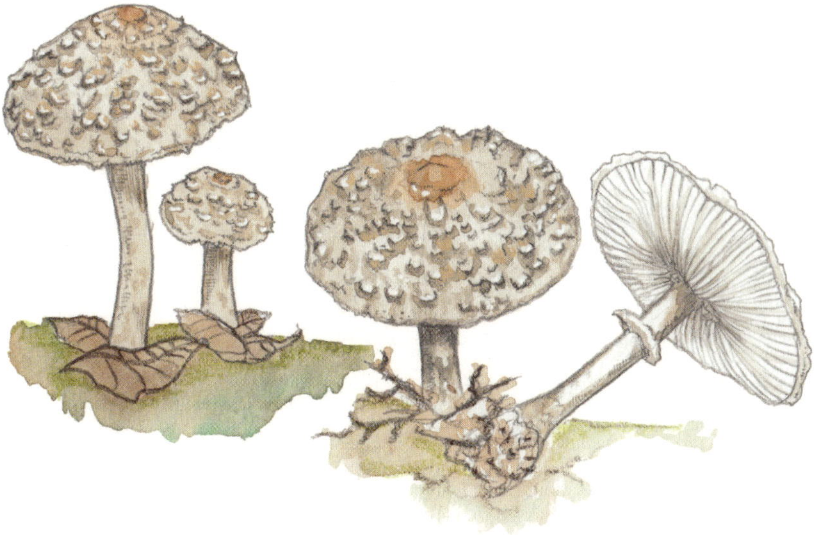

Fruchtträger
(Blätter)

Jung: Weiß

Mittelalt: Weiß

Alt: Weiß

Sporenpulver:
Weiß

Gute Merkmale:	Fleisch weißlich, bei Beschädigung safranrot anlaufend, Stiel glatt, ansonsten wie der Parasol
Geruch:	Pilzig *(Gerüche sind bei Pilzen nicht immer wahrnehmbar)*
Speisewert:	Kein Speisepilz, da er mehrfach Vergiftungen ausgelöst hat
Bemerkungen:	Die rötenden Riesenschirmlingsarten sind oft giftig. Sie sollten sie nicht mehr sammeln.

Lebensweise:	Zersetzerpilz	**Hauptsaison:**	Herbst
Umgebung:	Wälder, Wiesen, Rasenflächen	**Untergrund:**	Humus auf nährstoffreichem Boden

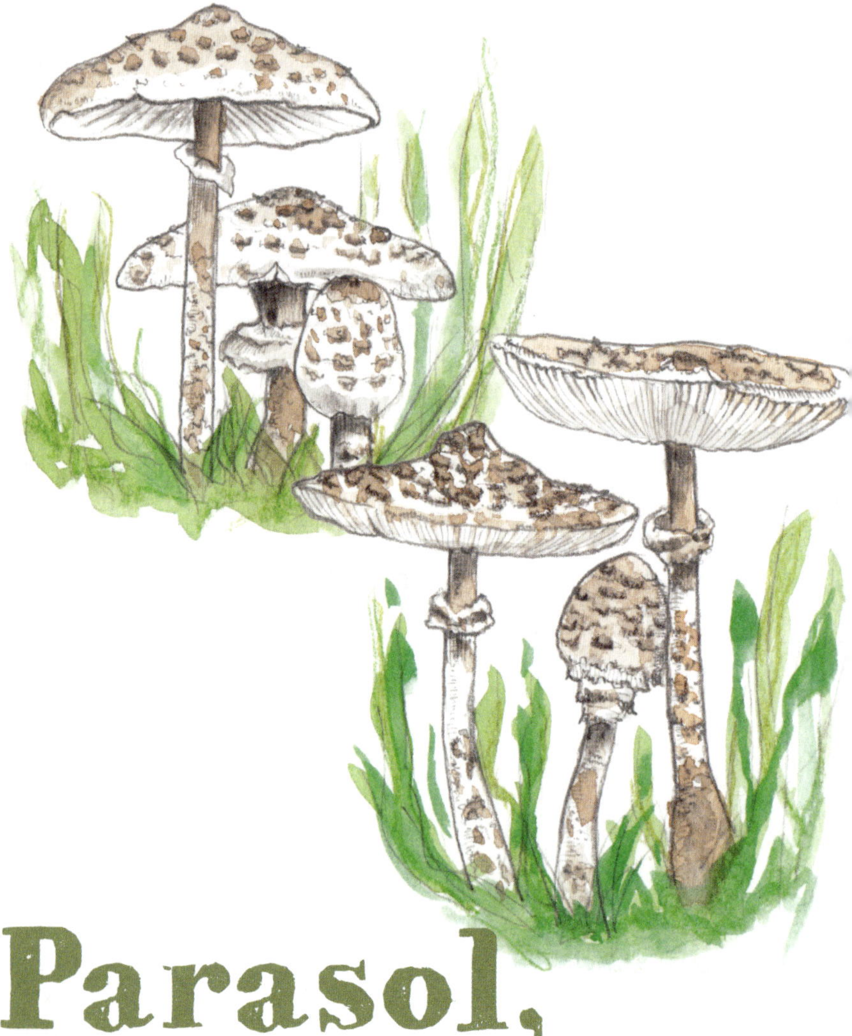

Parasol, Riesen-schirmling

Parasol, Riesenschirmling

Macrolepiota procera

Der Parasolpilz hat eine große Verwandschaft. Sie auseinanderzuhalten ist keine leichte Aufgabe. Deswegen gehört er zu den Speisepilzen, die äußerst häufig verwechselt werden. Meistens ist das nicht schlimm, da die engsten Schwesterarten des Parasols genießbar sind. Doch es gibt auch giftige Arten. Deshalb achten Sie bitte darauf, dass Ihre Riesenschirmpilze einen derben, verschiebbaren Ring sowie einen dunkel genatterten Stiel haben. Das Fruchtfleisch muss insbesondere im Stiel nach Bruch oder Schnitt grauweißlch bleiben. Keinesfalls darf es röten!

Gute Merkmale:	Fleisch weiß, Blätter frei, sehr weich, Hut dunkel geschuppt, Ring verschiebbar, Stiel dunkel genattert
Geruch:	Nussig *(Gerüche sind bei Pilzen nicht immer wahrnehmbar)*
Speisewert:	Speisepilz, durch seinen nussigen Geschmack sehr beliebt
Bemerkungen:	Vorsicht vor Verwechslungen mit Rötenden Riesenschirmlingen!

Fruchtträger: *(Blätter)*

Jung: Weiß

Mittelalt: Weiß

Alt: Weiß

Sporenpulver:
Weiß

Lebensweise:	Zersetzerpilz
Hauptsaison	Herbst
Umgebung	Mischwälder, Wiesen
Untergrund:	Humus auf nährstoffreichem Boden

Grobschuppiger Riesenschirmling

Macrolepiota konradii

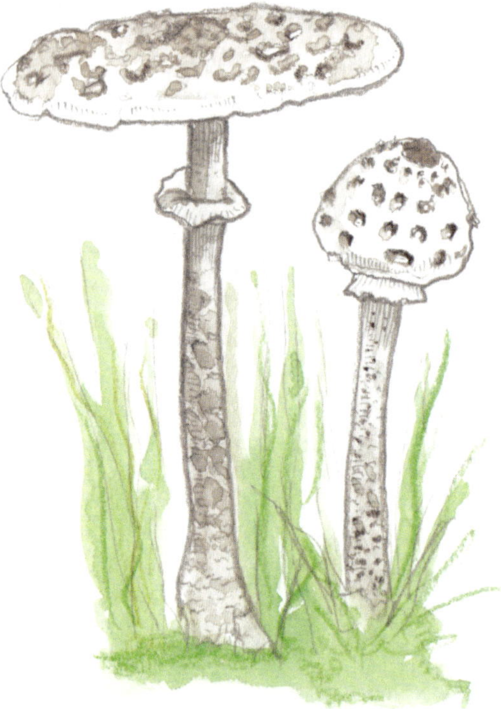

Fruchtträger
(Blätter)

Jung: Weiß

Mittelalt: Weiß

Alt: Weiß

Sporenpulver:
Weiß

Gute Merkmale:	Merkmale wie der Parasol, aber deutlich kleiner, Natterung am Stiel ist weniger deutlich ausgeprägt
Geruch:	Nussig *(Gerüche sind bei Pilzen nicht immer wahrnehmbar)*
Speisewert:	Essbar, wird oft für den Parasol gehalten
Bemerkungen:	Er kann als kleiner Bruder des Parasol angesehen werden. Entsprechend häufig wird er mit diesem verwechselt.

Lebensweise:	Zersetzerpilz	**Hauptsaison:**	Herbst
Umgebung:	Mischwälder, Wiesen	**Untergrund:**	Humus auf nährstoffreichem Boden

Zitzenschirmling

Macrolepiota mastoidea

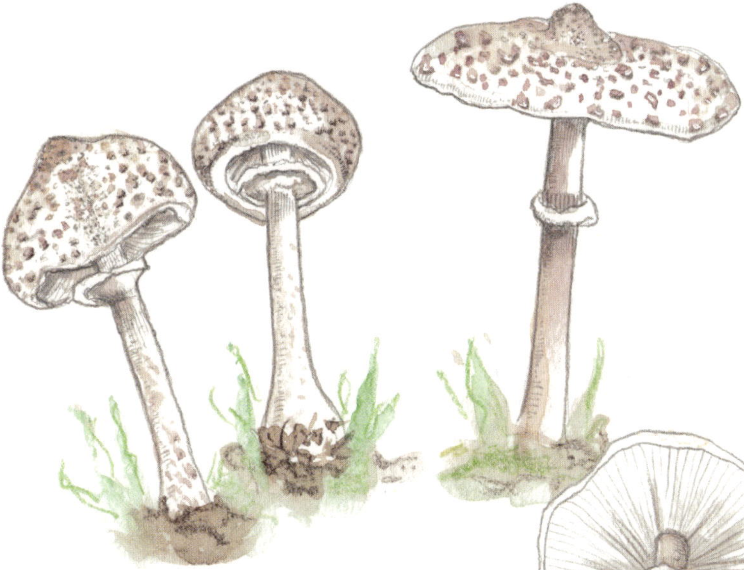

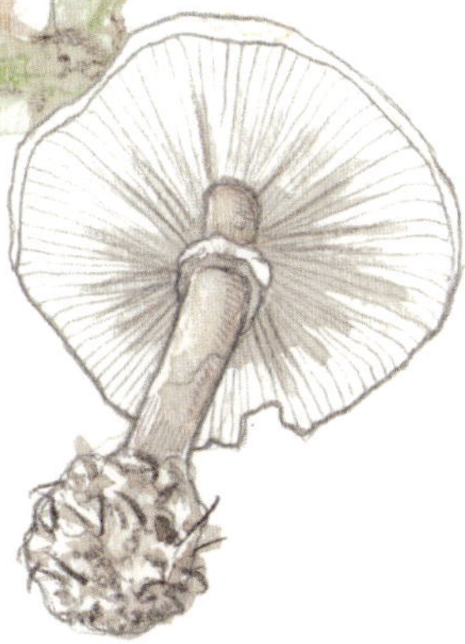

Fruchtträger
(Blätter)

Jung: Weiß

Mittelalt: Weiß

Alt: Weiß

Sporenpulver:
Weiß

Gute Merkmale:	Merkmale wie der Kleine Riesenschirmling, jedoch mit Brustwarzenartigem Buckel auf dem Hut
Geruch:	Nussig *(Gerüche sind bei Pilzen nicht immer wahrnehmbar)*
Speisewert:	Essbar, wird oft für den Parasol gehalten

Bemerkungen: Die Art wird auf Schlau auch Macrolepiota gracilenta genannt. In alten Pilzbüchern gelten beide als verschiedene Arten.

Lebensweise:	Zersetzerpilz	**Hauptsaison:**	Herbst
Umgebung:	Mischwälder, Wiesen	**Untergrund:**	Humus auf nährstoffreichem Boden

Gelber Knollenblätterpilz

Amanita citrina

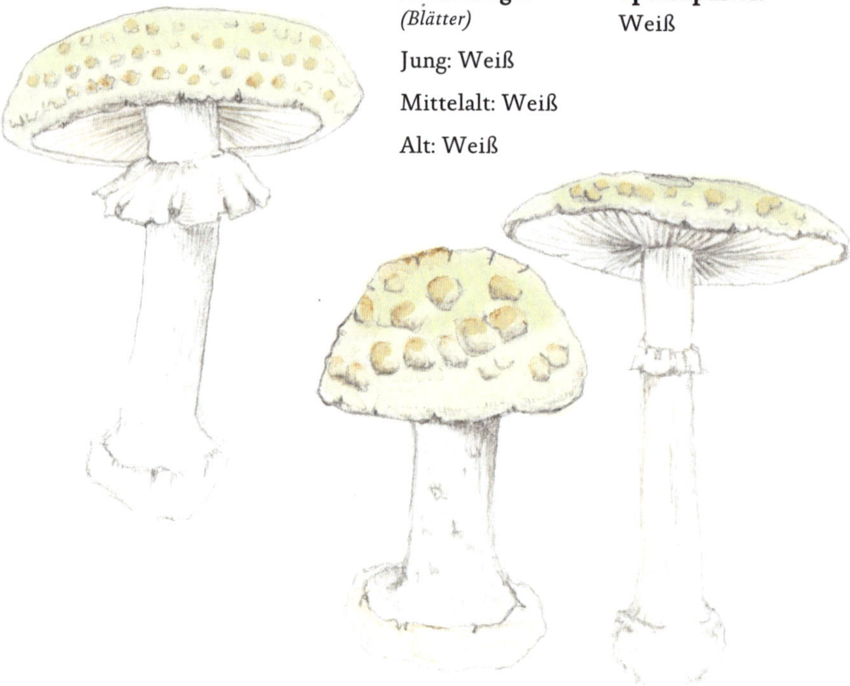

Fruchtträger *(Blätter)*

Jung: Weiß

Mittelalt: Weiß

Alt: Weiß

Sporenpulver: Weiß

Gute Merkmale:	Fleisch weiß, Stiel weiß auf weiß genattert, unten mit gerandeter Knolle
Geruch:	Kartoffelkeller *(Gerüche sind bei Pilzen nicht immer wahrnehmbar)*
Speisewert:	Giftpilz, zumindest roh, enthält Krötengift
Bemerkungen:	Wäre gekocht verzehrbar, doch der Grüne Knollenblätterpilz ist ihm einfach zu ähnlich.

Lebensweise:	Partnerpilz	**Hauptsaison:**	Herbst
Umgebung:	Misch- und Nadelwälder	**Untergrund:**	Alle Böden

Roter Fliegenpilz

Amanita muscaria

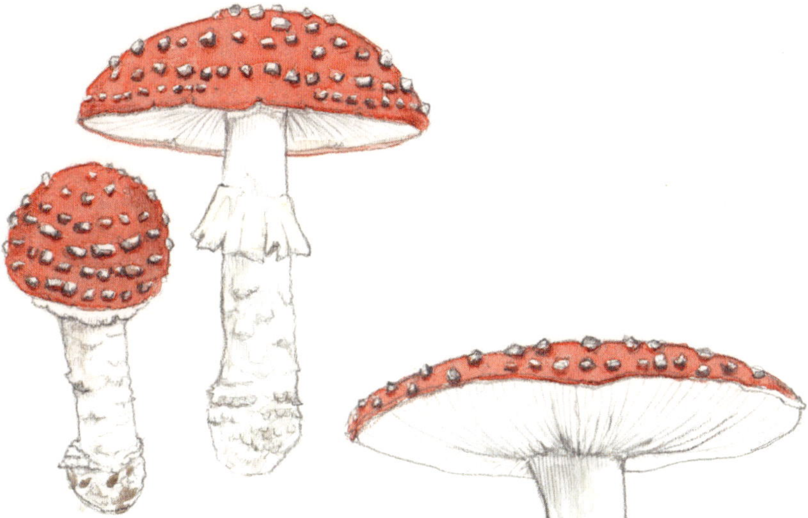

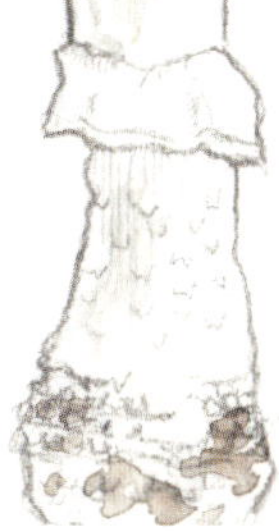

Fruchtträger
(Blätter)

Jung: Weiß

Mittelalt: Weiß

Alt: Weiß

Sporenpulver:
Weiß

Gute Merkmale:	Fleisch weiß, Hut im Schnitt mit gelbem Rand, Knolle mit Warzengürteln
Geruch:	Unauffällig *(Gerüche sind bei Pilzen nicht immer wahrnehmbar)*
Speisewert:	Giftpilz, kann Kreislaufversagen und Atemlähmung verursachen
Bemerkungen:	Ist wohl das Bild von einem Pilz schlechthin. Wunderschön und immer gerne abgebildet.

Lebensweise:	Partnerpilz	**Hauptsaison:**	Herbst
Umgebung:	Mischwälder	**Untergrund:**	Kalkarmer, saurer Boden

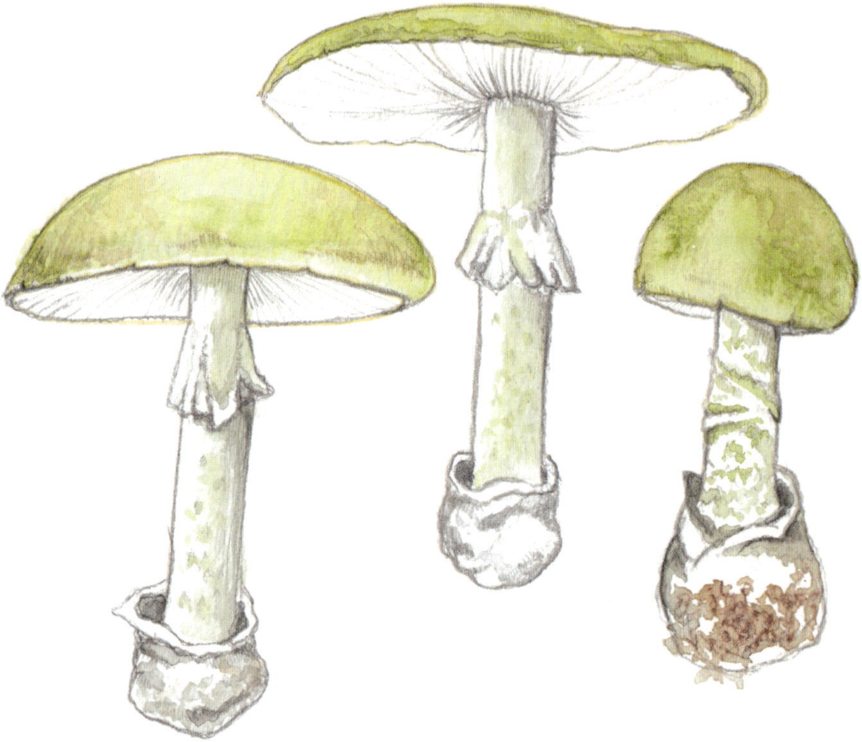

Grüner Knollenblätterpilz

Grüner Knollenblätterpilz

Amanita phalloides

Mundartlich manchmal Knollenpilze genannt, sind sie womöglich sprachlich die Vorlage für die Knallpilze aus dem Räuber Hotzenplotz. Auch wenn ihre Wirkung eine andere ist, so ist sie in jedem Fall lebensbedrohend.

Alle faserfleischigen Blätterpilze mit weißen Lamellen sind für Neulinge grundsätzlich zu meiden. Das ist eine Sicherheitsregel, die Sie vor dem Schlimmsten bewahren soll: Einer tödlich endenden Lebervergiftung. Der süßliche, honigartige Duft dieses Pilzes ist verführerisch. Gehen Sie ihm nicht in die Falle!

Gute Merkmale:	Fleisch weiß, Stiel genattert, Knolle mit häutiger Scheide
Geruch:	Süßlich *(Gerüche sind bei Pilzen nicht immer wahrnehmbar)*
Speisewert:	Giftpilz, ruft Todesfälle durch Zerstörung der Leber hervor
Bemerkungen:	Wer sich an Blätterpilze heranwagen möchte, muss diese Art in und auswendig beherrschen!

Fruchtträger: *(Blätter)*
Jung: Weiß
Mittelalt: Weiß
Alt: Weiß

Sporenpulver:
Weiß

Lebensweise: Partnerpilz

Hauptsaison Herbst

Umgebung Laubwälder

Untergrund: Alle Böden

Pantherpilz

Amanita pantherina

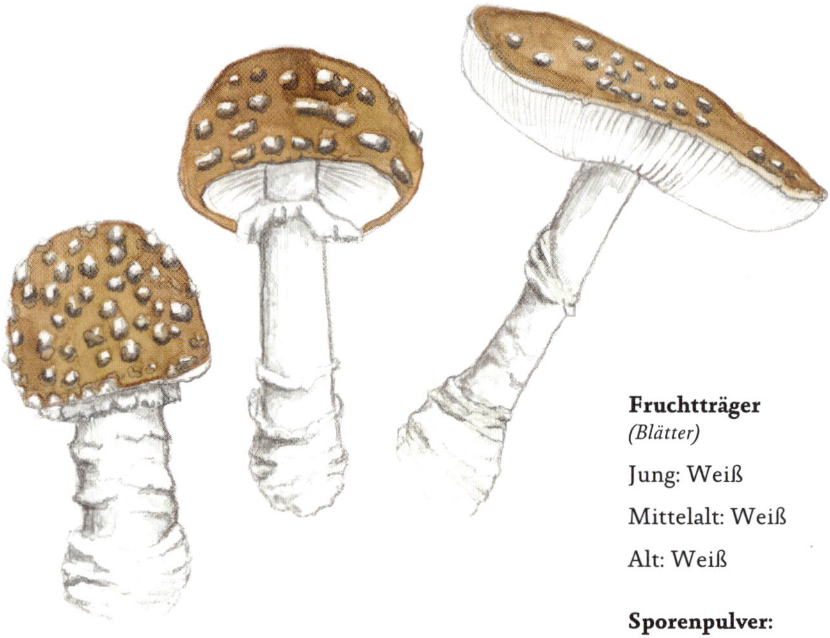

Fruchtträger
(Blätter)

Jung: Weiß

Mittelalt: Weiß

Alt: Weiß

Sporenpulver:
Weiß

Gute Merkmale:	Fleisch weiß, Hutrand gerieft, Ring glatt, Knolle mit stulpenartigem Ringwulst
Geruch:	zart nach Rettich *(Gerüche sind bei Pilzen nicht immer wahrnehmbar)*
Speisewert:	Giftpilz, oft tödlich aufgrund starker Nervengifte
Bemerkungen:	Diese Pilzart müssen Sie im Schlaf kennen, wenn Sie Perlpilze sammeln wollen.

Lebensweise:	Partnerpilz	**Hauptsaison:**	Sommer
Umgebung:	Mischwälder	**Untergrund:**	Alle Böden

Perlpilz, Rötender Wulstling

Amanita rubescens

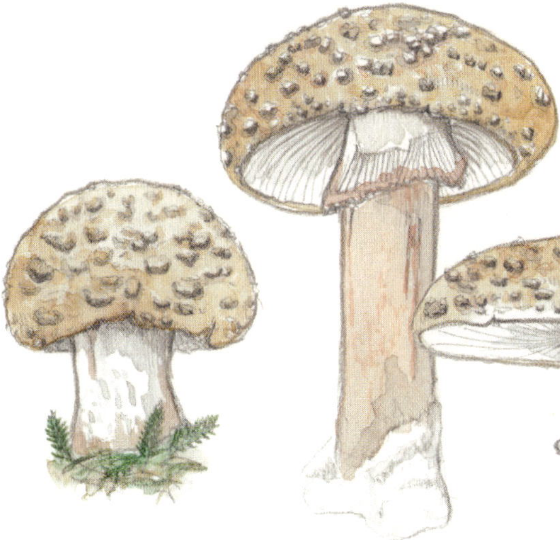

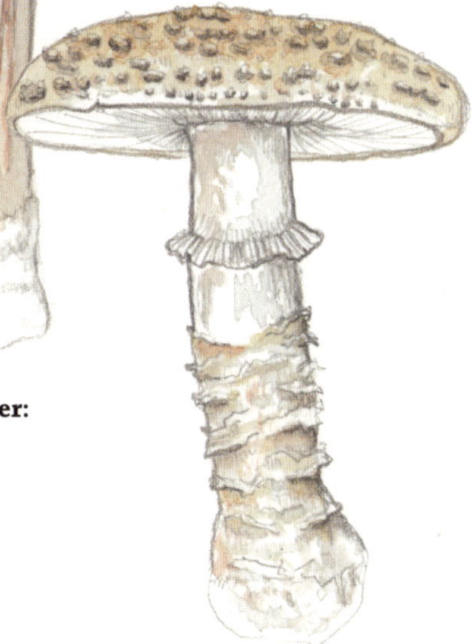

Fruchtträger
(Blätter)

Jung: Weiß

Mittelalt: Weiß

Alt: Weiß

Sporenpulver:
Weiß

Gute Merkmale:	Fleisch weiß, rötet bei Beschädigung, Ring gerieft, Knolle rübenförmig mit Warzengürteln
Geruch:	Unauffällig *(Gerüche sind bei Pilzen nicht immer wahrnehmbar)*
Speisewert:	Speisepilz, köstlich, aber nur für Versierte
Bemerkungen:	Verwechslungsgefahr mit Fliegenpilz, Pantherpilz, Grauer Wulstling, Porphyrwulstling

Lebensweise:	Partnerpilz	**Hauptsaison:**	Sommer
Umgebung:	Mischwälder	**Untergrund:**	Alle Böden

Grauer Wulstling

Amanita spissa

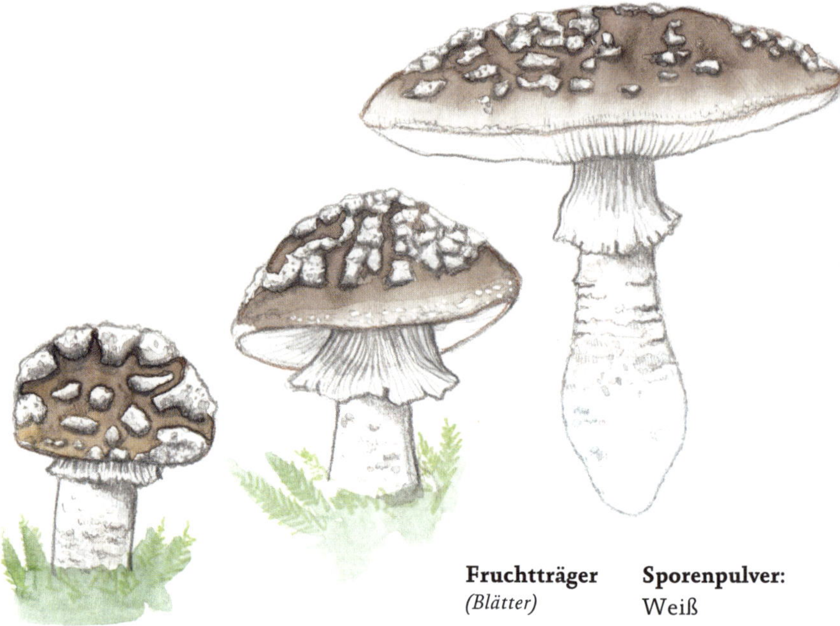

Fruchtträger *(Blätter)*

Jung: Weiß

Mittelalt: Weiß

Alt: Weiß

Sporenpulver: Weiß

Gute Merkmale:	Fleisch unveränderlich weiß, Ring gerieft, Kolle rübenförmig und glatt
Geruch:	Muffig *(Gerüche sind bei Pilzen nicht immer wahrnehmbar)*
Speisewert:	Essbar, wenn es dein sein muss, höchstens als Streckpilz
Bemerkungen:	Verwechslungsgefahr mit Fliegenpilz, Pantherpilz, Grauer Wulstling, Porphyrwulstling

Lebensweise:	Partnerpilz	**Hauptsaison:**	Sommer
Umgebung:	Mischwälder	**Untergrund:**	Kalkarmer, saurer Boden

Kegeliger / Schwärzender Saftling

Hygrocybe conica / nigrescens

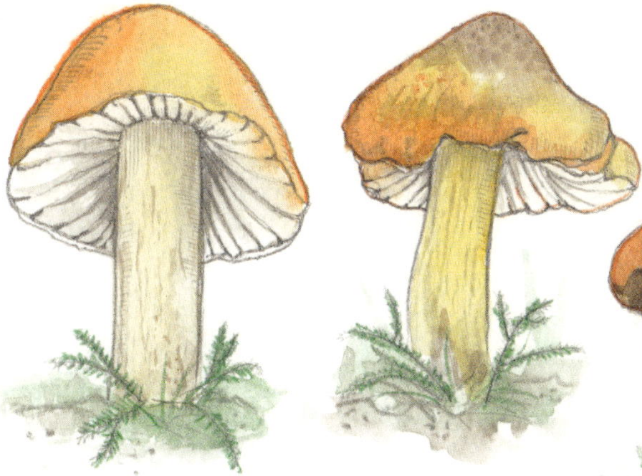

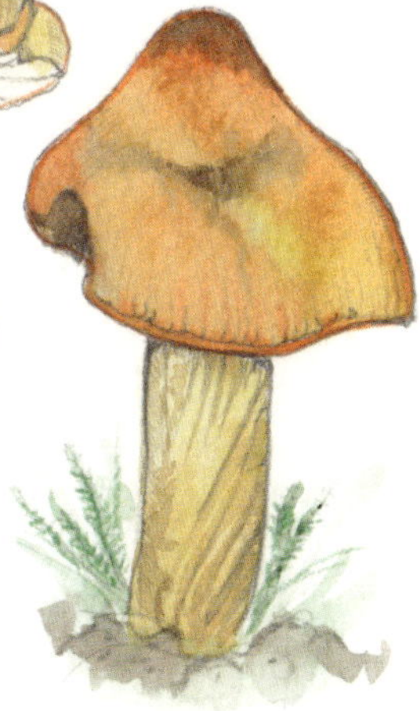

Fruchtträger
(Blätter)

Jung: Gelbweiß

Mittelalt: Schmutziggrau

Alt: Grauschwärzend

Sporenpulver:
Weiß

Gute Merkmale:	Fleisch gelblich, grauend, Hut spitz kegelig, Stiel verdreht, ganzer Fruchtkörper bei Druck schwärzend
Geruch:	Unauffällig *(Gerüche sind bei Pilzen nicht immer wahrnehmbar)*
Speisewert:	Giftpilz, ruft Unpässlichkeit hervor
Bemerkungen:	Es gibt auch essbare Saftlinge. Aufgrund Naturschutz ist es aber verboten, sie zu sammeln.

Lebensweise:	Zersetzerpilz	**Hauptsaison:**	Herbst
Umgebung:	Wiesen, Rasenflächen	**Untergrund:**	Trockenrasen auf Kalkstein

Elfenbeinschneckling *Hygrophorus eburneus*

Fruchtträger
(Blätter)

Jung: Weiß

Mittelalt: Weiß

Alt: Cremefarben

Sporenpulver:
Cremeweiß

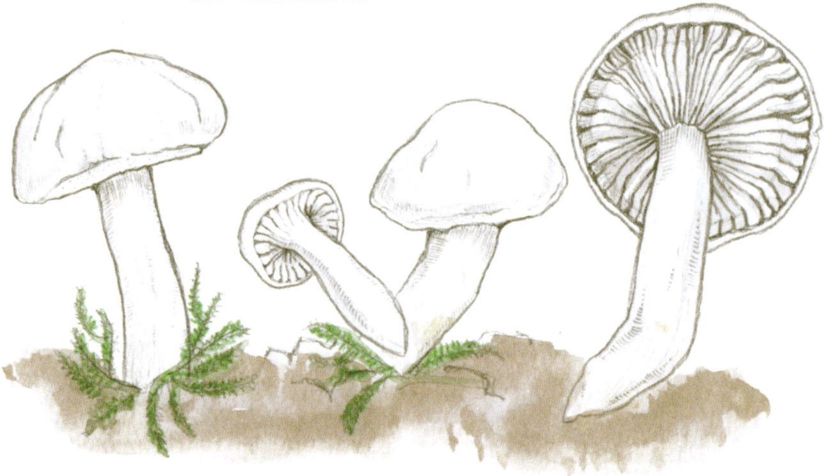

Gute Merkmale:	Fleisch weiß, Fruchkörper schleimig, Blätter entfernt, dick und wachsartig verschmierbar
Geruch:	Weidenbohrerraupe *(Gerüche sind bei Pilzen nicht immer wahrnehmbar)*
Speisewert:	Essbar, mit unangenehmem Geruch beim Braten
Bemerkungen:	Geruch auch wie Mandarinenschalen beschreibbar. Verstärkt sich beim Zubereiten.

Lebensweise:	Zersetzerpilz	**Hauptsaison:**	Herbst
Umgebung:	Laubwälder	**Untergrund:**	Boden auf Kalkstein und Lehm

Hallimasch

Armillaria ostoyae,
Armillaria mellea u. a.

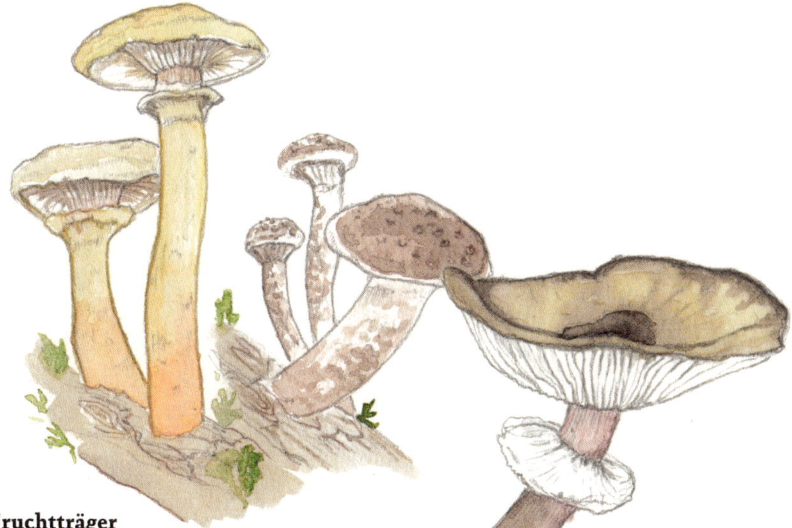

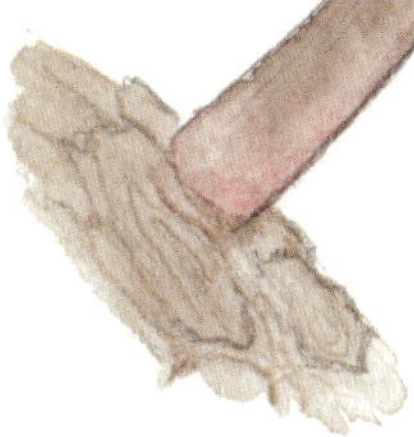

Fruchtträger
(Blätter)

Jung: Weißlich

Mittelalt: Beige

Alt: Rostbraun

Sporenpulver:
Weiß

Gute Merkmale:	Hut mit dunklen Schuppen, Stiel mit hellen Schuppen, jeweils abwischbar, Ring fleischig und oft aufwärts gerichtet
Geruch:	Pilzig *(Gerüche sind bei Pilzen nicht immer wahrnehmbar)*
Speisewert:	Kein Speisepilz, da roh tödlich giftig
Bemerkungen:	War lange beliebt, wird aber von einem Drittel der Menschen selbst gut gegart nicht vertragen.

Lebensweise:	Schmarotzerpilz	**Hauptsaison:**	Herbst
Umgebung:	Nadelbäume	**Untergrund:**	Krankes und totes Nadelholz

Maipilz

Calocybe gambosa

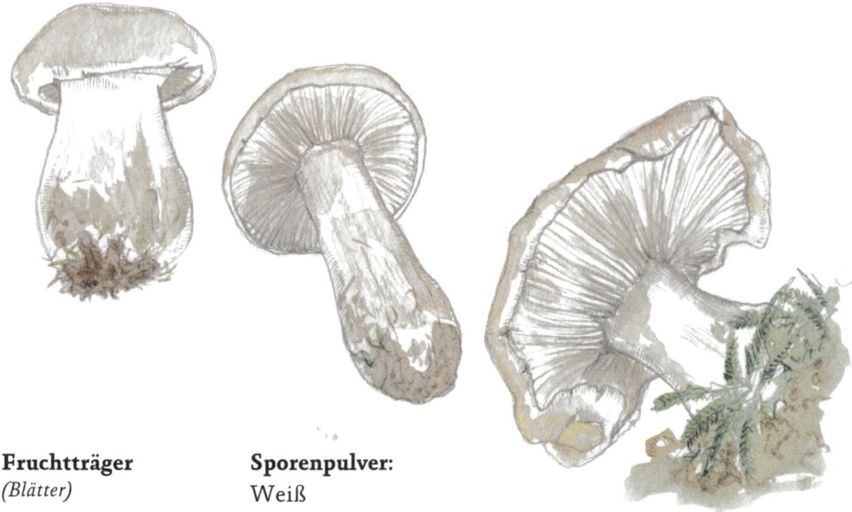

Fruchtträger
(Blätter)

Jung: Weiß

Mittelalt: Cremeweiß

Alt: Gelblich

Sporenpulver:
Weiß

Gute Merkmale:	Fleisch weißlich, Blätter dicht, mit Burggraben, Mehlgeruch (besonders wenn gequetscht)
Geruch:	Mehl/Gurke *(Gerüche sind bei Pilzen nicht immer wahrnehmbar)*
Speisewert:	Speisepilz, das „Mehlige“ verliert sich beim Zubereiten
Bemerkungen:	Vorsicht vor Verwechslung mit dem Riesenrötling und dem Ziegelroten Risspilz

Lebensweise:	Zersetzerpilz	**Hauptsaison:**	Frühling
Umgebung:	Wiesen, Laubwälder	**Untergrund:**	Humus auf Kalkstein

Weißer Büschelrasling *Leucocybe connata*

Fruchtträger
(Blätter)

Jung: Weiß

Mittelalt: Weiß

Alt: Weiß

Sporenpulver:
Weiß

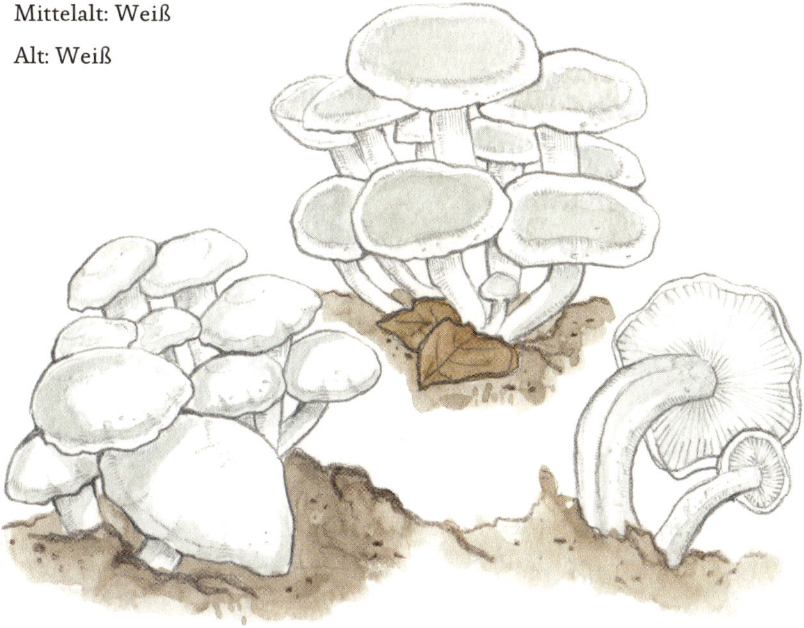

Gute Merkmale:	Fleisch weiß, Duft nach Lerchenspornblüten, büscheliger Wuchs
Geruch:	Süß wie Blüten *(Gerüche sind bei Pilzen nicht immer wahrnehmbar)*
Speisewert:	Giftpilz, wirkt krebserregend
Bemerkungen:	Wurde früher viel gesammelt, wovon heute abgeraten wird. Gegenstand aktueller Forschung.

Lebensweise: Zersetzerpilz

Hauptsaison: Herbst

Umgebung: Mischwald, Gras

Untergrund: Humus feucht

Keulenfußtrichterling

Ampulloclitocybe clavipes

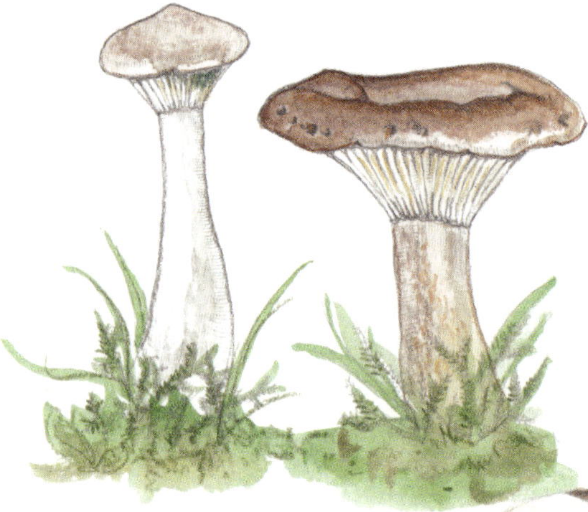

Fruchtträger
(Blätter)

Jung: Weißlich

Mittelalt: Blassgelb

Alt: Braungelb

Sporenpulver:
Weiß

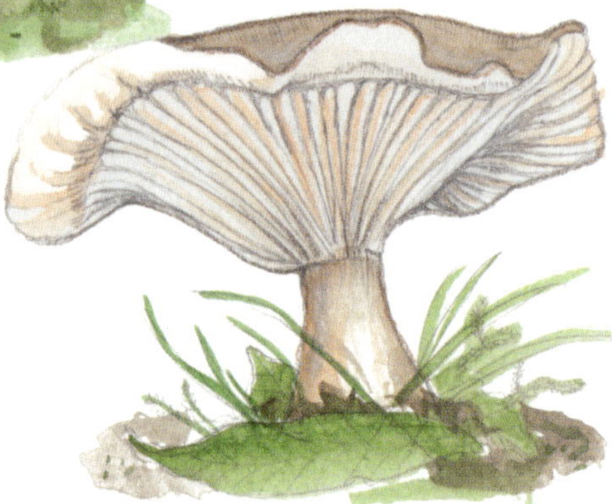

Gute Merkmale:	Blätter herablaufend, Stiel nach unten keulig verdickt mit hellem, schwammigem Fleisch
Geruch:	Obst (schwach) *(Gerüche sind bei Pilzen nicht immer wahrnehmbar)*
Speisewert:	Giftpilz, löst bei Alkoholgenuss heftige Vergiftungen aus
Bemerkungen:	Trichterlinge, besonders auch die weißen, sind grundsätzlich zu meiden.

Lebensweise:	Zersetzerpilz	**Hauptsaison:**	Herbst
Umgebung:	Mischwälder	**Untergrund:**	Humus auf saurem Boden

Feldtrichterling

Clitocybe dealbata

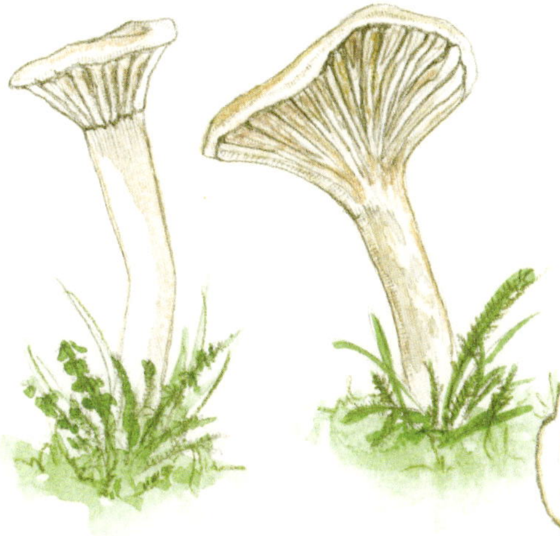

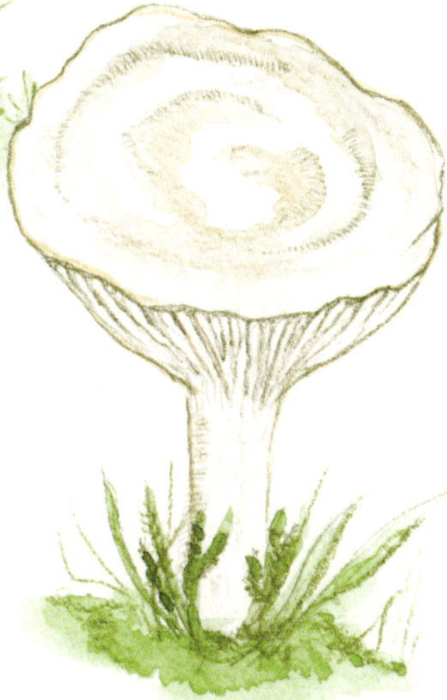

Fruchtträger
(Blätter)

Jung: Weiß

Mittelalt: Cremeweiß

Alt: Ocker

Sporenpulver:
Weiß

Gute Merkmale:	Fleisch weiß, Hut weiß auf weiß bereift, Blätter gedrängt
Geruch:	Sperma *(Gerüche sind bei Pilzen nicht immer wahrnehmbar)*
Speisewert:	Giftpilz, verursacht Ausfallerscheinungen bis zur Herzlähmung, dann tödlich
Bemerkungen:	Schulbuchbeispiel für weiße, giftige Trichterlings, eine sehr gefährliche Gruppe von Pilzen

Lebensweise:	Zersetzerpilz	**Hauptsaison:**	Herbst
Umgebung:	Wiesen, Wegränder, Rasenflächen	**Untergrund:**	Humus

Heidetrichterling

Clitocybe ericetorum

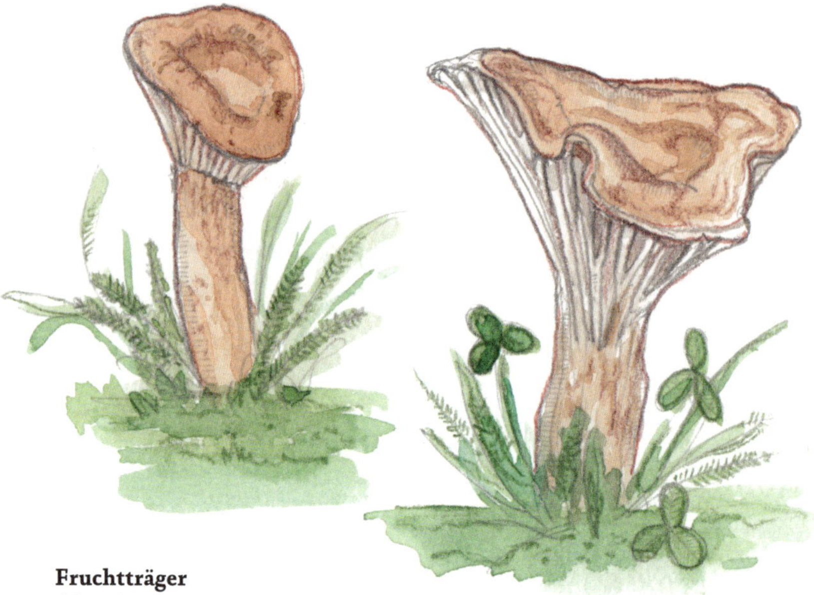

Fruchtträger
(Blätter)

Jung: Schmutzigweiß

Mittelalt: Beige

Alt: Braunocker

Sporenpulver:
Cremeweiß

Gute Merkmale:	Fleisch cremeweiß, Hut gezont, trichterförmig, Fleisch im Stiel wie Watte
Geruch:	Unauffällig *(Gerüche sind bei Pilzen nicht immer wahrnehmbar)*
Speisewert:	Kein Speisepilz, da Speisewert noch nicht bekannt
Bemerkungen:	Hier handelt es sich um die Art, die von allen Arten in diesem Buch am seltensten ist.

Lebensweise:	Zersetzerpilz	**Hauptsaison:**	Herbst
Umgebung:	Wälder, Wiesen, Rasenflächen	**Untergrund:**	Humus auf nährstoffarmem Boden

Ockerbrauner Trichterling

Infundibulicybe gibba

Fruchtträger
(Blätter)

Jung: Weiß

Mittelalt: Cremeweiß

Alt: Cremefarben

Sporenpulver:
Weiß

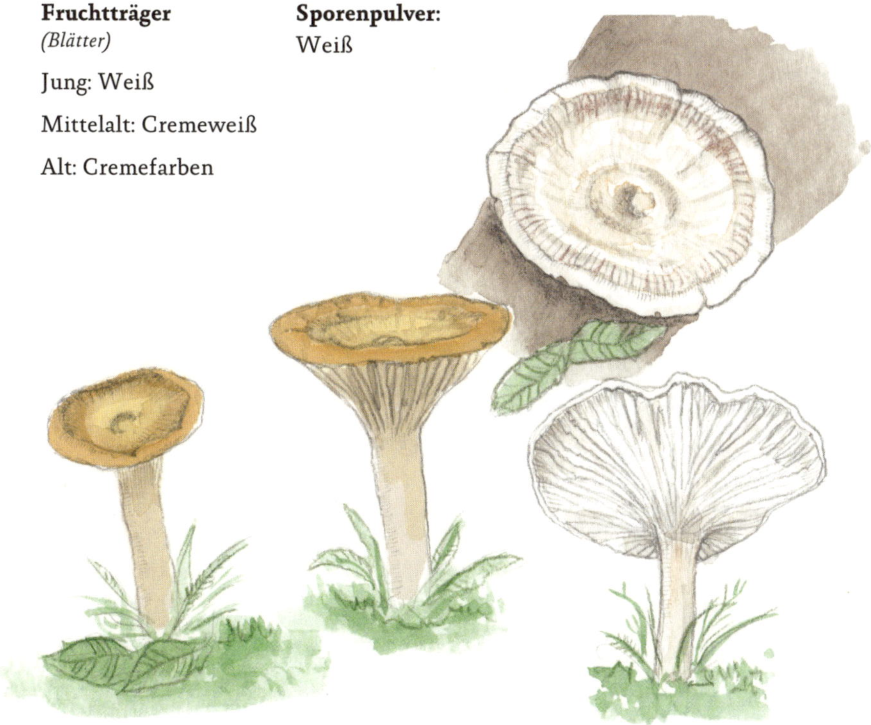

Gute Merkmale:	Fleisch weiß, zähfaserig, Stiel weiß überfasert, Hutrand bei alten Exemplaren gewellt
Geruch:	Süßlich *(Gerüche sind bei Pilzen nicht immer wahrnehmbar)*
Speisewert:	Kein Speisepilz, da es vereinzelt Berichte über Magen-/ Darmbeschwerden gibt
Bemerkungen:	Es ist umstritten, ob dieser Pilz genießbar oder giftig ist. Führen Sie keinen Selbsttest durch.

Lebensweise:	Zersetzerpilz	**Hauptsaison:**	Herbst
Umgebung:	Mischwälder, Hecken	**Untergrund:**	Humus

Bleiweißer Trichterling

Clitocybe phyllophila

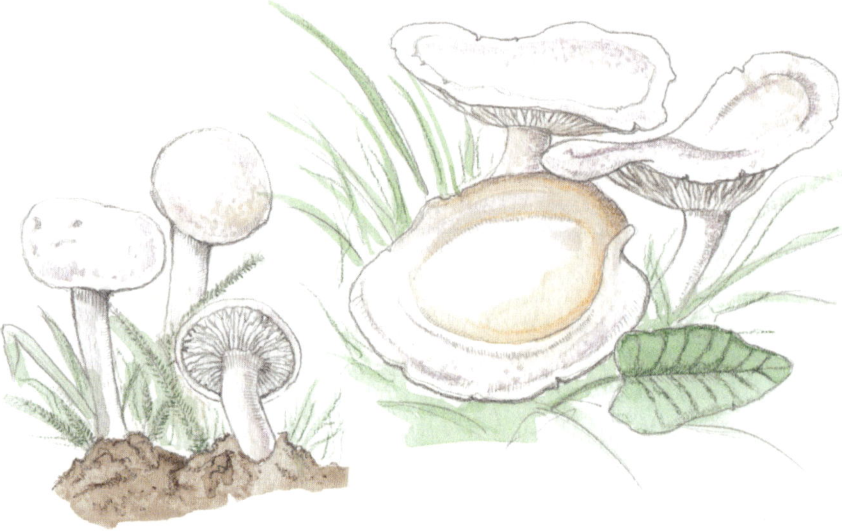

Fruchtträger
(Blätter)

Jung: Weiß

Mittelalt: Cremeweiß

Alt: Cremegelb

Sporenpulver:
Weiß

Gute Merkmale:	Fleisch im Hut zart braungrau, wässrig und zäh, Stiel weiß bereift oder überfasert
Geruch:	Süßlich fruchtig *(Gerüche sind bei Pilzen nicht immer wahrnehmbar)*
Speisewert:	Giftpilz, verursacht Ausfallerscheinungen bis zur Herzlähmung, dann tödlich
Bemerkungen:	Kann auch auf Rasen auftreten. Entfernen Sie dort alle weißen Pilze, wenn Sie Kinder haben.

Lebensweise:	Zersetzerpilz	**Hauptsaison:**	Herbst
Umgebung:	Nadelwälder, selten Laubwälder	**Untergrund:**	Humus auf nitrathaltigem Boden

Brennender Rübling

Gymnopus peronatus

Fruchtträger
(Blätter)

Jung: Gelblich

Mittelalt: Gelblich

Alt: Gelbbraun

Sporenpulver:
Weiß

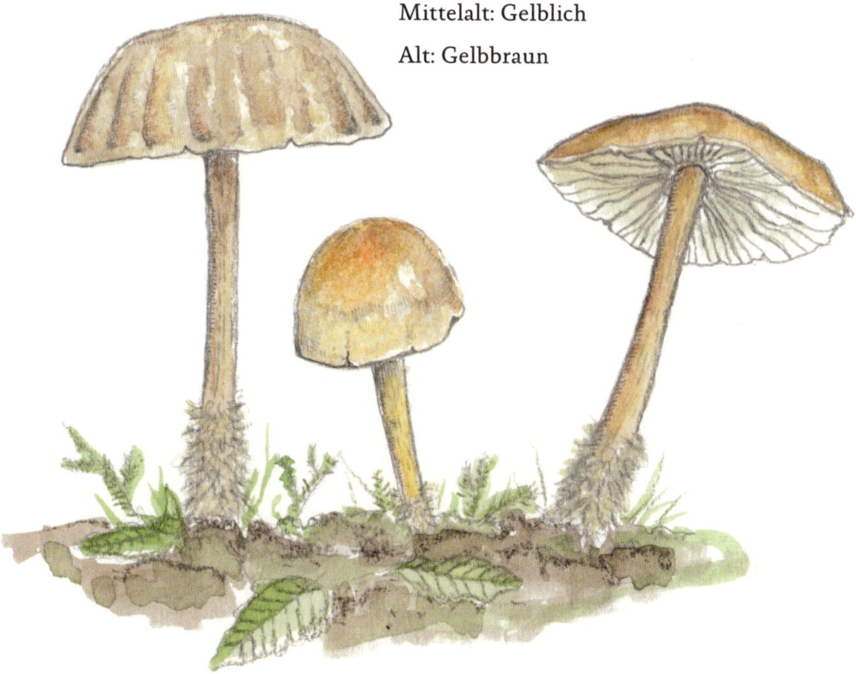

Gute Merkmale:	Beim Abreißen des Stiels entsteht ein Loch im Hut, Stielbasis mit Myzelfilz (Klobürste)
Geruch:	Unauffällig *(Gerüche sind bei Pilzen nicht immer wahrnehmbar)*
Speisewert:	Ungenießbar, möglicherweise auch schwach giftig
Bemerkungen:	Ist auch in weniger guten Pilzjahren recht häufig. An der „Klobürste" prima zu erkennen.

Lebensweise:	Zersetzerpilz	**Hauptsaison:**	Herbst
Umgebung:	Mischwälder, meist Buchen	**Untergrund:**	Humus unter Blätterstreu

Waldfreundrübling

Gymnopus dryophilus

Fruchtträger
(Blätter)

Jung: Weiß

Mittelalt: Blassbeige

Alt: Cremefarben

Sporenpulver:
Weiß

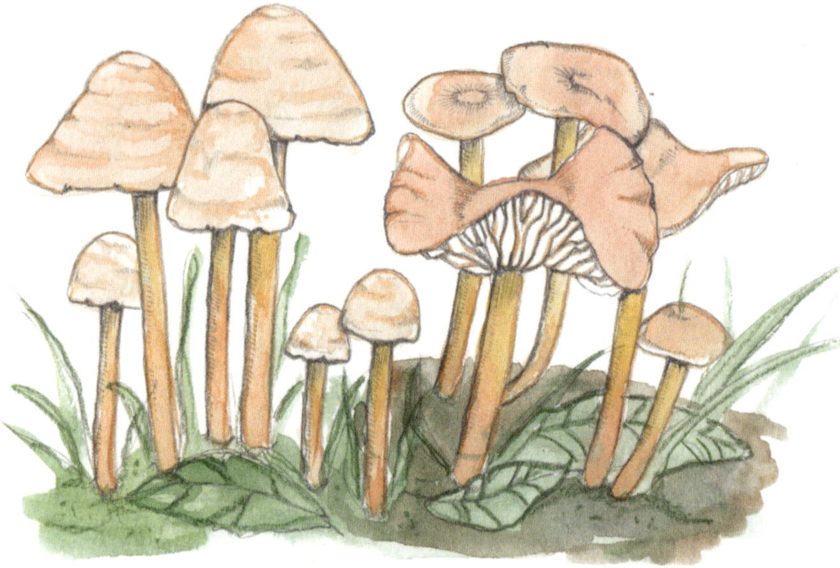

Gute Merkmale:	Fleisch gelblichweißlich, Blätter mit Burggraben, untermischt, Stiel zähfaserig
Geruch:	Holzig *(Gerüche sind bei Pilzen nicht immer wahrnehmbar)*
Speisewert:	Essbar im buchstäblichen Sinne, Streckpilz
Bemerkungen:	Einer dieser „essbaren" Pilze. Und ja, er schmeckt wirklich ganz intensiv nach nichts.

Lebensweise:	Zersetzerpilz	**Hauptsaison:**	Sommer
Umgebung:	Mischwälder	**Untergrund:**	Humus

Beringter Schleimrübling

Mucidula mucida

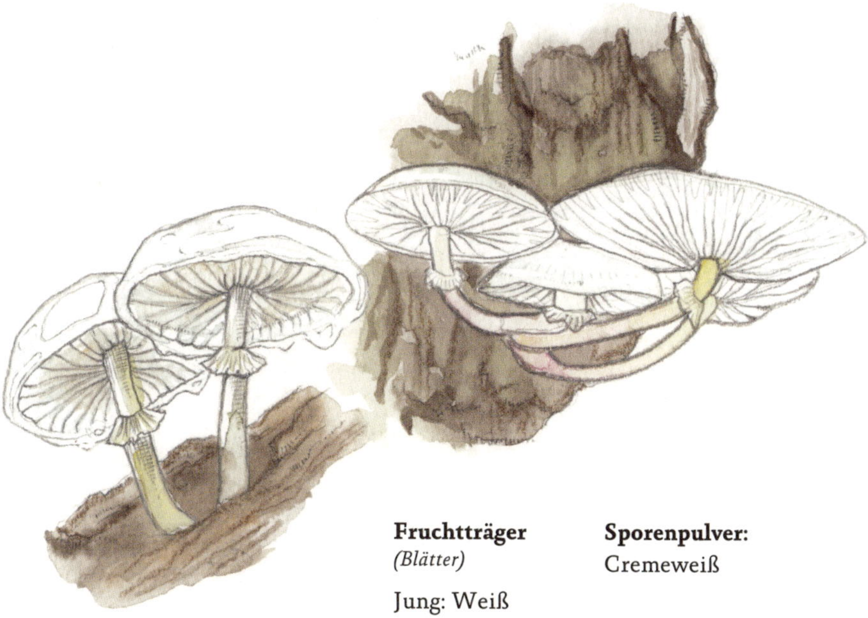

Fruchtträger
(Blätter)

Jung: Weiß

Mittelalt: Weiß

Alt: Hellgelb

Sporenpulver:
Cremeweiß

Gute Merkmale:	Fleisch weiß, Hut schleimig, Huthaut wie Gummi abziehbar, Stiel zäh mit häutigem Ring
Geruch:	Unauffällig *(Gerüche sind bei Pilzen nicht immer wahrnehmbar)*
Speisewert:	Essbar, aber dünnfleischig und schleimig
Bemerkungen:	Wird auch Porzellanpilz genannt.

Lebensweise:	Zersetzerpilz
Umgebung:	Laubwälder, fast immer Buche

Hauptsaison:	Herbst
Untergrund:	Totes Holz, auch stehende Bäume

Samtfußrübling

Flammulina velutipes

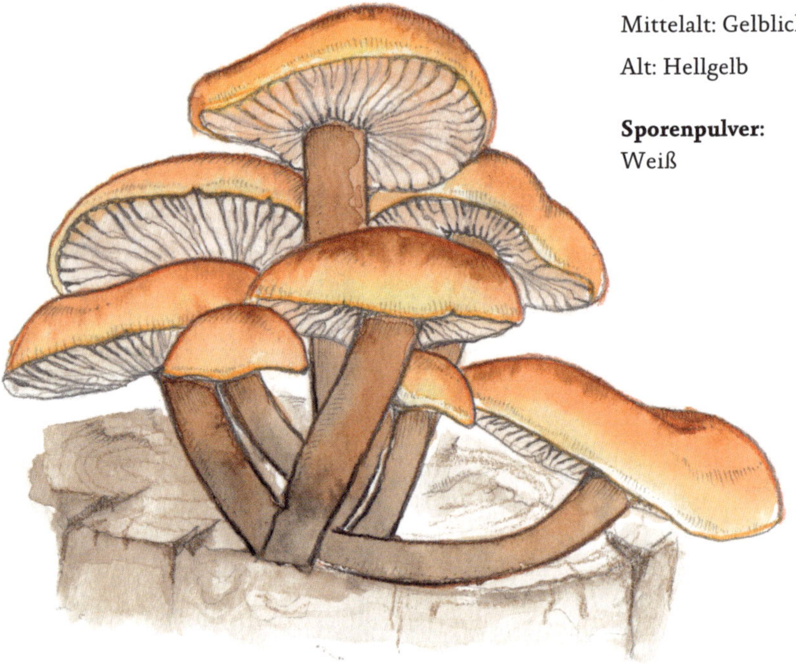

Fruchtträger
(Blätter)

Jung: Weißlich

Mittelalt: Gelblich

Alt: Hellgelb

Sporenpulver:
Weiß

Gute Merkmale:	Fleisch weißlich bis gelblich, Stiel gummifaserig, oben hell unt unten dunkler, büschelig
Geruch:	Pilzig *(Gerüche sind bei Pilzen nicht immer wahrnehmbar)*
Speisewert:	Speisepilz, mit süßlichem Wohlgeschmack
Bemerkungen:	Kann bei Unachtsamkeit mit Gifthäubling oder Tannenflämmling verwechselt werden

Lebensweise:	Zersetzerpilz	**Hauptsaison:**	Winter
Umgebung:	Laubbäume, auch einzelne	**Untergrund:**	Totes Laubholz

Violetter Lacktrichteling

Laccaria amethystina

Fruchtträger
(Blätter)

Jung: Violett

Mittelalt: Violett

Alt: Violett

Sporenpulver:
Weiß

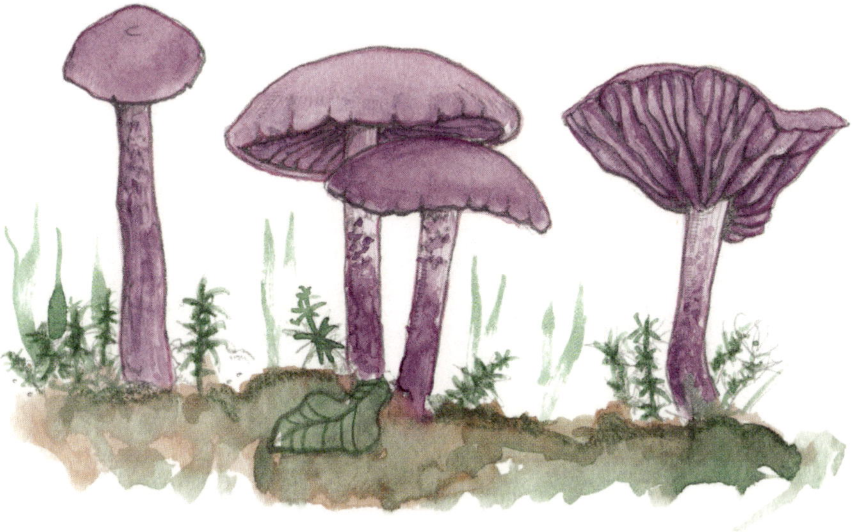

Gute Merkmale:	Komplett violett, bei Trockenheit ausbleichend, Blätter entfernt stehend, Stiel verdreht
Geruch:	Unauffällig *(Gerüche sind bei Pilzen nicht immer wahrnehmbar)*
Speisewert:	Speisepilz, nicht von allen gleich geschätzt
Bemerkungen:	Vorsicht vor Verwechslung mit dem Violetten Rettichhelmling!

Lebensweise:	Partnerpilz	**Hauptsaison:**	Herbst
Umgebung:	Mischwälder, eher Laubwald	**Untergrund:**	Humus unter Blätterstreu

Roter Lacktrichterling

Laccaria laccata

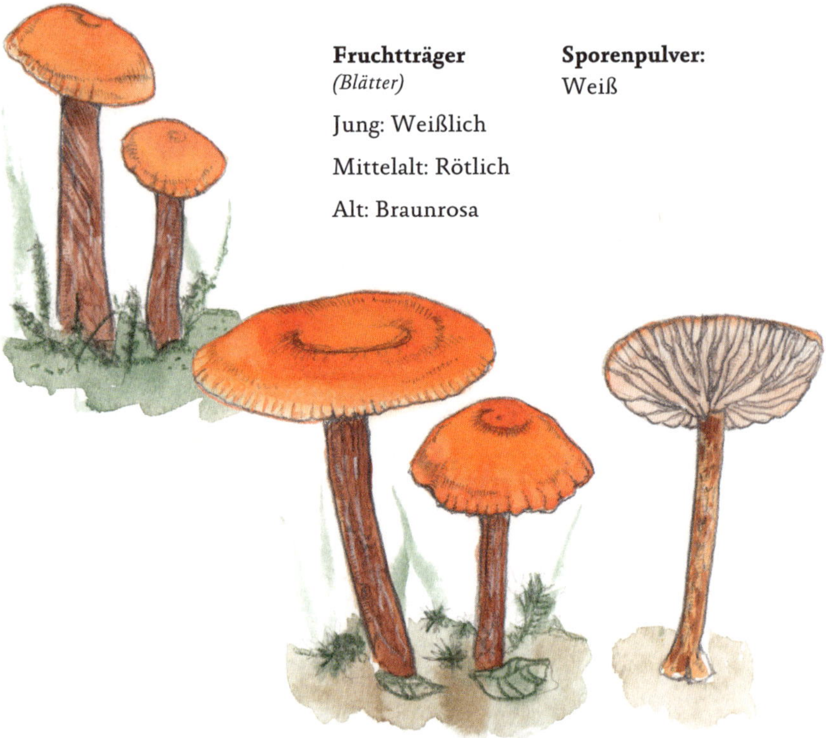

Fruchtträger
(Blätter)

Jung: Weißlich

Mittelalt: Rötlich

Alt: Braunrosa

Sporenpulver:
Weiß

Gute Merkmale:	Komplett rötlichbraun, ansonsten Merkmale des Violetten Lacktrichterlings
Geruch:	Zart parfümartig *(Gerüche sind bei Pilzen nicht immer wahrnehmbar)*
Speisewert:	Essbar. Am besten in Essig einlegen, dann schmeckt er nach Essig.
Bemerkungen:	Ähnelt oft anderen kleinen Pilzarten, daher in den Niederlanden auch „Fopzwam" genannt.

Lebensweise:	Partnerpilz	**Hauptsaison:**	Herbst
Umgebung:	Mischwälder	**Untergrund:**	Humus unter Nadel-/Blätterstreu

Fuchsiger Röteltrichterling

Paralepista flaccida

Fruchtträger
(Blätter)

Jung: Weißlich

Mittelalt: Fuchsig

Alt: Ocker

Sporenpulver:
Cremeweiß

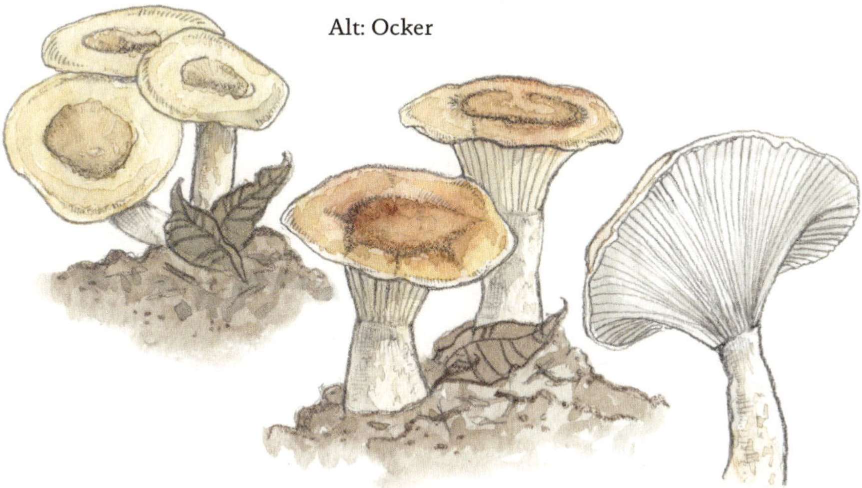

Gute Merkmale:	Fleisch hellcreme, Hut trichterförmig, Blätter dicht, gegabelt, herablaufend, Basis mit weißem Filz
Geruch:	Säuerlich *(Gerüche sind bei Pilzen nicht immer wahrnehmbar)*
Speisewert:	Kein Speisepilz, da Doppelgänger auf dem Vormarsch
Bemerkungen:	Im Zuge der Klimaerwärmung wandert der ähnliche, giftige Wohlriechende Trichterling ein.

Lebensweise:	Zersetzerpilz	**Hauptsaison:**	Herbst
Umgebung:	Mischwälder	**Untergrund:**	Humus

Wasserfleckiger Röteltrichterling

Paralepista gilva

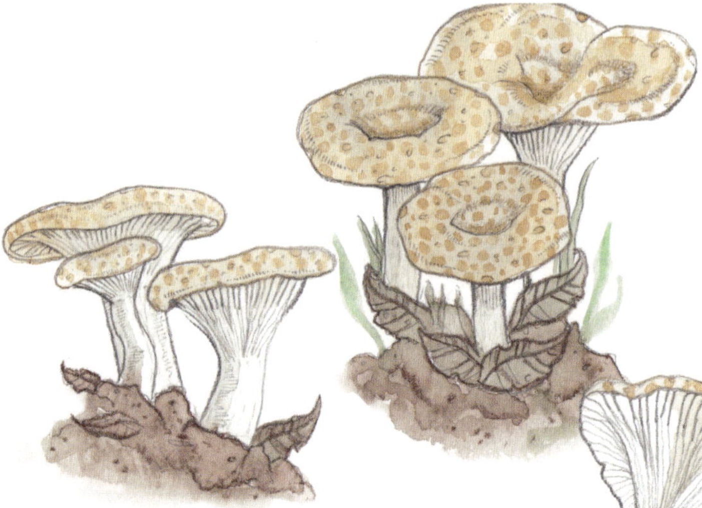

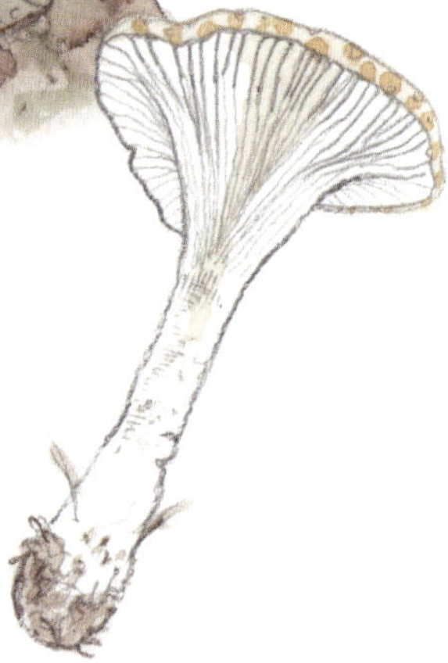

Fruchtträger
(Blätter)

Jung: Weißlich

Mittelalt: Fuchsig

Alt: Ocker

Sporenpulver:
Cremeweiß

Gute Merkmale:	Hut mit typischen „Wasserflecken“, ansonsten Merkmale des Fuchsigen Röteltrichterlings
Geruch:	Säuerlich *(Gerüche sind bei Pilzen nicht immer wahrnehmbar)*
Speisewert:	Kein Speisepilz
Bemerkungen:	Möglicherweise ist er nur eine Variante des Fuchsigen Röteltrichterlings.

Lebensweise:	Zersetzerpilz	**Hauptsaison:**	Herbst
Umgebung:	Mischwälder	**Untergrund:**	Humus

Violetter Rötelritterling

Lepista nuda

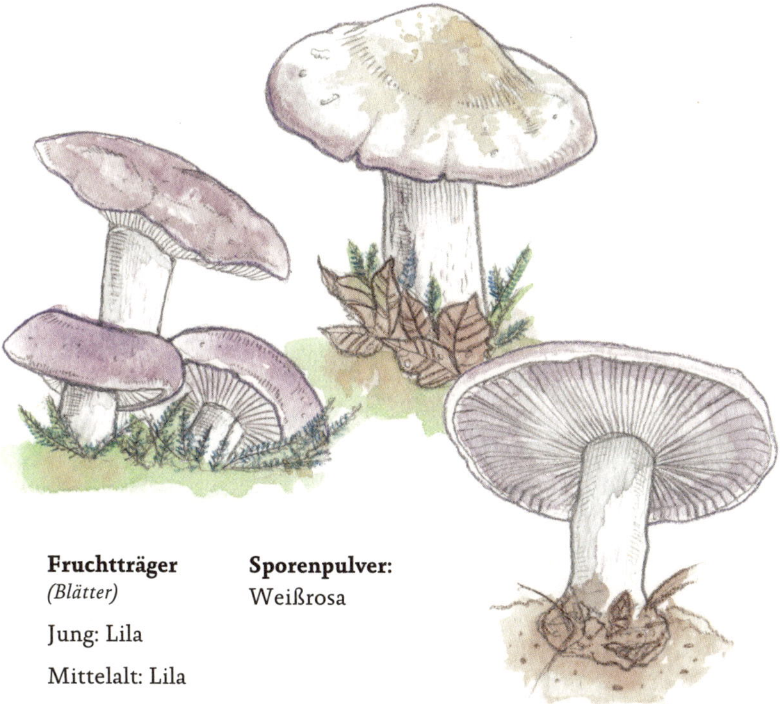

Fruchtträger
(Blätter)

Jung: Lila

Mittelalt: Lila

Alt: Lila

Sporenpulver:
Weißrosa

Gute Merkmale:	Fleisch lila, Hut ist kahl und glatt, Blätter mit schmalem Burggraben
Geruch:	Multivitaminsaft *(Gerüche sind bei Pilzen nicht immer wahrnehmbar)*
Speisewert:	Speisepilz, blutdrucksenkend, aber roh gifig
Bemerkungen:	Verwechslung möglich mit Lila Dickfuß, Bocksdickfuß und Nebelkappe.

Lebensweise:	Zersetzerpilz	**Hauptsaison:**	Herbst
Umgebung:	Misch- und Laubwälder	**Untergrund:**	Humus unter Blätterstreu

Nebelkappe

Clitocybe nebularis

Fruchtträger
(Blätter)

Jung:Weißlich

Mittelalt: Cremeweiß

Alt: Cremegelb

Sporenpulver:
Cremeweiß

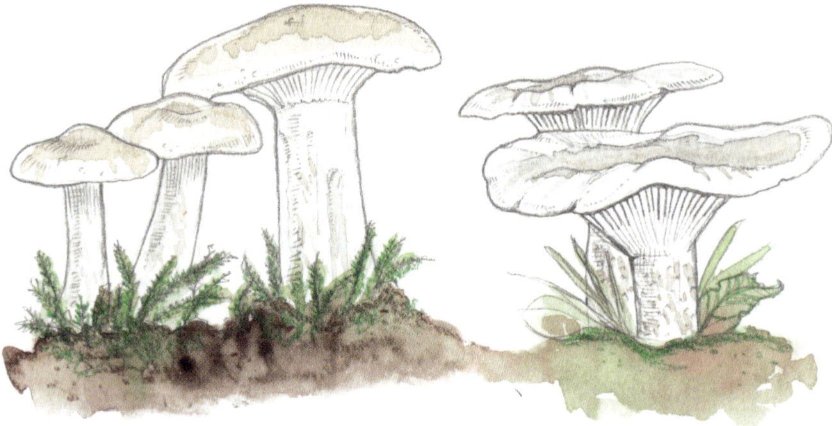

Gute Merkmale:	Fleisch weiß, Hutrand erst eingerollt, dann wellig, Blätter verschiebbar und ein Stück herablaufend
Geruch:	Rapsartig *(Gerüche sind bei Pilzen nicht immer wahrnehmbar)*
Speisewert:	Giftpilz, verursacht für ca. eine Woche Brechdurchfälle
Bemerkungen:	Im Herbst ein Massenpilz. Ein typischer „Wären-die-doch-nur-essbar-Pilz“

Lebensweise:	Zersetzerpilz	**Hauptsaison:**	Herbst
Umgebung:	Mischwälder	**Untergrund:**	Humus

Grünling

Tricholoma equestre

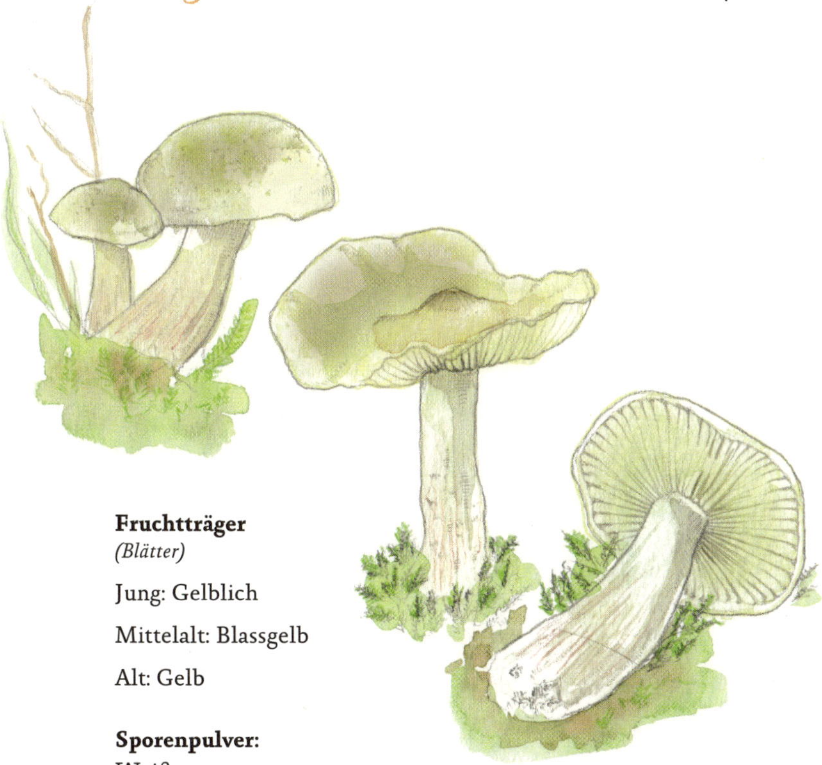

Fruchtträger
(Blätter)

Jung: Gelblich

Mittelalt: Blassgelb

Alt: Gelb

Sporenpulver:
Weiß

Gute Merkmale:	Fleisch gelblichweiß, Hut mit braunen Schüppchen, zur Mitte dunkler, Blätter dicht mit Burggraben
Geruch:	Mehl *(Gerüche sind bei Pilzen nicht immer wahrnehmbar)*
Speisewert:	Giftpilz, löst nach wiederholtem Verzehr Muskelzersetzung aus.
Bemerkungen:	Über seine Giftwirkung wissen wir seit 2001. In älteren Büchern wird er als essbar aufgeführt.

Lebensweise:	Partnerpilz	**Hauptsaison:**	Herbst
Umgebung:	Mischwälder, eher Nadelwald	**Untergrund:**	Nährstoffarme Böden

Seifenritterling

Tricholoma saponaceum

Fruchtträger
(Blätter)

Jung: Weiß

Mittelalt: Weißlich

Alt: Gelblich

Sporenpulver:
Weiß

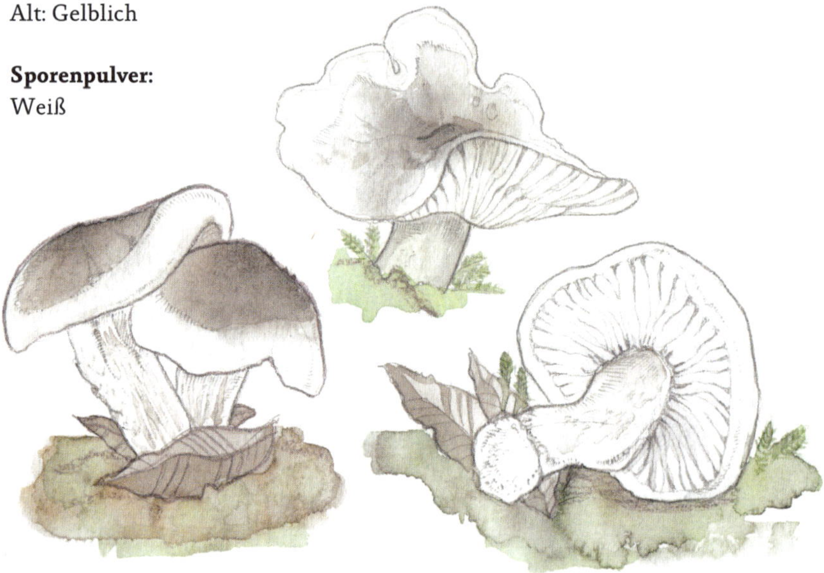

Gute Merkmale:	Fleisch gelblichweiß, im Stiel unten rötend, Hut fein geschuppt, Blätter mit Burggraben
Geruch:	Seifenlauge *(Gerüche sind bei Pilzen nicht immer wahrnehmbar)*
Speisewert:	Giftpilz, löst Verdauungsprobleme aus
Bemerkungen:	Die Älteren unter uns werden sich bei seinem Geruch an Omas Waschküche erinnert fühlen.

Lebensweise:	Partnerpilz	**Hauptsaison:**	Herbst
Umgebung:	Mischwälder	**Untergrund:**	Alle Böden

Schwefelritterling

Tricholoma sulphureum

Fruchtträger
(Blätter)

Jung: Gelblich

Mittelalt: Schwefelgelb

Alt: Schwefelgelb

Sporenpulver:
Weiß

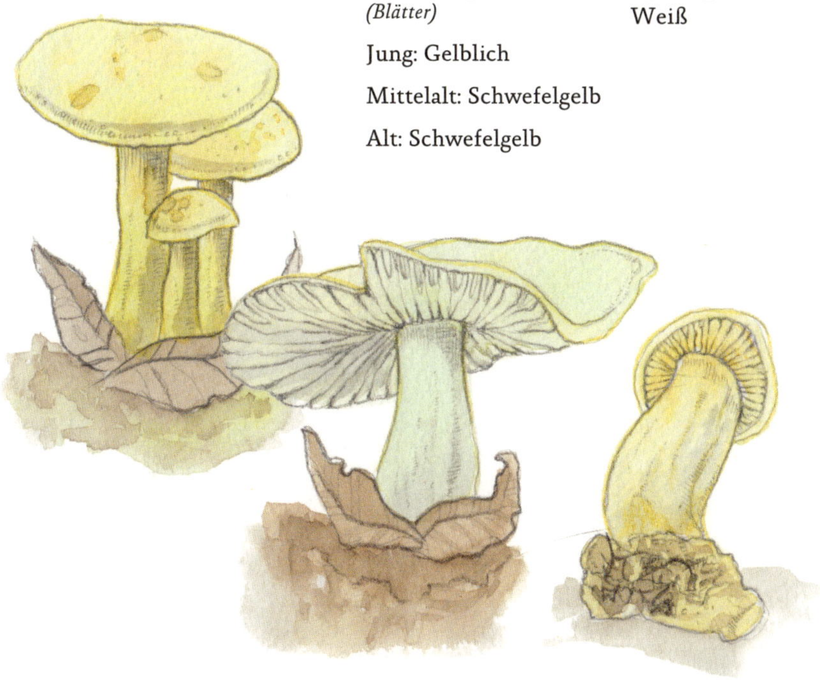

Gute Merkmale:	Fleisch hellgelb, Blätter mit Burggraben, einmal gerochen nicht mehr zu verwechseln
Geruch:	Leuchtgas *(Gerüche sind bei Pilzen nicht immer wahrnehmbar)*
Speisewert:	Giftpilz, löst Schwindel und Orientierungsprobleme aus
Bemerkungen:	Der Geruch ist absolut markant und bei Kenntnis das sicherste Bestimmungsmerkmal

Lebensweise:	Partnerpilz	**Hauptsaison:**	Herbst
Umgebung:	Mischwälder	**Untergrund:**	alle Böden, gerne kalkhaltig

Erdritterling

Tricholoma terreum

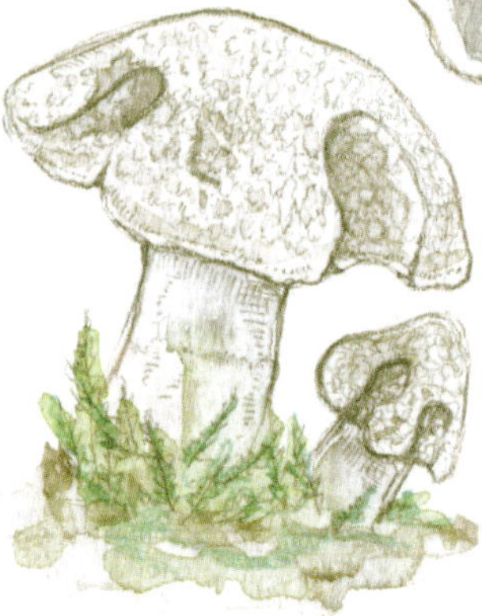

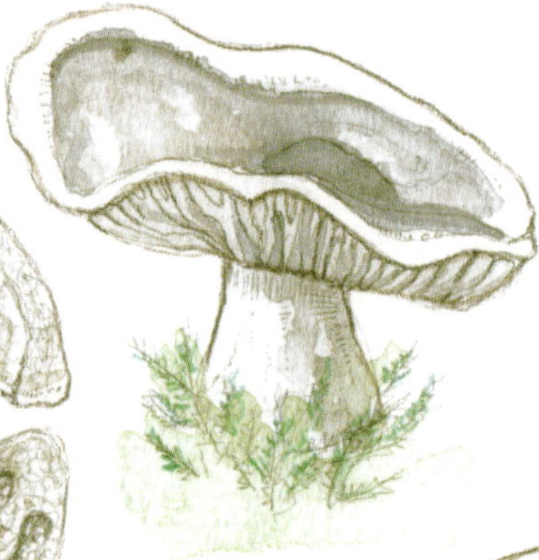

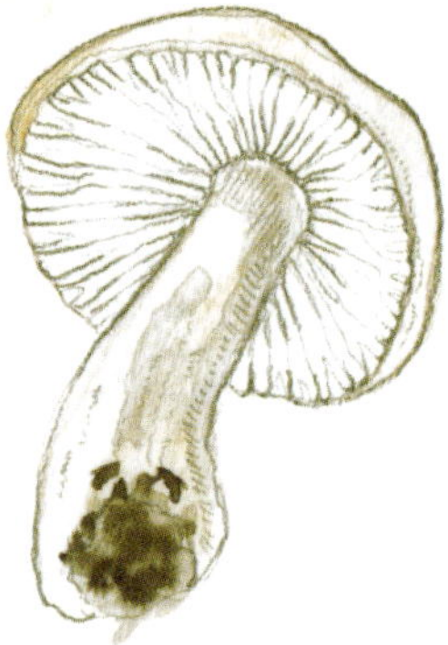

Fruchtträger
(Blätter)

Jung: Weißlich

Mittelalt: Grauweiß

Alt: Grauweiß

Sporenpulver:
Weiß

Gute Merkmale:	Fleisch weiß, Hut radialfaserig, leicht schuppig, mittig gebuckelt, Blätter mit Burggraben,
Geruch:	Unauffällig *(Gerüche sind bei Pilzen nicht immer wahrnehmbar)*
Speisewert:	Giftpilz, löst nach wiederholtem Verzehr Muskelzersetzung aus.
Bemerkungen:	Giftwirkung ist erst seit kurzem bekannt. Wie der Grünling galt er lange irrtümlich als essbar.

Lebensweise:	Partnerpilz	**Hauptsaison:**	Herbst
Umgebung:	Mischwälder, Wiesen	**Untergrund:**	Böden auf Sand und Kalkstein

Rötlicher Holzritterling

Tricholomopsis rutilans

Fruchtträger
(Blätter)

Jung: Hellgelb

Mittelalt: Gelb

Alt: Gelb

Sporenpulver:
Weiß

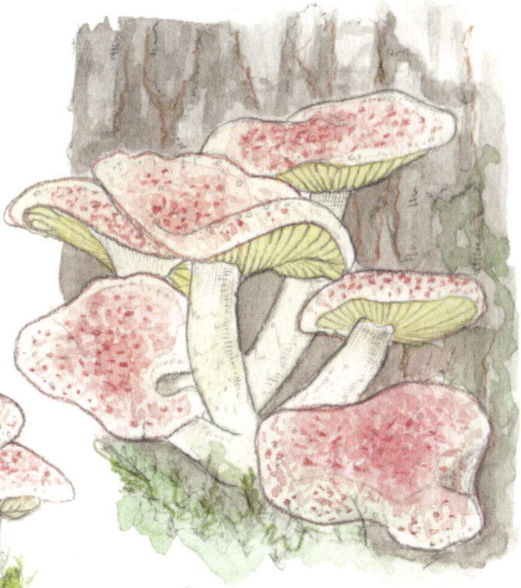

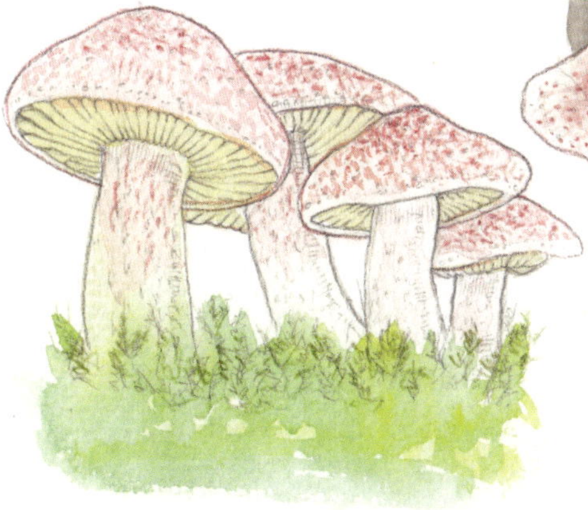

Gute Merkmale:	Fleisch blassgelb, Hut rotschuppig, Blätter mit Burggraben
Geruch:	Feuchtes Holz *(Gerüche sind bei Pilzen nicht immer wahrnehmbar)*
Speisewert:	Kein Speisepilz, schmeckt nach faulem Holz
Bemerkungen:	Ähnlich ist der Hübsche Holzritterling (T. decora) mit gelben statt roten Hutschuppen.

Lebensweise:	Zersetzerpilz	**Hauptsaison:**	Herbst
Umgebung:	Nadelwälder	**Untergrund:**	Totes Nadelholz

Violetter Rettichhelmling

Mycena pura

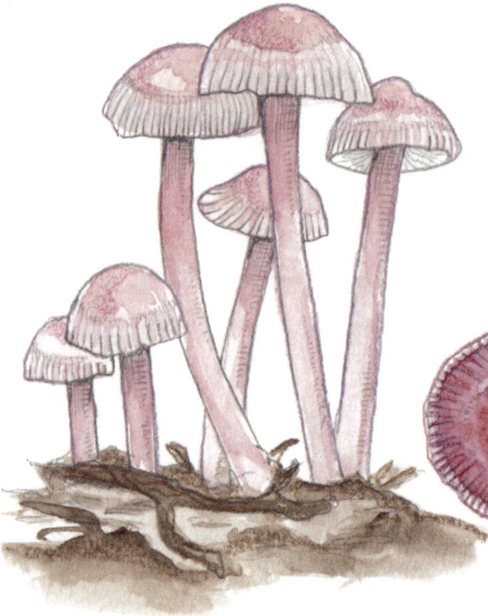

Fruchtträger
(Blätter)

Jung: Weiß

Mittelalt: Weißrosa

Alt: Weißrosa

Sporenpulver:
Weiß

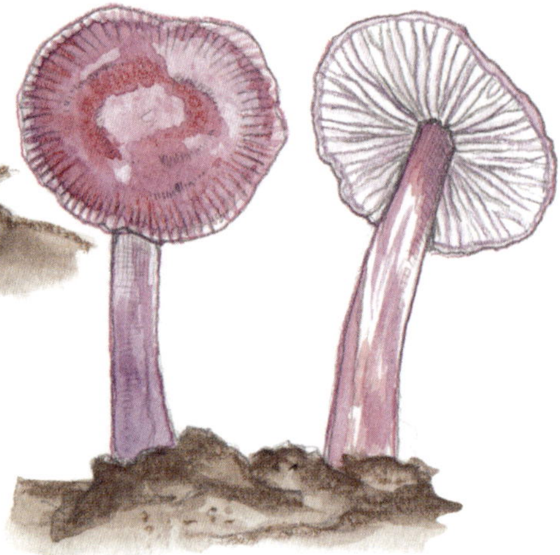

Gute Merkmale:	Fleisch hellgraulila, Hutrand gerieft, zum Rand hin blasser, Stiel unten weißfilzig
Geruch:	Rettich *(Gerüche sind bei Pilzen nicht immer wahrnehmbar)*
Speisewert:	Giftpilz, kann Brechdurchfälle und Verwirrungszustände verursachen
Bemerkungen:	Einer der häufigsten Pilze in Eifeler Wäldern.

Lebensweise:	Zersetzerpilz	**Hauptsaison:**	Herbst
Umgebung:	Mischwälder	**Untergrund:**	Humus

Rosa Rettichhelmling

Mycena rosea

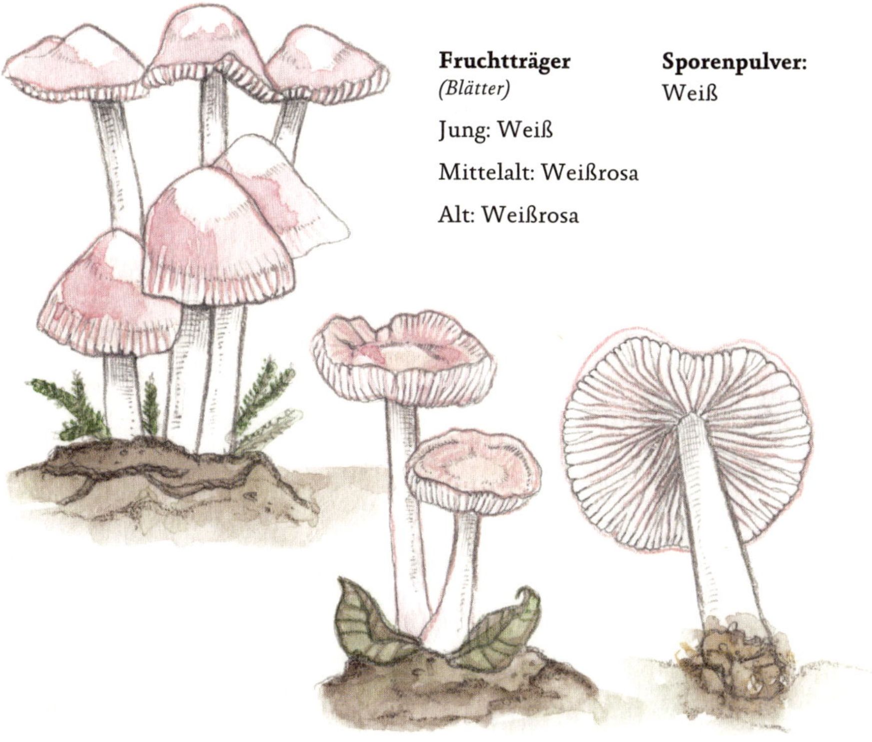

Fruchtträger
(Blätter)

Jung: Weiß

Mittelalt: Weißrosa

Alt: Weißrosa

Sporenpulver:
Weiß

Gute Merkmale:	Fleisch weißlichrosa, Hutrand gerieft, Blätterschneiden aufgehellt, Stiel unten weißfilzig
Geruch:	Rettich *(Gerüche sind bei Pilzen nicht immer wahrnehmbar)*
Speisewert:	Giftpilz, kann Brechdurchfälle verursachen
Bemerkungen:	Ähnlich ist der Schwarzschneidige Helmling mit dunklen Blätterschneiden.

Lebensweise:	Zersetzerpilz	**Hauptsaison:**	Herbst
Umgebung:	Mischwälder	**Untergrund:**	Humus

Saitenstieliger Knoblauchschwindling

Mycetinis alliaceus

Fruchtträger
(Blätter)

Jung: Cremeweiß

Mittelalt: Grauweiß

Alt: Schmutziggrau

Sporenpulver:
Weiß

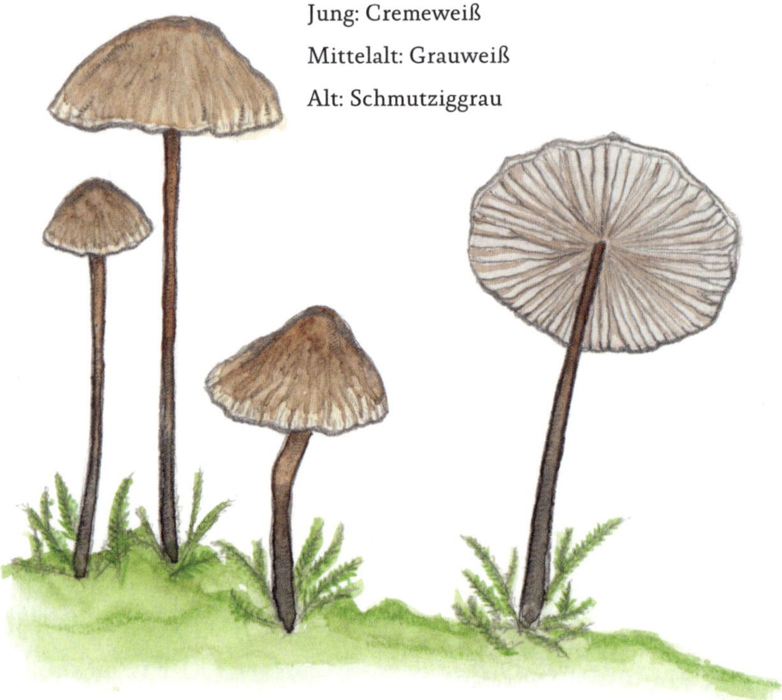

Gute Merkmale:	Fleisch blass braungau, Stiel dünn und hart, wie eine Saite, Basis filzig, Hut runzelig und gerieft
Geruch:	Knoblauch *(Gerüche sind bei Pilzen nicht immer wahrnehmbar)*
Speisewert:	Essbar, aber nur als Würzpilz in geringen Mengen
Bemerkungen:	Ein Fruchtkörper im Korb, und es begleitet Sie eine Wolke aus intensivem Knoblauchgeruch.

Lebensweise:	Zersetzerpilz	**Hauptsaison:**	Herbst
Umgebung:	Laubwälder	**Untergrund:**	Totes Holz, auch vergrabenes

Feldschwindling, Nelkenschwindling

Marasmius oreades

Fruchtträger
(Blätter)

Jung: Weißlich

Mittelalt: Gelbbraun

Alt: Hellbraun

Sporenpulver:
Weiß

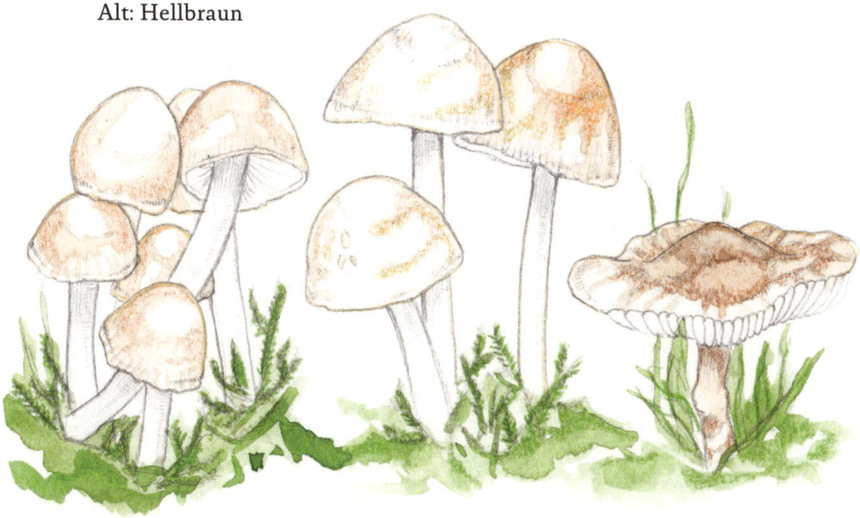

Gute Merkmale:	Fleisch cremeweißlich, etwas zäh, Stiel knorpelig, Basis dunkler, Hut gebuckelt mit blumigem Rand
Geruch:	Variabel, angenehm *(Gerüche sind bei Pilzen nicht immer wahrnehmbar)*
Speisewert:	Speisepilz, beliebter Suppenpilz
Bemerkungen:	Verwechslungsgefahr mit Brennendem Rübling, Waldfreundrübling und Risspilzen

Lebensweise:	Zersetzerpilz	**Hauptsaison:**	Herbst
Umgebung:	Wiesen, Weiden, Rasenflächen	**Untergrund:**	Humus

Küchen- / Knoblauchschwindling

Marasmius scorodonius

Fruchtträger
(Blätter)

Jung: Hellbraun

Mittelalt: Hellbraun

Alt: Hellbraun

Sporenpulver:
Weiß

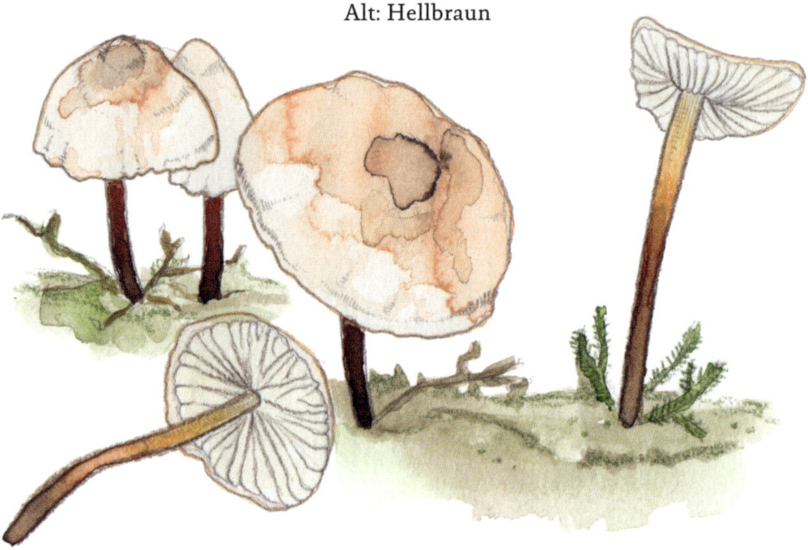

Gute Merkmale:	Fleisch hellgelbbraun, zur Basis dunkler, Stiel rotbraun und faserig zäh, Hut matt und runzelig
Geruch:	Knoblauch *(Gerüche sind bei Pilzen nicht immer wahrnehmbar)*
Speisewert:	Speisepilz, sehr beliebter Würzpilz
Bemerkungen:	Ein fabelhafter Knoblauchersatz, da er keine Knobi-Ausdünstungen hervorruft

Lebensweise:	Zersetzerpilz	**Hauptsaison:**	Herbst
Umgebung:	Mischwälder, Wiesen	**Untergrund:**	Nadelstreu, Totholzreste

Ölbaumpilz

Omphalotus olearius

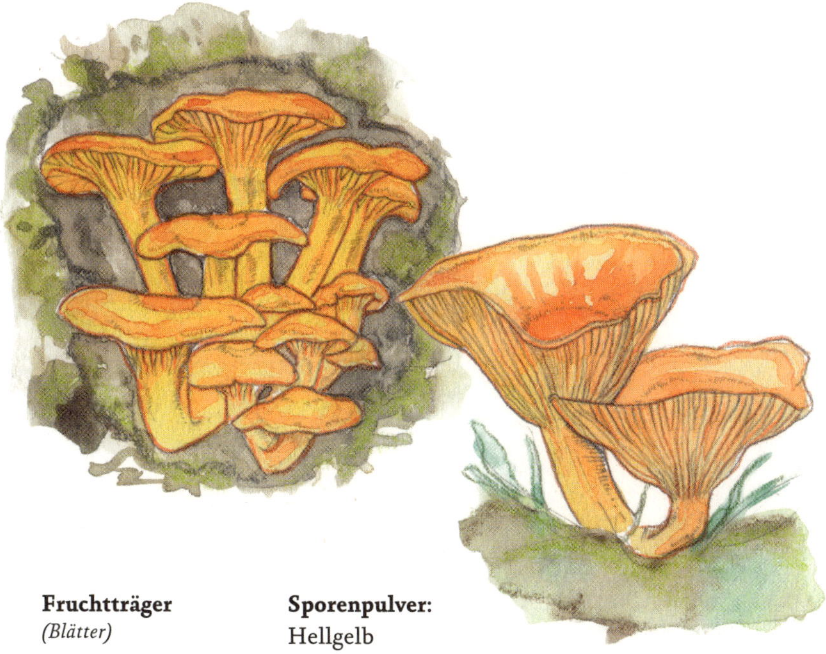

Fruchtträger
(Blätter)

Jung: Goldgelb

Mittelalt: Goldgelb

Alt: Braungelb

Sporenpulver:
Hellgelb

Gute Merkmale:	Fleisch gelb, Blätter herablaufend, Hutrand noch lange eingerollt, Fruchtkörper leuchten im Dunkeln
Geruch:	Nadelholz *(Gerüche sind bei Pilzen nicht immer wahrnehmbar)*
Speisewert:	Giftpilz, löst heftige, langanhaltende Brechdurchfälle aus
Bemerkungen:	Einwandernde Art. Durch die Klimaerwärmung wird er in Deutschland immer häufiger.

Lebensweise:	Zersetzerpilz	**Hauptsaison:**	Herbst
Umgebung:	Laubbäume	**Untergrund:**	Totes Laubholz, auch vergrabenes

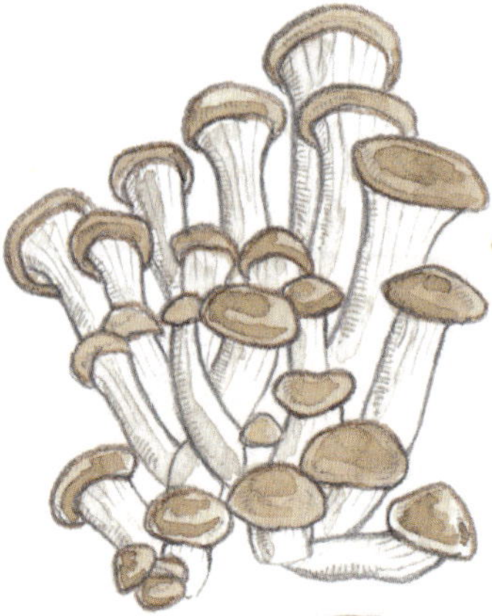

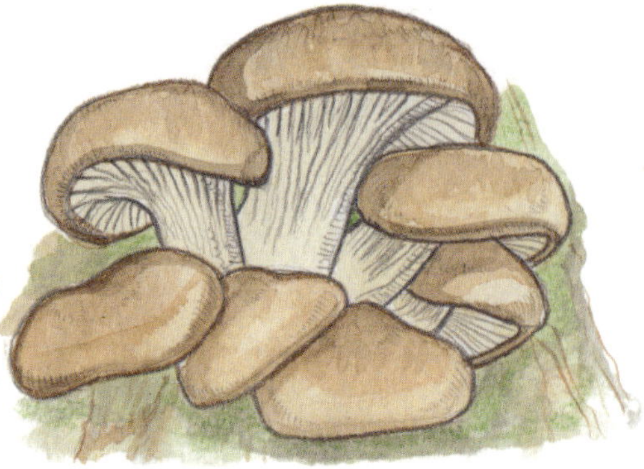

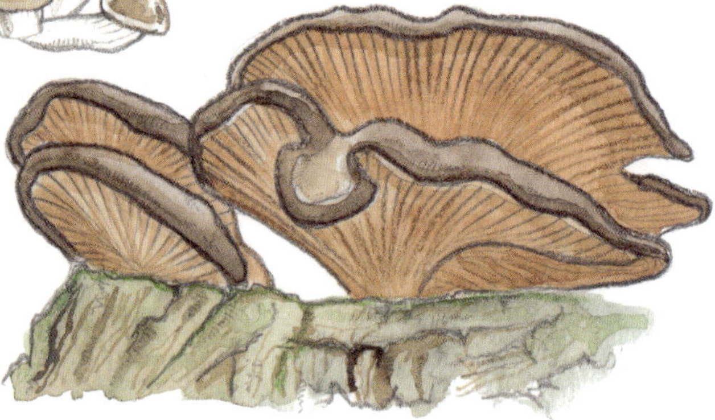

Austern-seitling

Austernseitling

Pleurotus ostreatus

Sie gehören zu den frühen bekannten und beliebten Zuchtpilzen. Ihr Fruchtfleisch ist ergiebig und wohlschmeckend. Wer sie selbst einmal in freier Natur sammeln möchte, sollte in der kalten Jahreszeit, so von November bis Februar, liegende Buchenstämme und – stümpfe absuchen. Sie wachsen zwar auch an stehendem Alt- und Totholz, doch zumeist in so großer Höhe, dass Sie ihrer schwierig habhaft werden können. Einfacher ist es, die umfangreichen Angebote zum Selberzüchten anzunehmen, was gerade bei Austernseitlingen recht unkompliziert möglich ist.

Gute Merkmale:	Fleisch weiß, zäh, Stiel kurz und seitlich ansetzend, Blätter herablaufend, aber nicht bis zur Stielbasis
Geruch:	Würzig *(Gerüche sind bei Pilzen nicht immer wahrnehmbar)*
Speisewert:	Speisepilz, gilt als wohlschmeckend, roh giftig
Bemerkungen:	Deutlich wohlschmeckender als seine Zuchtformen. Roh mit blutzersetzenden Stoffen.

Fruchtträger: *(Blätter)*

Jung: Weiß

Mittelalt: Weißlich

Alt: Gelblich

Sporenpulver:
Weiß

Lebensweise:	Zersetzerpilz
Hauptsaison	Winter
Umgebung	Laubwälder
Untergrund:	Totes Laubholz

Rehbrauner Dachpilz

Pluteus cervinus

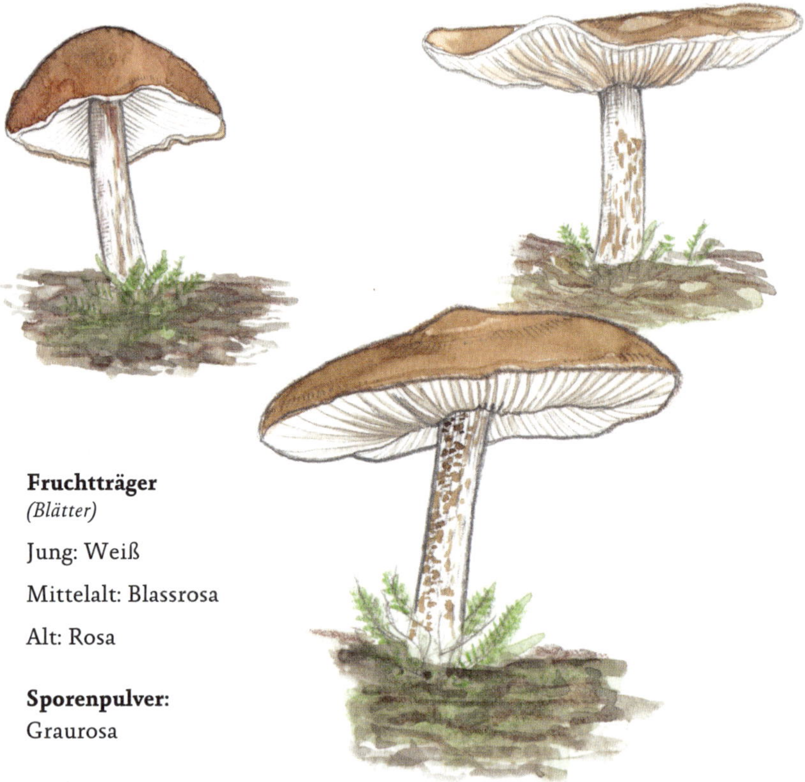

Fruchtträger
(Blätter)

Jung: Weiß

Mittelalt: Blassrosa

Alt: Rosa

Sporenpulver:
Graurosa

Gute Merkmale:	Fleisch cremeweiß, Hut faserig, Stiel ringlos, hell, in Hutfarbe überfasert
Geruch:	Kartoffelkeller *(Gerüche sind bei Pilzen nicht immer wahrnehmbar)*
Speisewert:	Essbar, als Mischpilz durchaus in Betracht zu ziehen
Bemerkungen:	Kann mit dem schwach giftigen Grauen Dachpilz verwechselt werden

Lebensweise:	Zersetzerpilz	**Hauptsaison:**	Sommer
Umgebung:	Alle Wälder	**Untergrund:**	Totes Holz

Mehlräsling

Clitopilus prunulus

Fruchtträger
(Blätter)

Jung: Weiß

Mittelalt: Gelblichrosa

Alt: Rosa

Sporenpulver:
Braunrosa

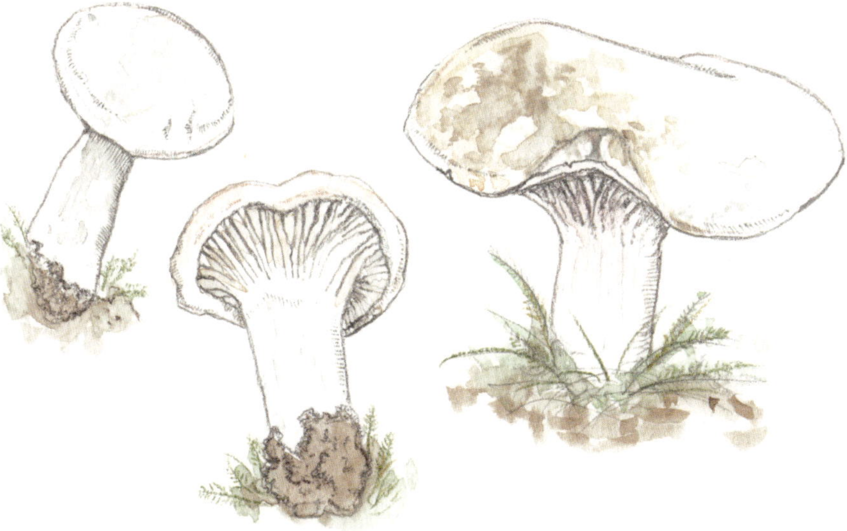

Gute Merkmale:	Fleisch weiß, Blätter herablaufend, Hut samtig
Geruch:	Mehl/Gurke *(Gerüche sind bei Pilzen nicht immer wahrnehmbar)*
Speisewert:	Speisepilz, aber erst bei Sporenreife und durch Geruch sicher zu bestimmen!
Bemerkungen:	Hohe Verwechslungsgefahr mit dem Feldtricherling und dem Bleiweißen Trichterling!

Lebensweise:	Partnerpilz	**Hauptsaison:**	Sommer
Umgebung:	Mischwälder	**Untergrund:**	Kalkarmer, saurer Boden

Riesenrötling

Entoloma sinuatum

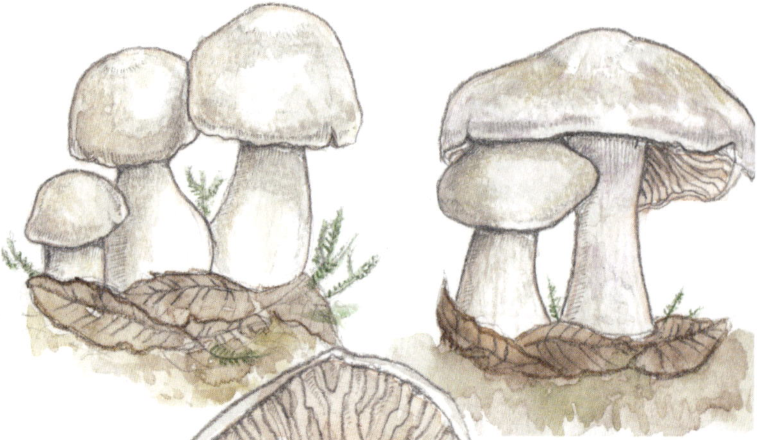

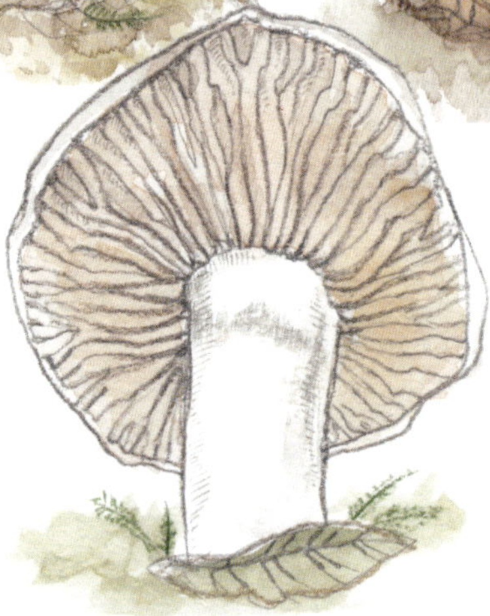

Fruchtträger
(Blätter)

Jung: Hellgelb

Mittelalt: Gelbrosa

Alt: Rotocker

Sporenpulver:
Fleischrosa

Gute Merkmale:	Fleisch weiß, Blätter untermischt, queraderig
Geruch:	Säuerlich *(Gerüche sind bei Pilzen nicht immer wahrnehmbar)*
Speisewert:	Giftpilz, erzeugt extrem heftige, bisweilen tödliche Vergiftungen
Bemerkungen:	Vorkommen gipfelt im Herbst, ist aber stets bereits im Frühling präsent

Lebensweise:	Partnerpilz	**Hauptsaison:**	Herbst
Umgebung:	Laubbäume	**Untergrund:**	Boden auf Lehm und Kalkstein

Erdblättriger Risspilz *Inocybe geophylla*

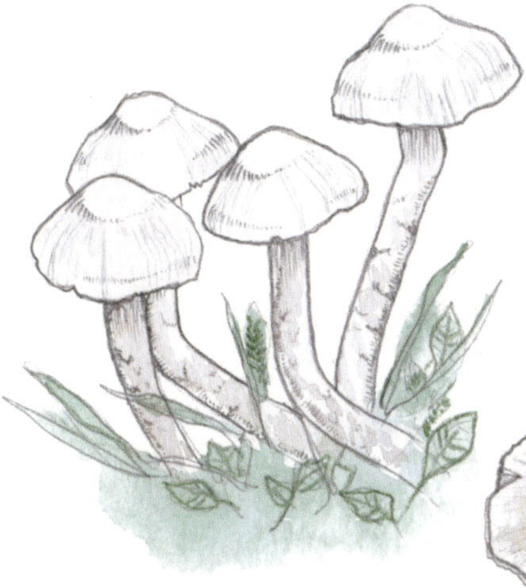

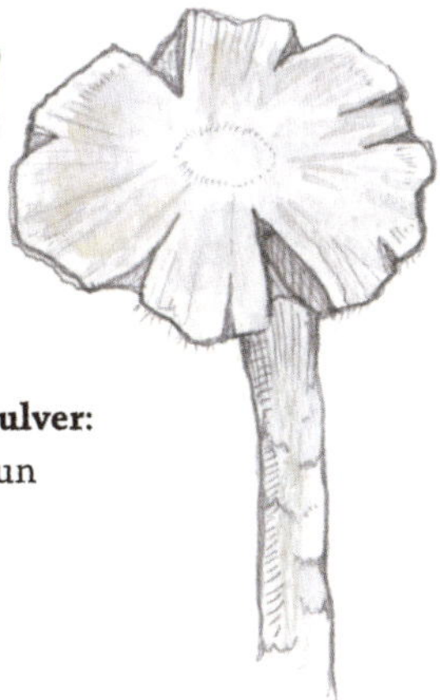

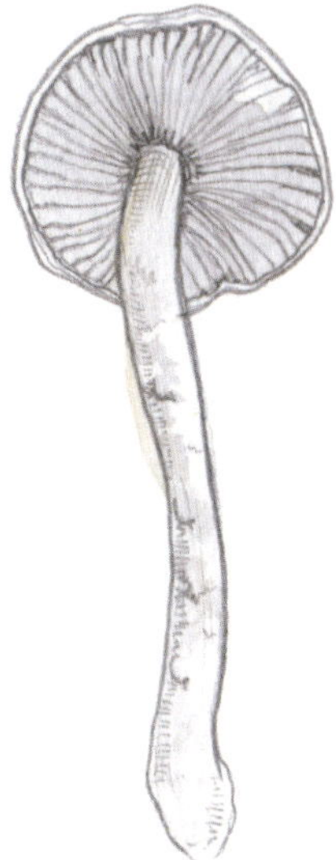

Fruchtträger
(Blätter)

Jung: Weiß

Mittelalt: Beige

Alt: Hellkaffeebraun

Sporenpulver:
Graubraun

Gute Merkmale:	Fleisch weiß, Hut gebuckelt, Milchkaffeefarbene Blätter
Geruch:	Sperma *(Gerüche sind bei Pilzen nicht immer wahrnehmbar)*
Speisewert:	Giftpilz, verursacht heftige Brechdurchfälle, Todesfälle sind bislang nicht dokumentiert
Bemerkungen:	Seine Fruchtkörper begegnen uns häufig an den Rändern von Waldwegen

Lebensweise:	Partnerpilz	**Hauptsaison:**	Herbst
Umgebung:	Mischwälder, oft am Wegrand	**Untergrund:**	Feuchte Erde

Ziegelroter Risspilz, Mairisspilz

Inosperma erubescens

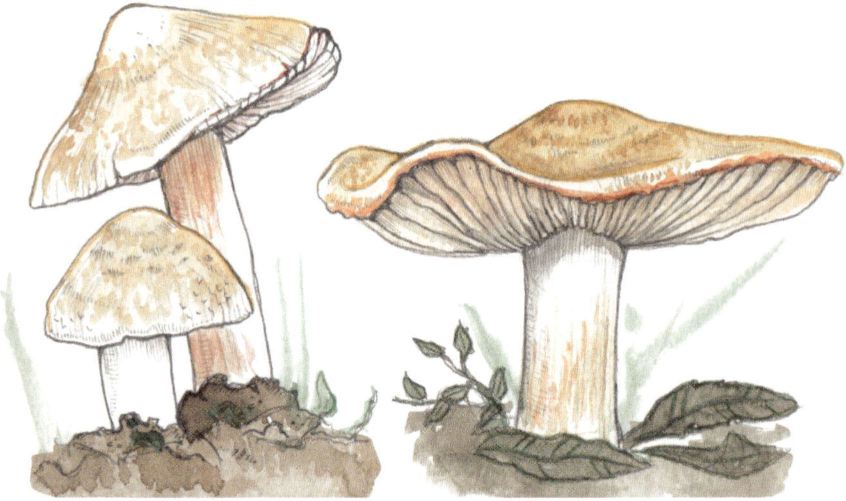

Fruchtträger
(Blätter)

Jung: Cremeweiß

Mittelalt: Rosa

Alt: Braun

Sporenpulver:
Dunkelbraun

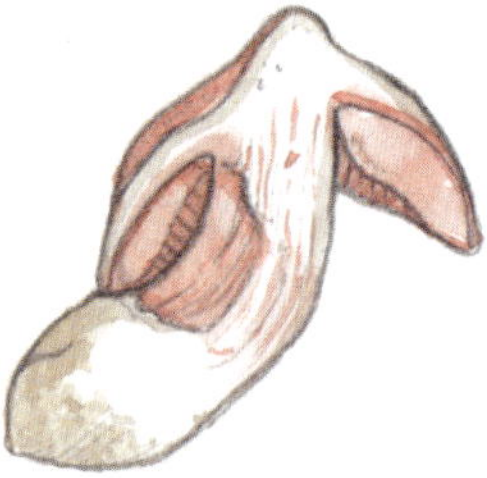

Gute Merkmale:	Fleisch weiß, Hut gebuckelt, faserig, oft rissig
Geruch:	Sperma oder Obst *(Gerüche sind bei Pilzen nicht immer wahrnehmbar)*
Speisewert:	Giftpilz, verursacht heftige Brechdurchfälle, Todesfälle durch Blutdruckabfall und Atemnot
Bemerkungen:	Verlassen Sie sich auf keinen Fall darauf, dass er nur im Frühling zu finden sei!

Lebensweise:	Partnerpilz	**Hauptsaison:**	Frühling
Umgebung:	Laub- und Mischwälder	**Untergrund:**	Boden auf Kalkstein

Orangefuchsiger Raukopf

Cortinarius orellanus

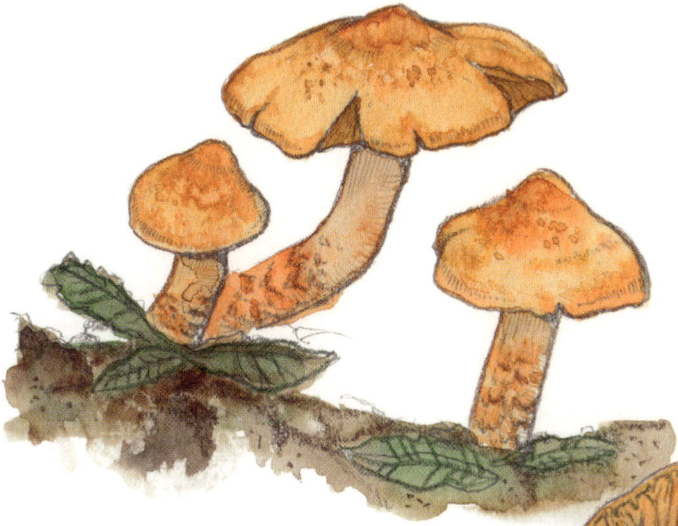

Fruchtträger
(Blätter)

Jung: Gelb

Mittelalt: Orangebraun

Alt: Zimtbraun

Sporenpulver:
Zimtbraun

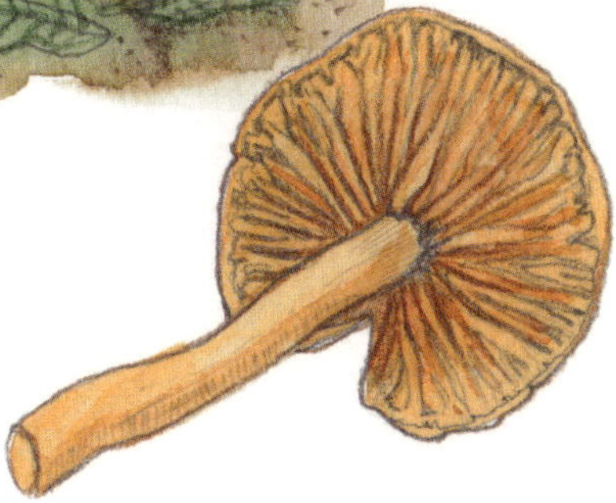

Gute Merkmale:	Fleisch gelblich mit rostbraunen Rändern, Blätter untermischt
Geruch:	Rettich *(Gerüche sind bei Pilzen nicht immer wahrnehmbar)*
Speisewert:	Giftpilz, verusacht tödliches Nierenversagen nach langer Latenz
Bemerkungen:	Vorsicht: Ganz junge Exemplare ähneln gleichjungen Pfifferlingen!

Lebensweise:	Partnerpilz	**Hauptsaison:**	Herbst
Umgebung:	Laub-, Misch- und Nadelwälder	**Untergrund:**	Boden auf Sand

Schöngelber Klumpfuß *Cortinarius splendens*

Fruchtträger
(Blätter)

Jung: Gelb

Mittelalt: Schmutziggelb

Alt: Gelbbraun

Sporenpulver:
Rostbraun

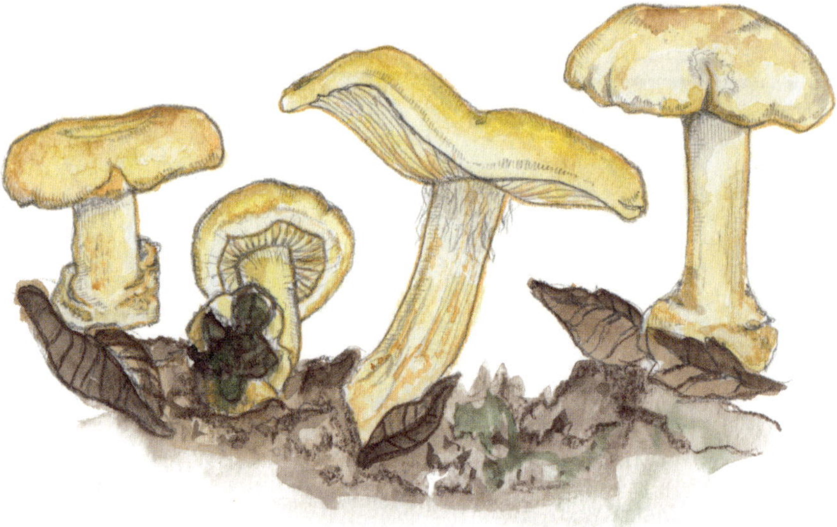

Gute Merkmale:	Fleisch gelb, Stiel mit gerandeter Knolle, Ring nur ein vergänglicher Haarschleier
Geruch:	Widerlich *(Gerüche sind bei Pilzen nicht immer wahrnehmbar)*
Speisewert:	Giftpilz, verursacht tödliches Leberversagen
Bemerkungen:	Diese Art ist von ähnlicher Giftigkeit wie der Grüne Knollenblätterpilz.

Lebensweise:	Partnerpilz	**Hauptsaison:**	Herbst
Umgebung:	Laubwälder	**Untergrund:**	Boden auf Kalkstein

Lila Dickfuß

Cortinarius traganus

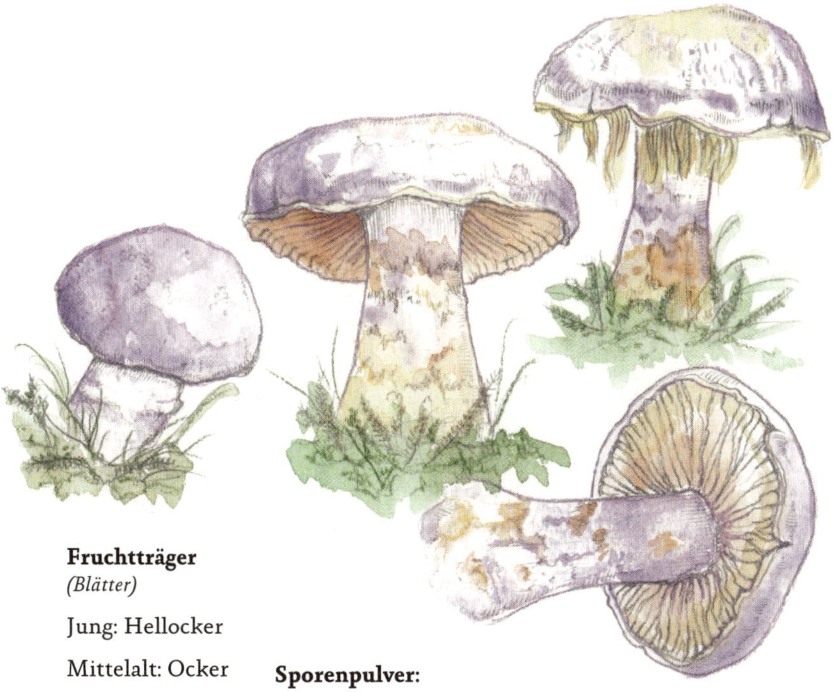

Fruchtträger
(Blätter)

Jung: Hellocker

Mittelalt: Ocker

Alt: Zimtbraun

Sporenpulver:
Rostbraun

Gute Merkmale:	Fleisch safrangelbbraun, Stiel keulig, Blätter buckelig, Ring als vergänglicher Haarschleier
Geruch:	Stechend *(Gerüche sind bei Pilzen nicht immer wahrnehmbar)*
Speisewert:	Giftpilz, verursacht nach 1/2 bis 3 Stunden eine üble Magen-Darm-Geschichte
Bemerkungen:	Ähnlich, doch mit lila Fleisch, ist der Bocksdickfuß, der nach Ziegenbock und Käsfüß stinkt.

Lebensweise:	Partnerpilz	**Hauptsaison:**	Herbst
Umgebung:	Mischwälder, häufig bei Fichten	**Untergrund:**	Kalkarmer, saurer Boden

Ziegelgelber Schleimkopf

Cortinarius varius

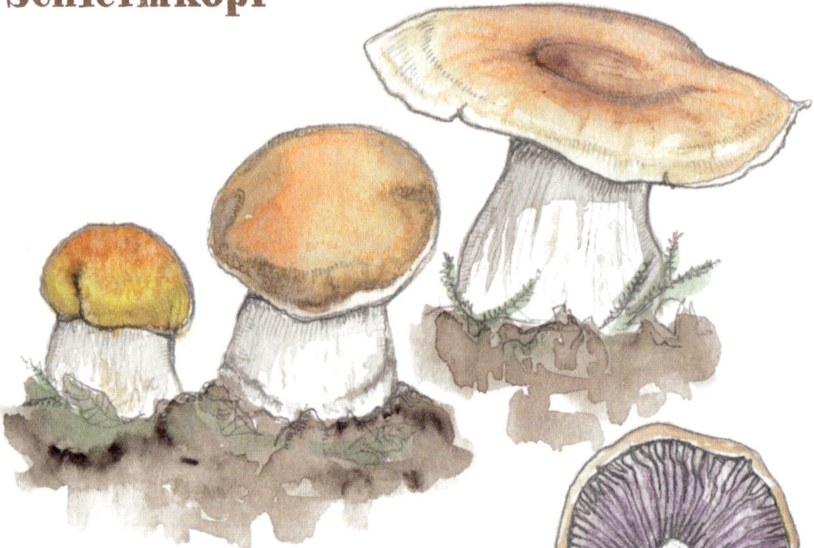

Fruchtträger
(Blätter)

Jung: Lila

Mittelalt: Schmutziglila

Alt: Zimtbraun

Sporenpulver:
Rostbraun

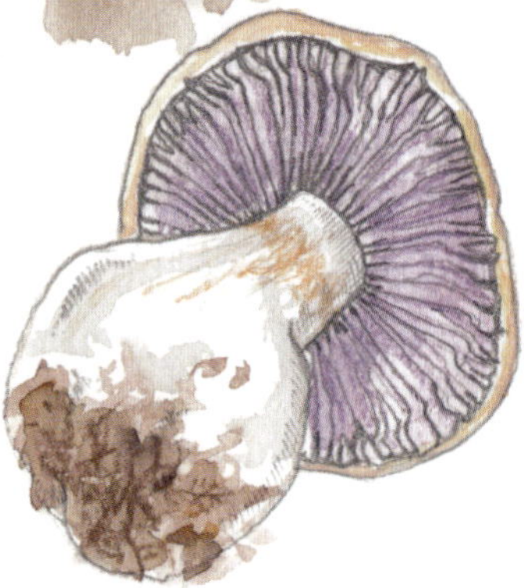

Gute Merkmale:	Fleisch weiß, Blätter dicht und untermischt, der Ring ist ein vergänglicher Haarscheier
Geruch:	Unauffällig *(Gerüche sind bei Pilzen nicht immer wahrnehmbar)*
Speisewert:	Speisepilz, erfordert Erfahrung und Sicherheit
Bemerkungen:	Verwechslungen können tödlich enden. Meiden Sie als Anfänger alle Schleierlinge!

Lebensweise:	Partnerpilz	**Hauptsaison:**	Herbst
Umgebung:	Nadelwälder	**Untergrund:**	Humus auf Kalkstein

Tannenflämmling

Gymnopilus sapineus

Fruchtträger
(Blätter)

Jung: Hellgelb

Mittelalt: Orangebraun

Alt: Rostbraun

Sporenpulver:
Rostbraun

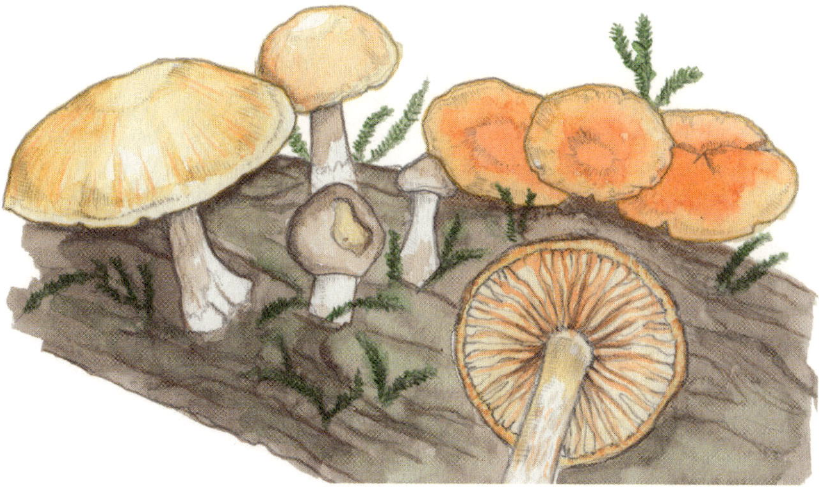

Gute Merkmale:	Fleisch gelblich, faserig, Hut samtig, Stiel zart weiß bereift
Geruch:	Unauffällig *(Gerüche sind bei Pilzen nicht immer wahrnehmbar)*
Speisewert:	Giftpilz, löst Halluzinationen aus
Bemerkungen:	Ähnlich ist der Glatte Tannenflämmling (G. luteocarneus) mit glattem und dunklerem Hut

Lebensweise:	Zersetzerpilz	**Hauptsaison:**	Herbst
Umgebung:	Nadelwälder	**Untergrund:**	Totes Nadelholz

Geflecktblättriger Flämmling

Gymnopilus penetrans

Fruchtträger
(Blätter)

Jung: Hellgelb

Mittelalt: Orangebraun

Alt: Rostfleckig

Sporenpulver:
Rostbraun

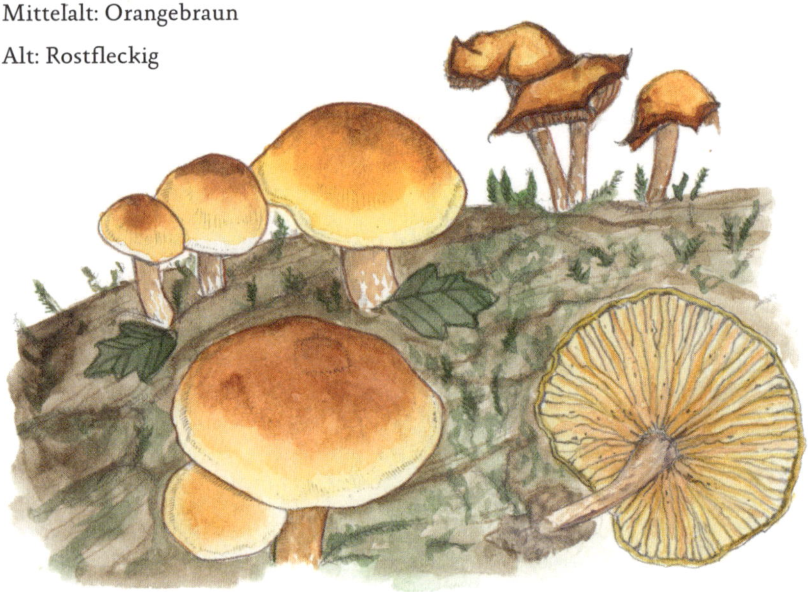

Gute Merkmale:	Fleisch braungelb, faserig, Stiel zart überfasert
Geruch:	Unauffällig *(Gerüche sind bei Pilzen nicht immer wahrnehmbar)*
Speisewert:	Giftpilz, verueracht Auflösung und Verklumpung von roten Blutkörperchen
Bemerkungen:	Die Art ist sehr variabel und wird daher häufig verwechselt.

Lebensweise: Zersetzerpilz	**Hauptsaison:** Herbst
Umgebung: Nadelwälder	**Untergrund:** Totes Nadelholz

Großer Rettichfälbling *Hebeloma sinapizans*

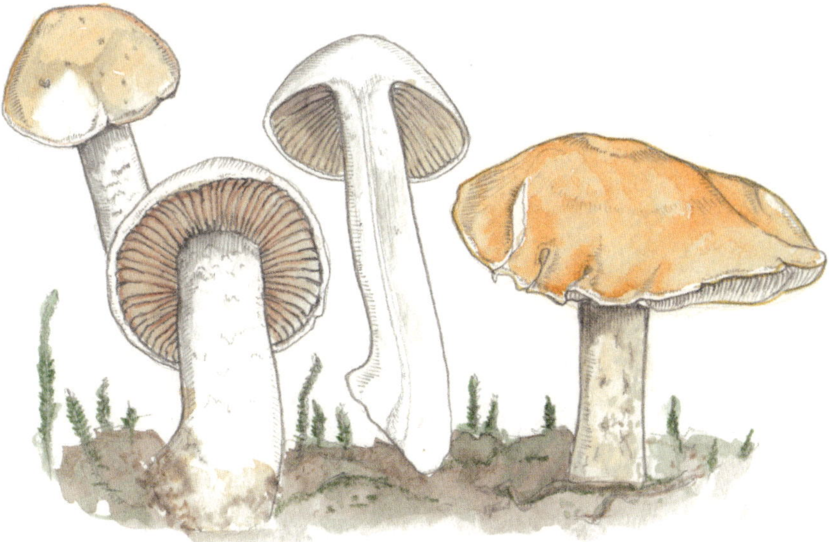

Fruchtträger
(Blätter)

Jung: Grau

Mittelalt: Graubraun

Alt: Graurostig

Sporenpulver:
Rostbraun

Gute Merkmale:	Fleisch weiß, vom Hut ragt ein Zapfen in den hohlen Stiel
Geruch:	Rettich *(Gerüche sind bei Pilzen nicht immer wahrnehmbar)*
Speisewert:	Giftpilz, ruft Verdauungsstörungen hervor
Bemerkungen:	Rettichgeruch bei Pilzen sollte Ihnen grundsätzlich ein Warnsignal sein. Sie sind meist giftig.

Lebensweise:	Partnerpilz	**Hauptsaison:**	Herbst
Umgebung:	Mischwälder	**Untergrund:**	Boden auf Ton und Kalkstein

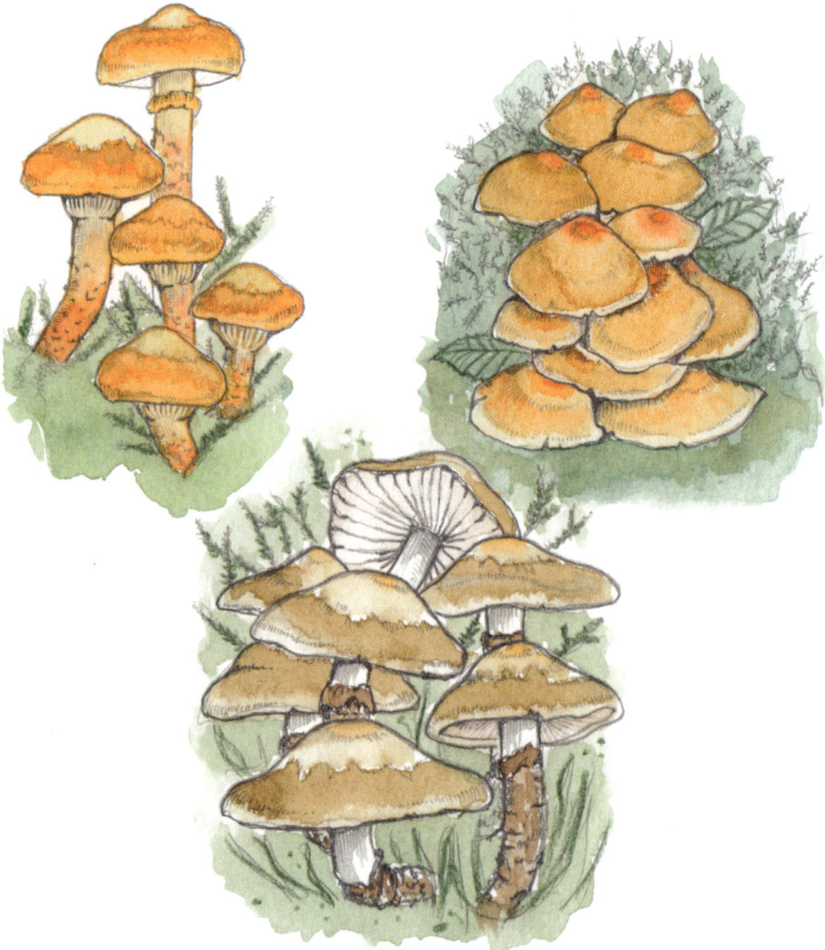

Stock-schwämm-chen

Stockschwämmchen *Kuehneromyces mutabilis*

Stockschwämmchen sind ausgezeichnete Speisepilze, doch sie verlangen nach sicherer Artenkenntnis. Viele glauben sie zu erkennen, sind sich dann aber doch unsicher. Mit gutem Grund. Ihre Body-Doubles, die Gifthäublinge, tragen ihren Namen zu recht, denn sie sind tödlich in ihrer Wirkung, und sie können auf ein und demselben Baumstumpf erscheinen. Ihre Hüte sind nahezu nicht voneinander zu unterscheiden. Prägen Sie sich daher unbedingt die Stielmerkmale beider Arten gut ein! Am besten lassen Sie sich beide Arten einmal von einer sachkundigen Person in natura zeigen.

Gute Merkmale:	Fleisch weißbraun, Siel mit häutiger Manschette, unterhalb dieser geschuppt
Geruch:	Würzig *(Gerüche sind bei Pilzen nicht immer wahrnehmbar)*
Speisewert:	Speisepilz mit Wohlgeschmack
Bemerkungen:	Höchste Vorsicht vor Verwechslung mit dem Gifthäubling! Unterscheidbar nur am Stiel!

Fruchtträger: *(Blätter)*
Jung: Hellbraun
Mittelalt: Dunkelocker
Alt: Zimtbraun

Sporenpulver:
Rostbraun

Lebensweise: Zersetzerpilz

Hauptsaison: Sommer

Umgebung: Laubwälder

Untergrund: Totes Laubholz

Gifthäubling

Galerina marginata

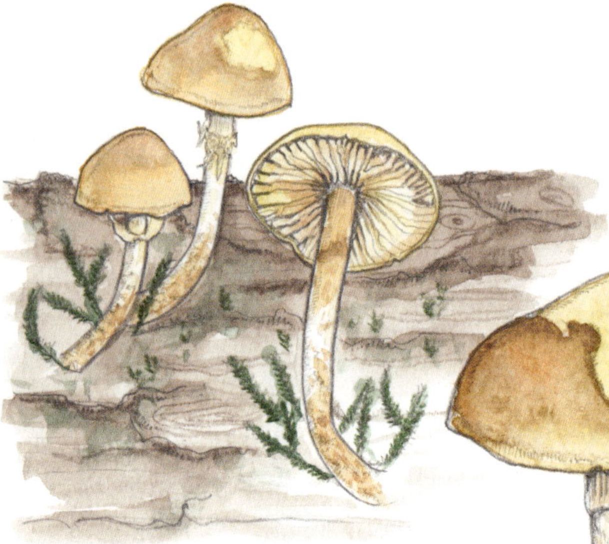

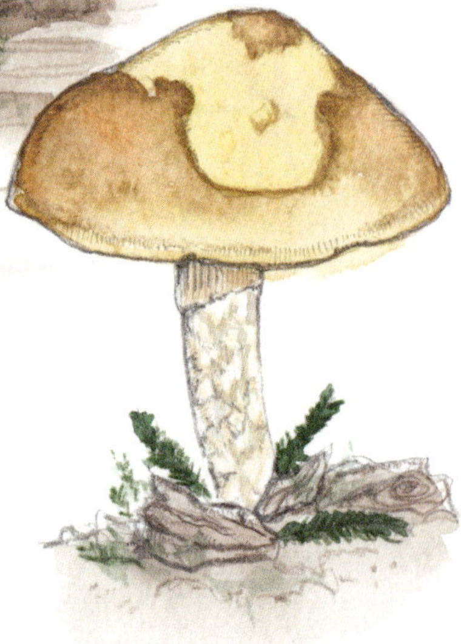

Fruchtträger
(Blätter)

Jung: Hellbraun

Mittelalt: Ocker

Alt: Zimtbraun

Sporenpulver:
Rostbraun

Gute Merkmale:	Fleisch braun, filziger Ring, Stiel unterhalb des Rings silbrig überfasert
Geruch:	Muffig *(Gerüche sind bei Pilzen nicht immer wahrnehmbar)*
Speisewert:	Giftpilz, verursacht Leberschäden mit oft tödlichem Ausgang
Bemerkungen:	Vorsicht: Gifthäublinge können gemeinsam mit Stockschwämmchen auftreten!

Lebensweise:	Zersetzerpilz	**Hauptsaison:**	Herbst
Umgebung:	Alle Wälder	**Untergrund:**	Totes Holz, auch vergrabenes

Graublättriger Schwefelkopf

Hypholoma capnoides

Fruchtträger
(Blätter)

Jung: Hellgrau

Mittelalt: Rauchgrau

Alt: Schwarzgrau

Sporenpulver:
Dunkelbraun

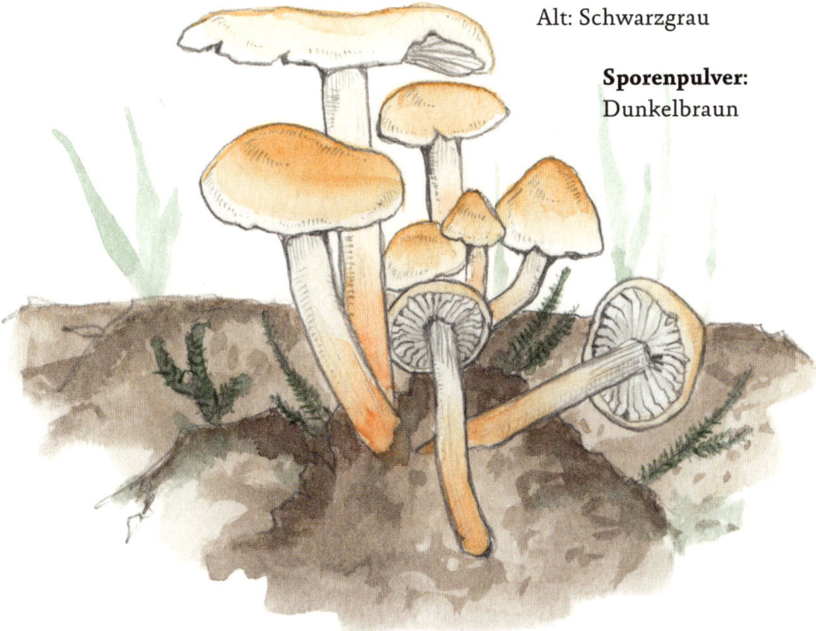

Gute Merkmale:	Fleisch weißgelblich, faserig, Duft machmal auch leicht fruchtig
Geruch:	Leicht stechend *(Gerüche sind bei Pilzen nicht immer wahrnehmbar)*
Speisewert:	Speisepilz, sehr schmackhaft und bekömmlich
Bemerkungen:	Verwechslungsgefahr: Grünblättriger Schwefelkopf und Gifthäubling

Lebensweise:	Zersetzerpilz	**Hauptsaison:**	Herbst
Umgebung:	Nadelwälder	**Untergrund:**	Totes Nadelholz

Grünblättriger Schwefelkopf

Hypholoma fasciculare

Fruchtträger
(Blätter)

Jung: Grüngelb

Mittelalt: Oliv

Alt: Schwarzoliv

Sporenpulver:
Dunkelbraun

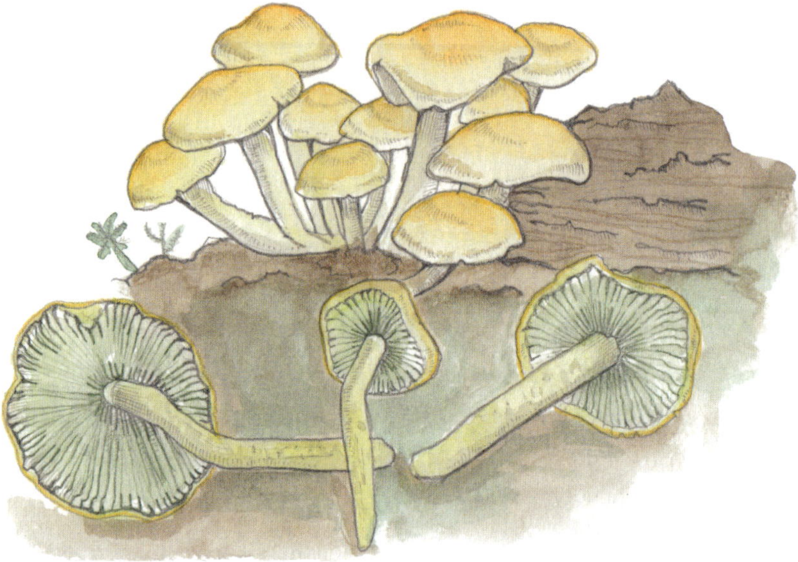

Gute Merkmale:	Fruchtkörper schwefelgelb Blätter deutlich grüner
Geruch:	Unauffällig *(Gerüche sind bei Pilzen nicht immer wahrnehmbar)*
Speisewert:	Giftpilz, verursacht tagelang anhaltende Brechdurchfälle
Bemerkungen:	Extrem häufig, einer dieser „Wären-die-doch-nur-essbar-Pilze“

Lebensweise: Zersetzerpilz

Hauptsaison: Herbst

Umgebung: Alle Wälder

Untergrund: Totes Holz

Feuerschüppling

Pholiota flammans

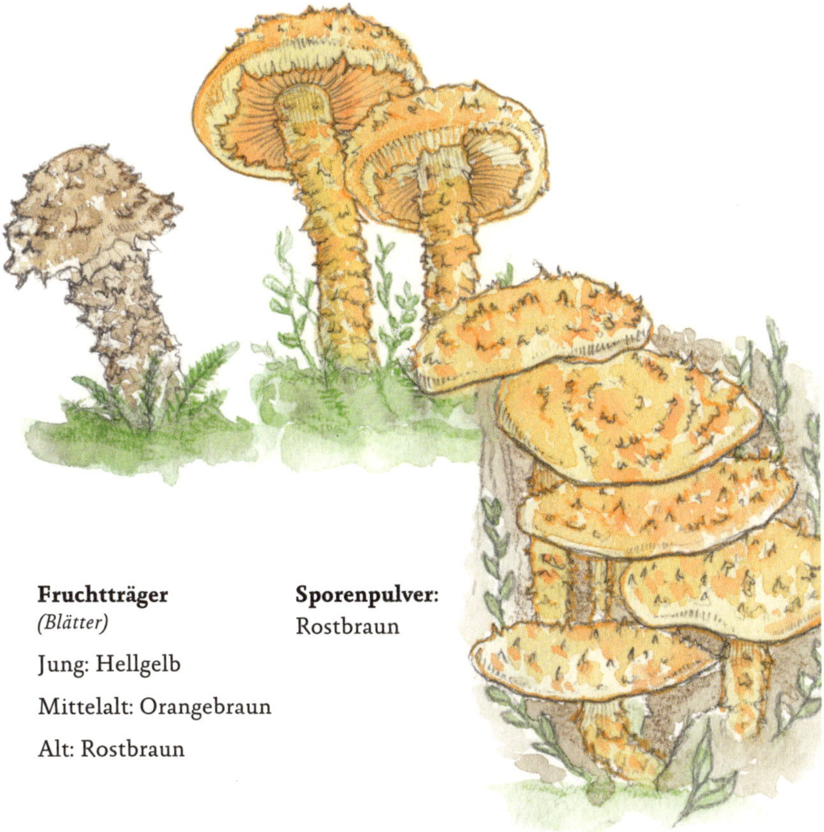

Fruchtträger
(Blätter)

Jung: Hellgelb

Mittelalt: Orangebraun

Alt: Rostbraun

Sporenpulver:
Rostbraun

Gute Merkmale:	Fleisch gelb, bei Beschädigung rötlich bräunend
Geruch:	Würzig *(Gerüche sind bei Pilzen nicht immer wahrnehmbar)*
Speisewert:	Völlig ungenießbar durch Bitterstoffe und Säure
Bemerkungen:	Die Fruchtkörper sind hübsch anzuschauen und bei Exkursionen immer ein Aha-Erlebnis.

Lebensweise:	Zersetzerpilz	**Hauptsaison:**	Herbst
Umgebung:	Nadelwälder	**Untergrund:**	Totes Nadelholz

Tonblasser Schüppling *Pholiota lenta*

Fruchtträger
(Blätter)

Jung: Weiß

Mittelalt: Helloliv

Alt: Lehmbraun

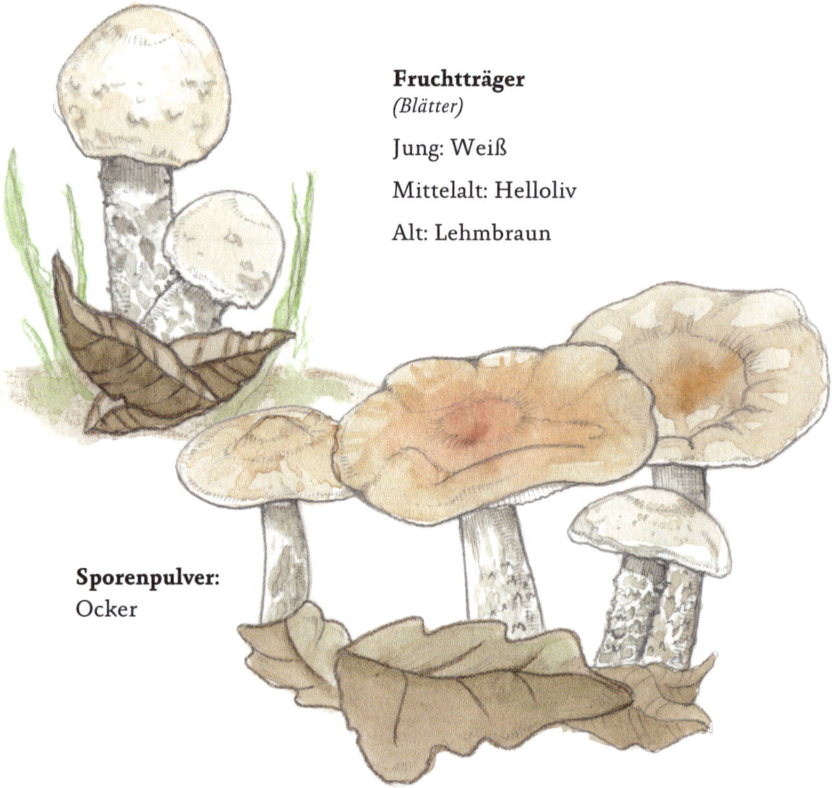

Sporenpulver:
Ocker

Gute Merkmale:	Fleisch weißlich und sehr faserig, Stiel schuppig, unten dunkler, Blätter wellig, Hut sehr schleimig und schmierig
Geruch:	Unauffällig *(Gerüche sind bei Pilzen nicht immer wahrnehmbar)*
Speisewert:	Kein Speisepilz, kann vereinzelt Verdauungsprobleme auslösen
Bemerkungen:	Die Stiele sind besonders hartfaserig und zur Basis hin immer dunkler

Lebensweise:	Zersetzerpilz	**Hauptsaison:**	Herbst
Umgebung:	Mischwälder, eher Laubwald	**Untergrund:**	Totes Holz, auch vergrabenes

Sparriger Schüppling *Pholiota squarrosa*

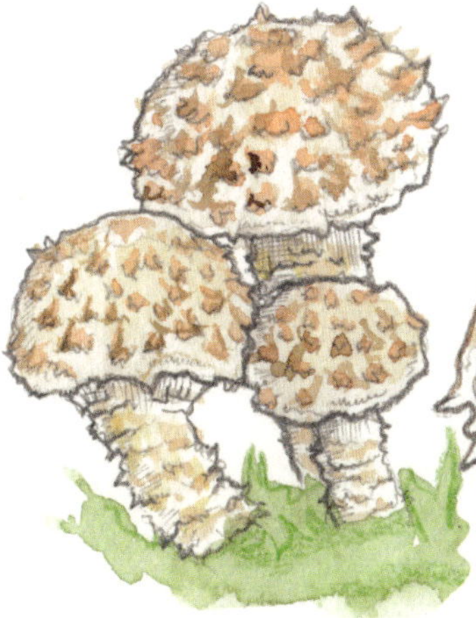

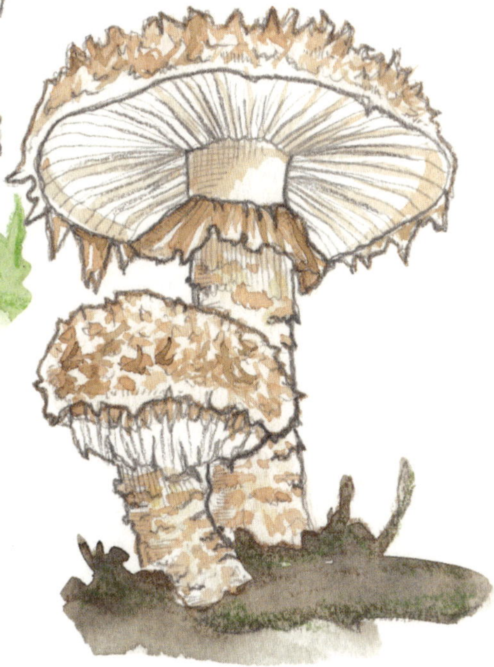

Fruchtträger
(Blätter)

Jung: Olivweiß

Mittelalt: Blass Oliv

Alt: Olivbraun

Sporenpulver:
Rostbraun

Gute Merkmale:	Fleisch gelblichweiß und hart, Stiel und Hut mit abstehenden Schuppen
Geruch:	Rettich *(Gerüche sind bei Pilzen nicht immer wahrnehmbar)*
Speisewert:	Kein Speisepilz, da immer wieder mal von Verdauungsstörungen berichtet wird
Bemerkungen:	Steht im Verdacht, im Zusammenspiel mit Alkohol eine höhere Giftwirkung zu zeigen. Parasit an Obstbäumen

Lebensweise:	Zersetzerpilz	**Hauptsaison:**	Herbst
Umgebung:	Alle Wälder	**Untergrund:**	Totes Holz

Großer Gelbfuß, Kuhmaul

Gomphidius glutinosus

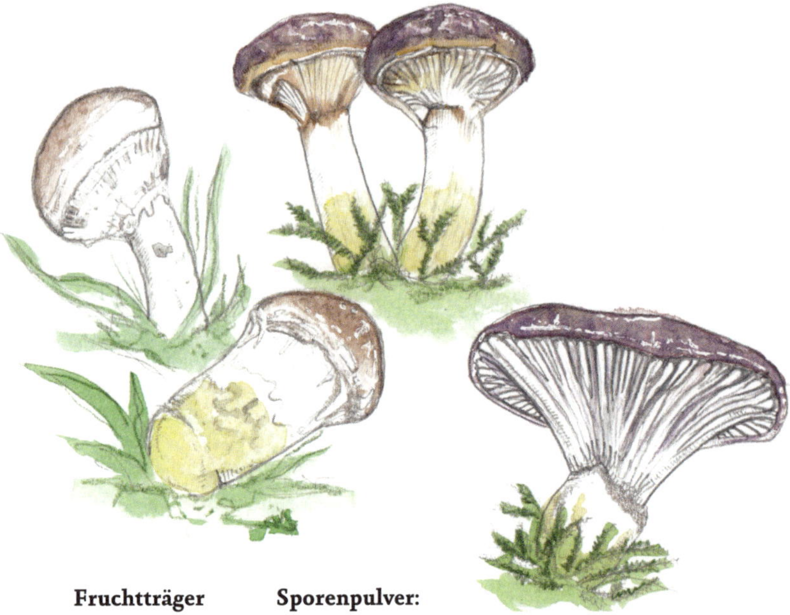

Fruchtträger *(Blätter)*

Jung: Weißlich

Mittelalt: Grau

Alt: Graubraun

Sporenpulver: Schwarzbraun

Gute Merkmale:	Fleisch weißlich, in der Stielbasis lebhaft gelb, Blätter herablaufend, Hut und Stiel schleimig
Geruch:	Unauffällig *(Gerüche sind bei Pilzen nicht immer wahrnehmbar)*
Speisewert:	Speisepilz, sehr geschätzte als Mischpilz
Bemerkungen:	Die Schleimschicht lässt sich leicht abziehen, was Sie auch gleich im Wald tun sollten.

Lebensweise:	Partnerpilz	**Hauptsaison:**	Herbst
Umgebung:	Nadelwälder, fast immer Fichten	**Untergrund:**	Saure Böden

Falscher Pfifferling *Hygrophoropsis aurantiaca*

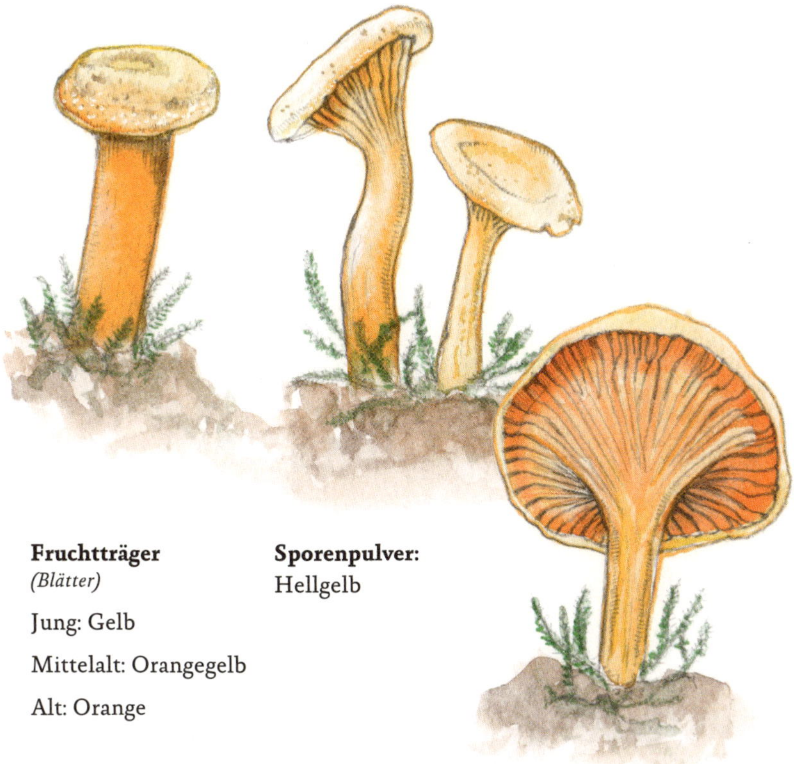

Fruchtträger
(Blätter)

Jung: Gelb

Mittelalt: Orangegelb

Alt: Orange

Sporenpulver:
Hellgelb

Gute Merkmale:	Fleisch hellgelb, dünn und weich, Hut filzig, Stiel knorpelig zäh, Blätter weich und beweglich
Geruch:	Krautig *(Gerüche sind bei Pilzen nicht immer wahrnehmbar)*
Speisewert:	Kein Speisepilz, in größeren Mengen giftig
Bemerkungen:	Das wichtigste Unterscheidungsmerkmal zum echten Pfifferling sind die weichen Blätter

Lebensweise:	Zersetzerpilz	**Hauptsaison:**	Herbst
Umgebung:	Nadelwälder	**Untergrund:**	Humus auf Nadelstreu

Kahler Krempling

Paxillus involutus

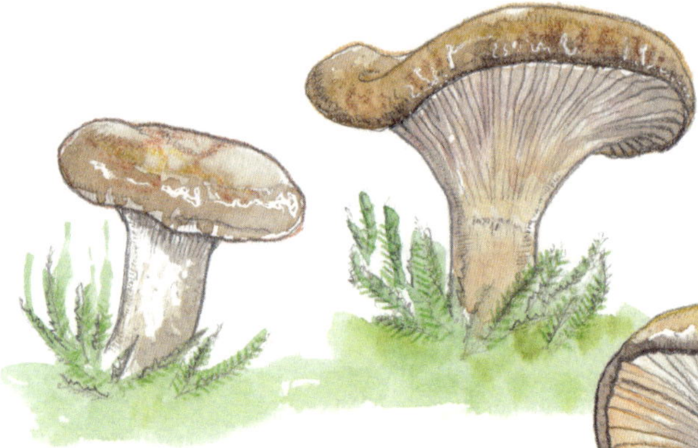

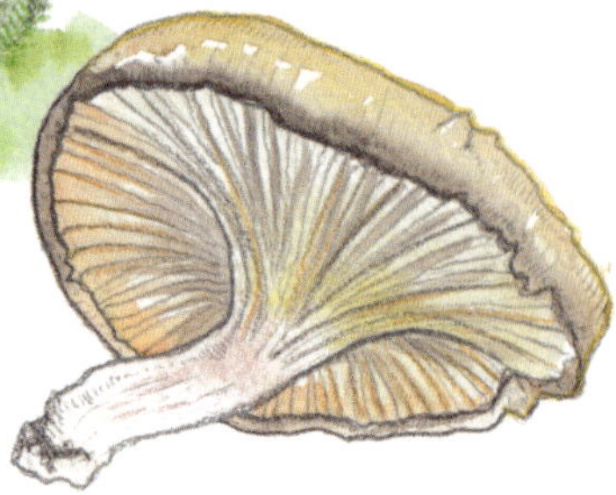

Fruchtträger
(Blätter)

Jung: Beigeweiß

Mittelalt: Gelbbraun

Alt: Braun

Sporenpulver:
Braun

Gute Merkmale:	Fleisch beigeweiß, Hutrand eingerollt, Blätter herablaufend und auf Druck dunkel bräunend
Geruch:	Unauffällig *(Gerüche sind bei Pilzen nicht immer wahrnehmbar)*
Speisewert:	Giftpilz, führt nach mehrmaligem Verzehr zu Blutzersetzung
Bemerkungen:	Kann massenweise auftauchen, auch in Siedlungsgebieten und auf dem eigenen Rasen.

Lebensweise:	Partnerpilz	**Hauptsaison:**	Sommer
Umgebung:	Mischwälder	**Untergrund:**	Saurer, feuchter Boden

Samtfußkrempling

Tapinella atrotomentosa

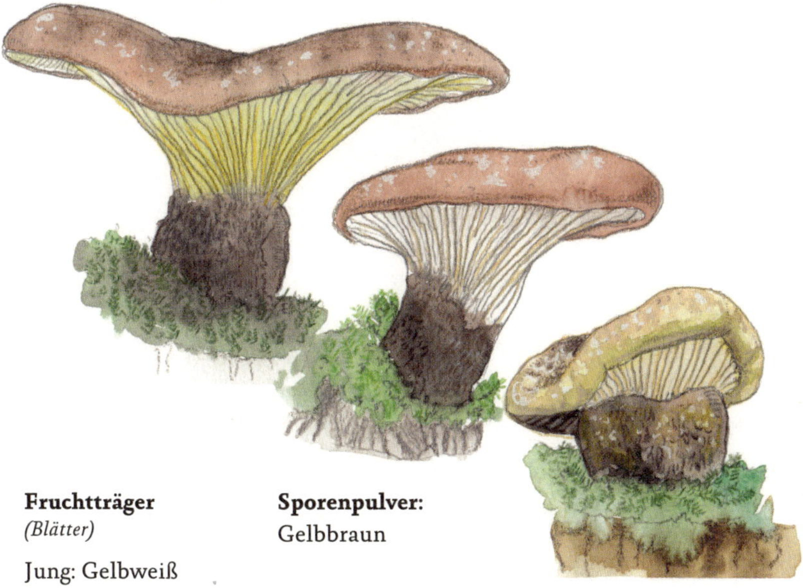

Fruchtträger
(Blätter)

Jung: Gelbweiß

Mittelalt: Hellgelb

Alt: Gelbbraun

Sporenpulver:
Gelbbraun

Gute Merkmale:	Fleisch cremegelb und dick, Hut muschelförmig und eingerollt, Stiel seitlich, kurz und dunkelsamtig
Geruch:	Säuerlich *(Gerüche sind bei Pilzen nicht immer wahrnehmbar)*
Speisewert:	Kein Speisepilz, übelschmeckend, wurde in Notzeiten gegessen
Bemerkungen:	Sehr häufig. Gehört ganz vorne mit zu den „Wären-die-doch-nur-essbar-Pilzen".

Lebensweise:	Zersetzerpilz	**Hauptsaison:**	Herbst
Umgebung:	Misch- und Nadelwälder	**Untergrund:**	Totes Nadelholz

Schiefknolliger Anisegerling

Agaricus abruptibulbus

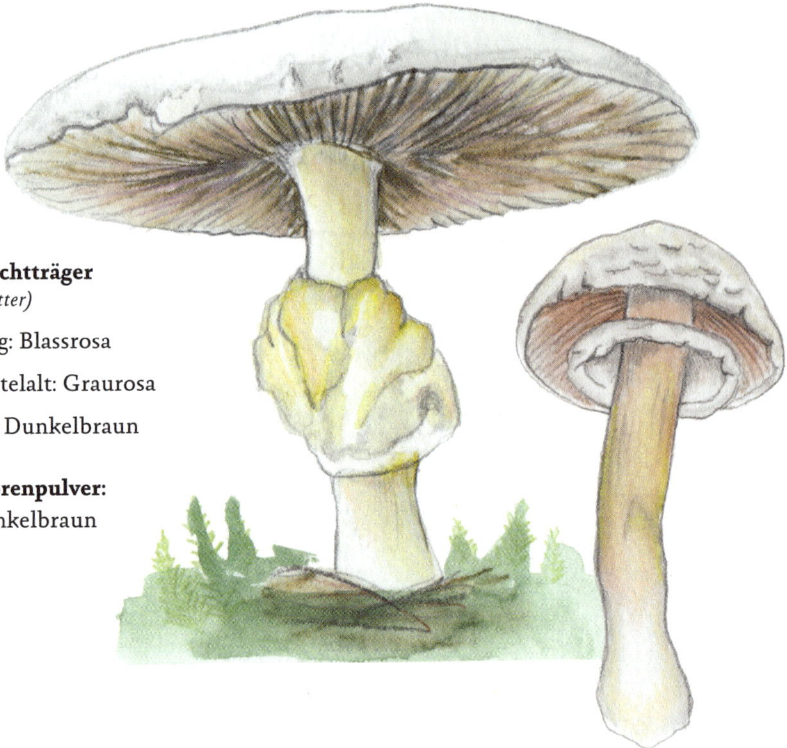

Fruchtträger
(Blätter)

Jung: Blassrosa

Mittelalt: Graurosa

Alt: Dunkelbraun

Sporenpulver:
Dunkelbraun

Gute Merkmale:	Fleisch und Fruchtkörper gilbend, Stiel unten abgeknickt
Geruch:	Anis/Bittermandel *(Gerüche sind bei Pilzen nicht immer wahrnehmbar)*
Speisewert:	Speisepilz, dankbarer „Beifang“ in schlechten Pilzjahren
Bemerkungen:	Verwechslung möglich mit Giftegerlingen sowie Grünem und Gelbem Knollenblätterpilz

Lebensweise:	Zersetzerpilz	**Hauptsaison:**	Herbst
Umgebung:	Misch- und Nadelwälder	**Untergrund:**	Fichtennadelstreu

Schafegerling, Weißer Anisegerling

Agaricus arvensis

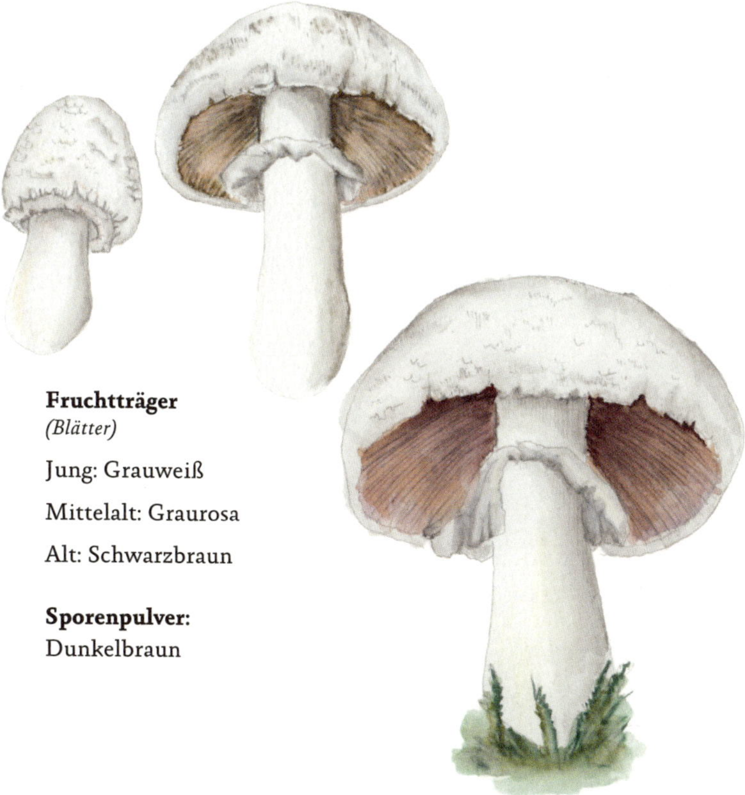

Fruchtträger
(Blätter)

Jung: Grauweiß

Mittelalt: Graurosa

Alt: Schwarzbraun

Sporenpulver:
Dunkelbraun

Gute Merkmale:	Fleisch wenig gilbend, Blätter dicht, Stiel leicht knollig
Geruch:	Anis/Mandel *(Gerüche sind bei Pilzen nicht immer wahrnehmbar)*
Speisewert:	Speisepilz, beliebt und geschätzt mit Wohlgeschmack
Bemerkungen:	Häufig verwechselt mit Giftegerlingen und Knollenblätterpilzen, wenn Routine aufkommt.

Lebensweise:	Zersetzerpilz	**Hauptsaison:**	Sommer
Umgebung:	Pferde- und Kuhweiden	**Untergrund:**	Humus, natürlich gedüngt

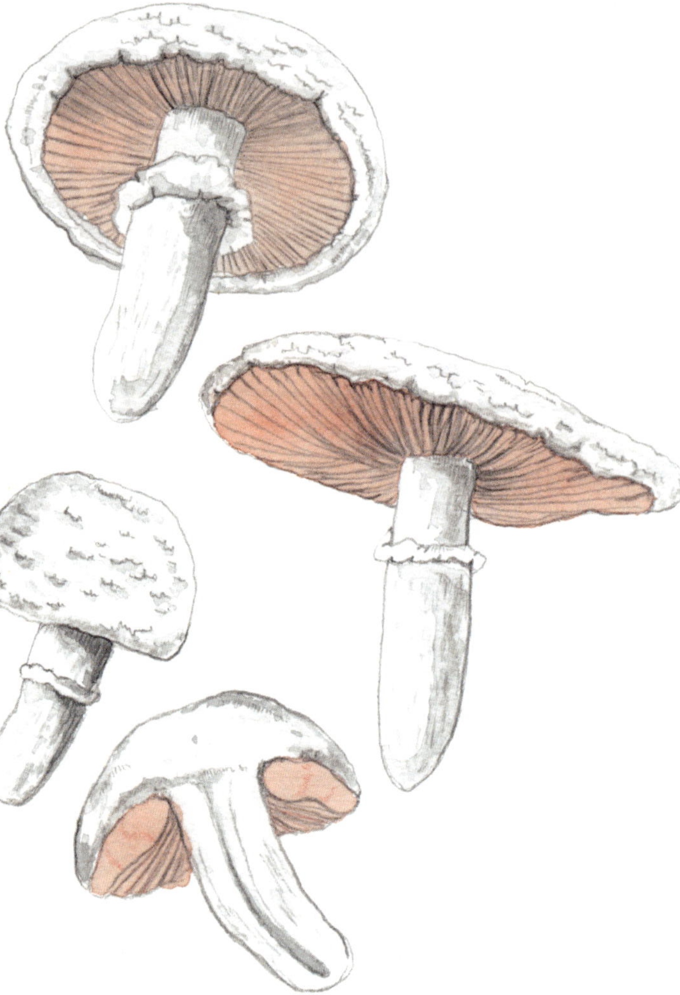

Wiesen-egerling

Wiesenegerling

Agaricus campestris

Oft höre ich von Leuten: „Ich sammel keine Pilze. Ich ess nur Schampiongs aus der Dose." – Auch wenn das kulinarisch fünf Schritte nach hinten sind, sichert diese Einstellung unseren heimischen Champignonarten womöglich das Überleben.

Sie sind aufgrund intensiver Landwirtschaft recht selten geworden. Ein übermäßiges Besammeln könnte ihnen den Rest geben. Wie gut, dass sie sich ganz leicht züchten und bequem im Handel erwerben lassen, sowohl frisch als auch eingemacht. Es ist nicht nötig, sie suchen zu gehen.

Gute Merkmale:	Fleisch weiß, Hutrand auffällig behangen, Ring vergänglich, Stiel ohne Knolle
Geruch:	Champignon *(Gerüche sind bei Pilzen nicht immer wahrnehmbar)*
Speisewert:	Speisepilz, beliebt und geschätzt mit Wohlgeschmack
Bemerkungen:	Häufig verwechselt mit Giftegerlingen und Knollenblätterpilzen, wenn Routine aufkommt.

Fruchtträger: *(Blätter)*

Jung: Rosa

Mittelalt: Fleischrosa

Alt: Schwarzbraun

Sporenpulver:
Dunkelbraun

Lebensweise:	Zersetzerpilz
Hauptsaison:	Sommer
Umgebung:	Pferde- und Kuhweiden
Untergrund:	Humus, natürlich gedüngt

Karbolegerling

Agaricus xanthoderma

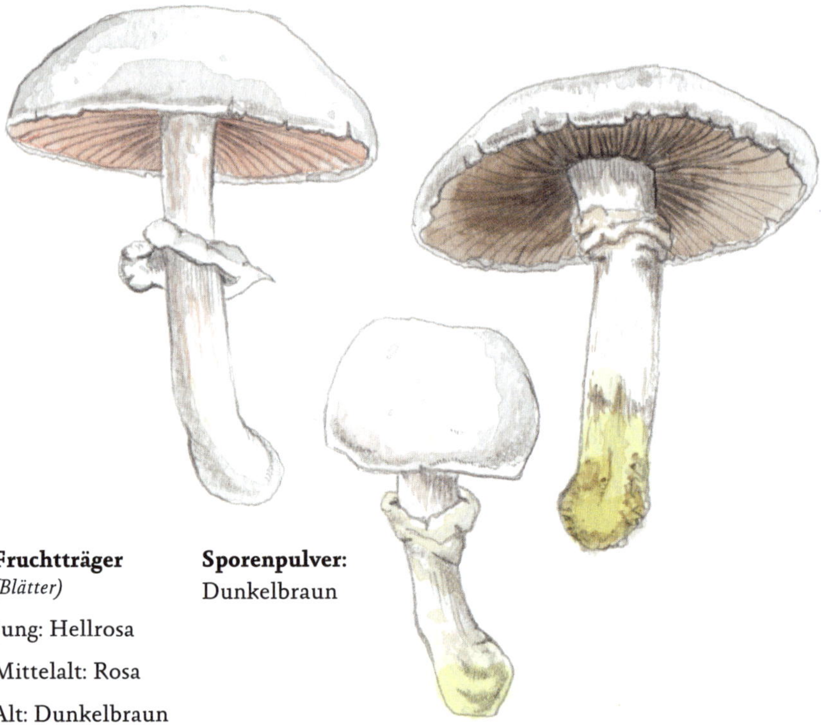

Fruchtträger
(Blätter)

Jung: Hellrosa

Mittelalt: Rosa

Alt: Dunkelbraun

Sporenpulver:
Dunkelbraun

Gute Merkmale:	Fleisch weiß, fieser Geruch, Stielbasis im Schnitt kräftig gelb
Geruch:	Tinte/Urin/Phenol *(Gerüche sind bei Pilzen nicht immer wahrnehmbar)*
Speisewert:	Giftpilz, nicht lebensgefährlich, aber sehr unangenehm
Bemerkungen:	Die Gelbfärbung findet im Fleisch statt, nicht nur äußerlich wie bei Anisegerlingen.

Lebensweise:	Zersetzerpilz	**Hauptsaison:**	Sommer
Umgebung:	Wiesen nahe Gebüsch, Obstwiesen	**Untergrund:**	Humus

Dunkler Düngerling

Panaeolus fimicola

Fruchtträger
(Blätter)

Jung: Graubraun

Mittelalt: Dunkelbraun

Alt: Schwarz

Sporenpulver:
Schwarz

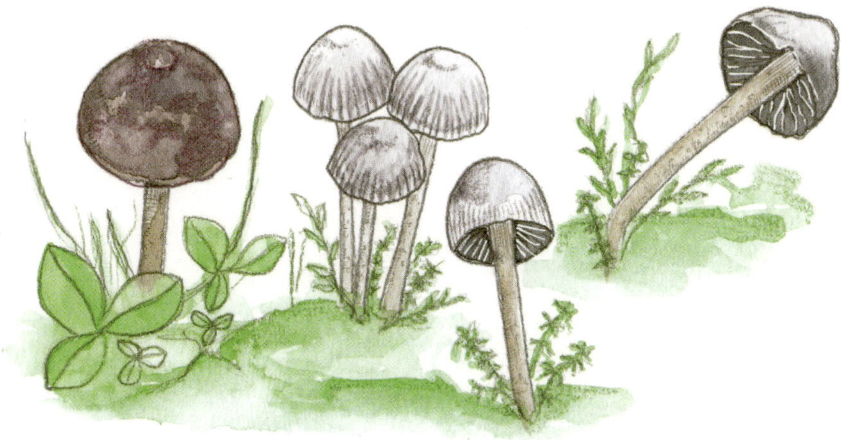

Gute Merkmale:	Fleisch braun, Blätter scheckig, Schneiden aufgehellt
Geruch:	Unauffällig *(Gerüche sind bei Pilzen nicht immer wahrnehmbar)*
Speisewert:	Giftpilz, verursacht Rauschzustände mit Halluzinationen
Bemerkungen:	Schwierig zu bestimmen. Der Inhaltsstoff Psilocybin wirkt wie LSD und ist ebenso illegal.

Lebensweise:	Zersetzerpilz	**Hauptsaison:**	Sommer
Umgebung:	Gras	**Untergrund:**	Humus länger gedüngt

Behangener Düngerling

Panaeolus papilionaceus

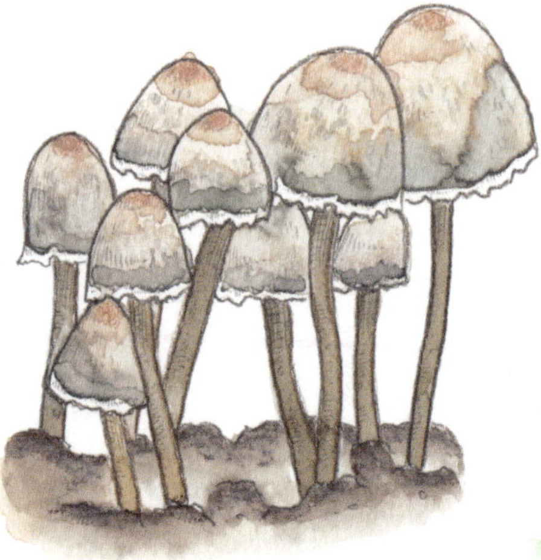

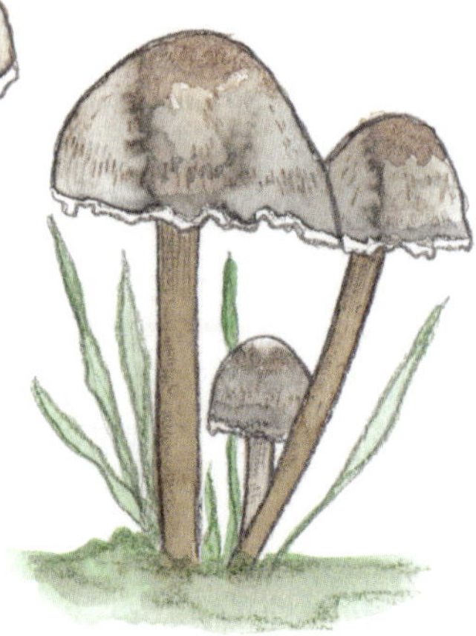

Fruchtträger *(Blätter)*

Jung: Grau

Mittelalt: Schwarz

Alt: Schwarz

Sporenpulver: Schwarz

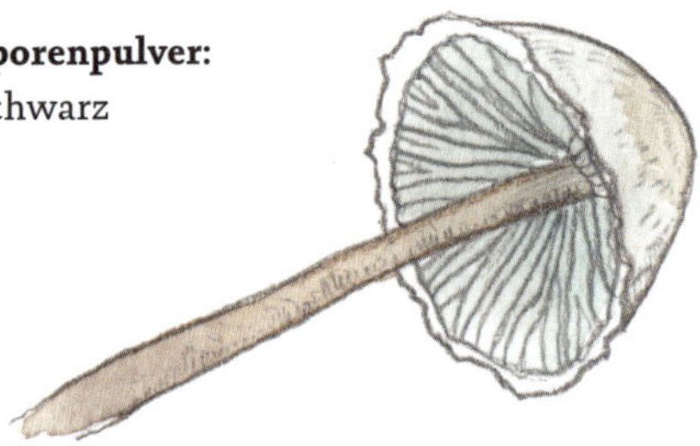

Gute Merkmale:	Fleisch cremebräunlich, Hutrand behangen, Blätter weißfleckig
Geruch:	Unauffällig *(Gerüche sind bei Pilzen nicht immer wahrnehmbar)*
Speisewert:	Giftpilz, gilt als ein Vertreter der Rauschpilze
Bemerkungen:	Für Psilocybin greift das Betäubungsmittelgesetz. Jeglicher Umgang damit ist verboten.

Lebensweise:	Zersetzerpilz	**Hauptsaison:**	Sommer
Umgebung:	Gras	**Untergrund:**	Humus, natürlich gedüngt

Grauer Faltentintling *Coprinopsis atramentaria*

Fruchtträger
(Blätter)

Jung: Weißgrau

Mittelalt: Grau

Alt: Schwarzgrau

Sporenpulver:
Schwarz

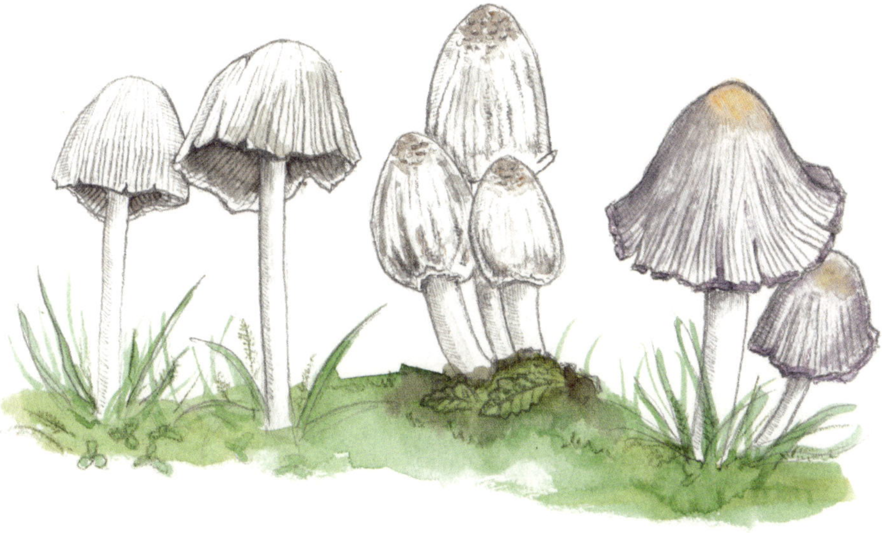

Gute Merkmale:	Fleisch weiß, Glockiger Hut mit Riefen und Falten, Stiel unten mit Ringwulst
Geruch:	Unauffällig *(Gerüche sind bei Pilzen nicht immer wahrnehmbar)*
Speisewert:	Giftpilz, löst bei Alkoholgenuss heftige Vergiftungen aus
Bemerkungen:	Ist ein Speisepilz, wenn zwei Tage vor und nach dem Verzehr totaler Alkoholverzicht erfolgt.

Lebensweise:	Zersetzerpilz	**Hauptsaison:**	Sommer
Umgebung:	Wegränder, Gärten	**Untergrund:**	Humus

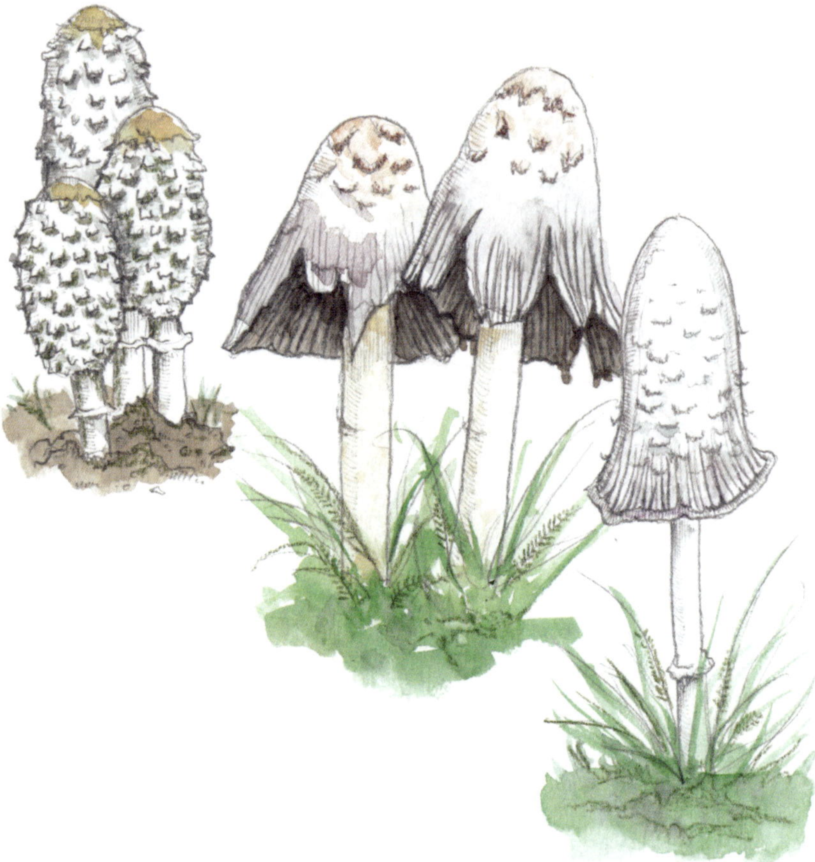

Schopf-
tintling

Schopftintling

Coprinus comatus

Dieser wohlbekannte Pilz übersät zum Ende des Sommers vielfach Wegränder, Wiesen und Parkanlagen. Manchmal erscheinen seine Fruchtköper so zahlreich, dass sie merkbar zum wunderbaren Duft einer Herbstwiese beitragen, ganz gleich ob bei Nässe oder Sonnenschein.

Er ist außerdem ein vorzüglicher Speisepilz, jedoch nur dann, wenn seine schuppigen, faserigen Hüte noch völlig geschlossen und schneeweiß sind. Dann sind sie köstliche Beilagen zu Nudelgerichten. Sobald die Hüte sich öffnen und von unten her dunkel werden, verwenden wir sie nicht mehr.

Gute Merkmale:	Fleisch weiß, Hut weißschuppig, erst zylindrisch, dann glockig und schwarz zerfließend
Geruch:	Deutlich pilzig *(Gerüche sind bei Pilzen nicht immer wahrnehmbar)*
Speisewert:	Speisepilz, solange sein Fleisch reinweiß ist
Bemerkungen:	Kaum zu verwechseln, höchstens für Unkundige mit dem Grauen Faltentintling

Fruchtträger: *(Blätter)*
Jung: Weiß
Mittelalt: Rosa
Alt: Schwarz

Sporenpulver:
Schwarz

Lebensweise: Zersetzerpilz

Hauptsaison: Herbst

Umgebung: Wiesen, Wegränder, Rasenflächen

Untergrund: Humus

Spechttintling

Coprinopsis picacea

Fruchtträger
(Blätter)

Jung: Weißgrau

Mittelalt: Schmutziggrau

Alt: Schwarz

Sporenpulver:
Schwarz

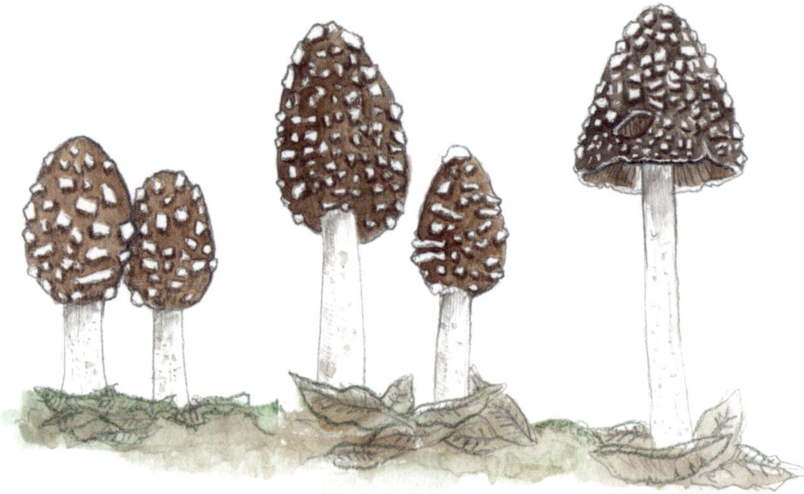

Gute Merkmale:	Fleisch weiß, Hut glockig, schwarz mit weißen Schollen, später zerfließend
Geruch:	Muffig, teerartig *(Gerüche sind bei Pilzen nicht immer wahrnehmbar)*
Speisewert:	Ungenießbar, da unappetitlich und widerlich schmeckend
Bemerkungen:	Die Fruchtkörper sind immer ein schöner Anblick, besonders in „goldenen" Buchenwäldern

Lebensweise:	Zersetzerpilz	**Hauptsaison:**	Herbst
Umgebung:	Laubwälder	**Untergrund:**	Humus auf Kalkstein

Semmelstoppelpilz

Hydnum repandum

Fruchtträger
(Stoppeln)

Jung: Weiß

Mittelalt: Hellorange

Alt: Orangegelb

Sporenpulver:
Weiß

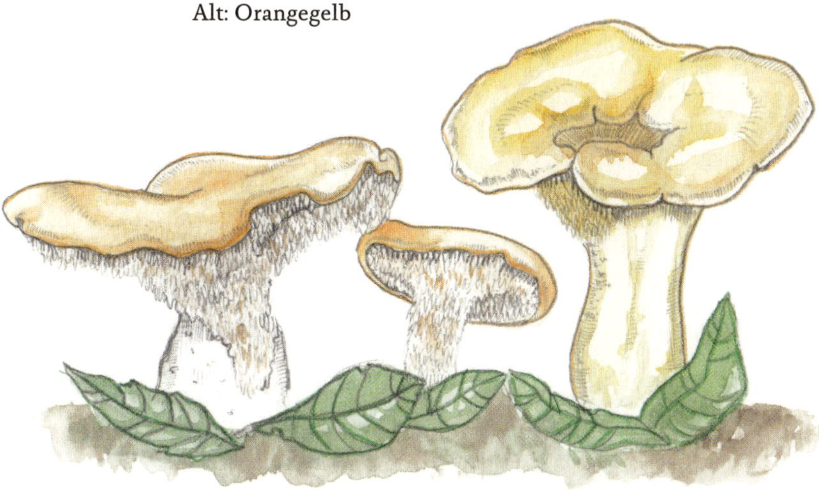

Gute Merkmale:	Fleisch cremeweiß, ein wenig brüchig, bei Beschädigung langsam gilbend bis bräunend
Geruch:	Leicht blumig *(Gerüche sind bei Pilzen nicht immer wahrnehmbar)*
Speisewert:	Speisepilz, die Stoppeln werden mit der Zeit bitter
Bemerkungen:	Erinnert von oben immer an etwas zu blass geratene Pfifferlinge, bisweilen sehr häufig

Lebensweise:	Partnerpilz	**Hauptsaison:**	Herbst
Umgebung:	Mischwälder	**Untergrund:**	Humus auf Lehmböden

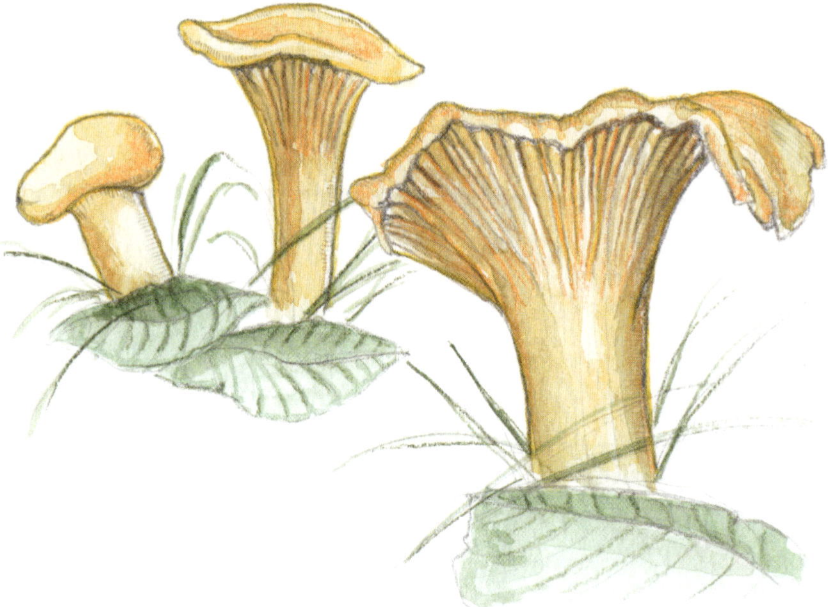

Pfifferling, Eierschwamm

Pfifferling, Eierschwamm

Cantharellus cibarius

Wir meinen zumeist den Echten Pfifferling, wenn wir von dem beliebten Speisepilz sprechen. Es gibt aber nicht nur den Falschen Pfifferling als Verwechslungskandidaten, sondern auch die ganzen Schwesterarten in der Pfifferlingsfamilie. Sie erkennen den Echten an seinem fruchtigen, aprikosenartigen Geruch. Alle anderen Pfifferlinge mit Leisten statt Blättern sind jedoch auch genießbar.
Die Art mit dem Namen Falscher Pfifferling ist in Wirklichkeit ein Krempenpilz. Er verrät sich durch seine offensichtlichen Blätter und seinen samtfilzigen Hut.

Gute Merkmale:	Fleisch gelblichweiß, fest, Leisten (keine Blätter!) weit herablaufend, verzweigt mit Queraderen
Geruch:	Aprikosen *(Gerüche sind bei Pilzen nicht immer wahrnehmbar)*
Speisewert:	Speisepilz, wohlschmeckend und gern gesammelt
Bemerkungen:	Verwechslungsgefahr besteht mit dem Falschen Pfifferling und dem Ölbaumpilz

Fruchtträger: *(Leisten)*

Jung: Gelb

Mittelalt: Gelb

Alt: Gelb

Sporenpulver:
Weißgelb

Lebensweise: Partnerpilz

Hauptsaison Herbst

Umgebung Mischwälder

Untergrund: Saure Böden

Trompetenpfifferling *Cantharellus tubaeformis*

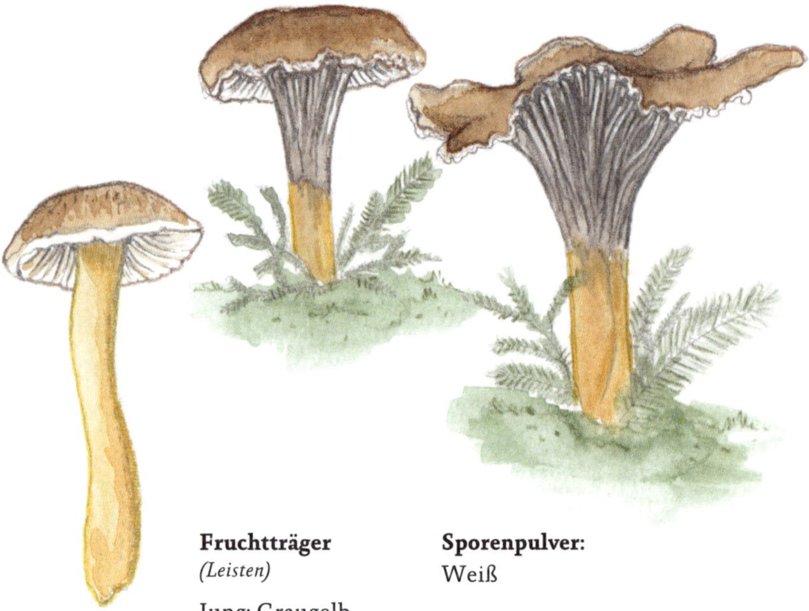

Fruchtträger
(Leisten)

Jung: Graugelb

Mittelalt: Graugelb

Alt: Graugelb

Sporenpulver:
Weiß

Gute Merkmale:	Fleisch gelblich, dünn und faserig, vom Hut aus den Stiel hinab hohl wie eine Trompete
Geruch:	Obst (schwach) *(Gerüche sind bei Pilzen nicht immer wahrnehmbar)*
Speisewert:	Speisepilz, am besten als Mischpilz zu verwenden
Bemerkungen:	Ähnlich ist der seltenere Duftleistling mit glattem Fruchtträger (weder Leisten noch Blätter)

Lebensweise:	Partnerpilz	**Hauptsaison:**	Herbst
Umgebung:	Mischwälder	**Untergrund:**	Saure Böden

Totentrompete, Herbsttrompete

Craterellus cornucopioides

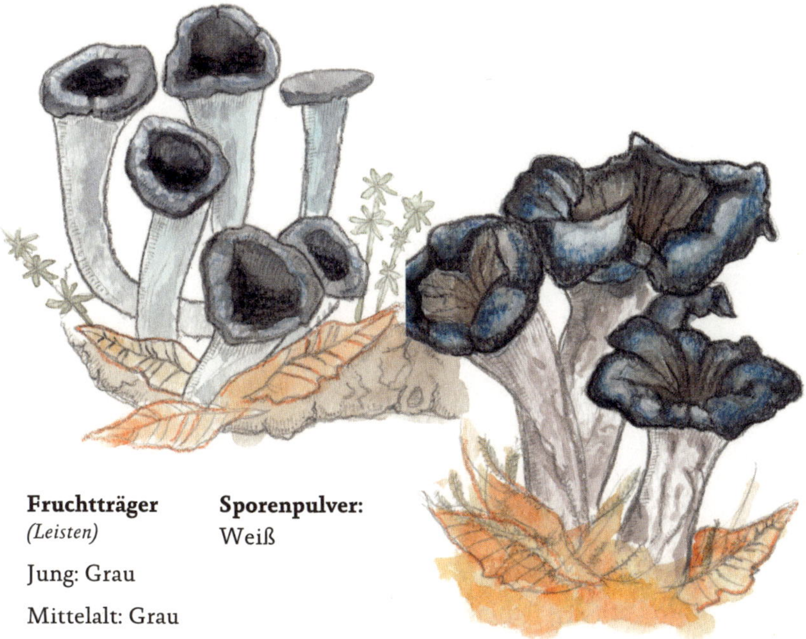

Fruchtträger *(Leisten)*

Jung: Grau

Mittelalt: Grau

Alt: Grauschwarz

Sporenpulver: Weiß

Gute Merkmale:	Fleisch brauntönig, Leisten ganz schwach bis gar nicht ausgeprägt, von oben bis unten hohl
Geruch:	Fruchtig *(Gerüche sind bei Pilzen nicht immer wahrnehmbar)*
Speisewert:	Speisepilz, wohlschmeckend, auch wenn er nicht so aussieht
Bemerkungen:	Er ist in der Laubstreu gut getarnt und wird leicht übersehen, selbst bei Massenvorkommen

Lebensweise:	Partnerpilz	**Hauptsaison:**	Herbst
Umgebung:	Laubwälder, Buchen und Eichen	**Untergrund:**	Boden auf Kalkstein

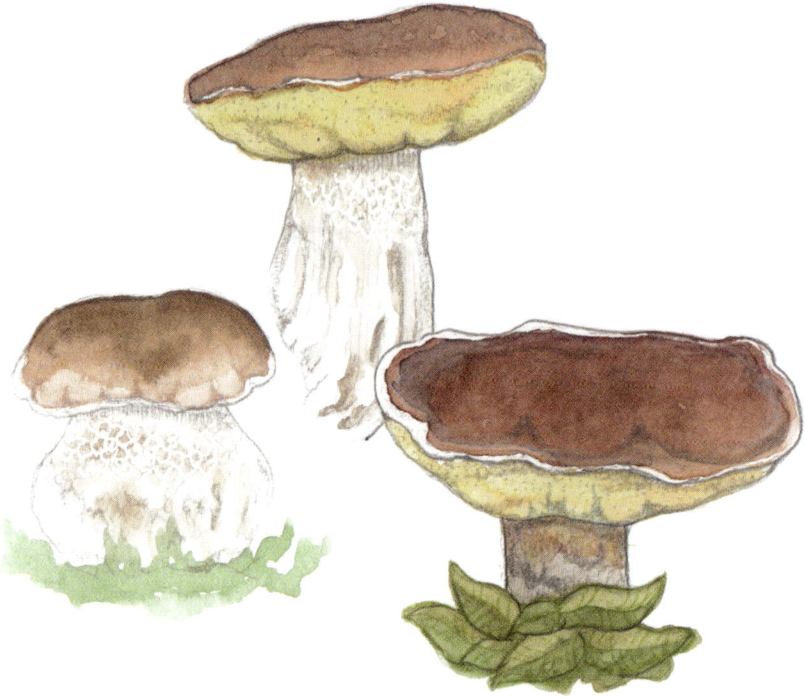

Steinpilz, Herren-pilz

Steinpilz, Herrenpilz

Boletus edulis

Da der Steinpilz festfleischig, großwüchsig und äußerst wohlschmeckend ist, wird ihm alljährlich begeistert nachgestellt. Oft gilt eine Sammeltour nur dann als erfolgreich oder zumindest abgerundet, wenn auch Steinpilze gefunden wurden. Sie erkennen ihn stets an seiner feinen, weißen Netzstruktur am oberen Stielende.

Seien Sie jedoch bitte auch ein wenig gnädig mit dieser Köstlichkeit und konzentrieren Sie sich auf junge, festfleischige Exemplare, während Sie die älteren im Wald lassen. Anders als Egerlinge, Stockschwämmchen und Seitlinge lassen Steinpilze sich nicht züchten.

Gute Merkmale:	Fleisch weiß, sehr bedeutendes Merkmal ist das feine, weiße Netz auf dem Stiel, besonders oben
Geruch:	Wohlriechend *(Gerüche sind bei Pilzen nicht immer wahrnehmbar)*
Speisewert:	Speisepilz, sehr geschätzt und viel gesammelt
Bemerkungen:	Ist auch roh bekömmlich. Vorsicht vor Verwechslung mit dem Gallenröhrling.

Fruchtträger: *(Röhren)*
Jung: Rosaweiß
Mittelalt: Hellgelb
Alt: olivgrün

Sporenpulver:
Olivbraun

Lebensweise:	Partnerpilz
Hauptsaison	Herbst
Umgebung	Laub- und Nadelwälder
Untergrund:	Saure Böden

Gallenröhrling

Tylopilus felleus

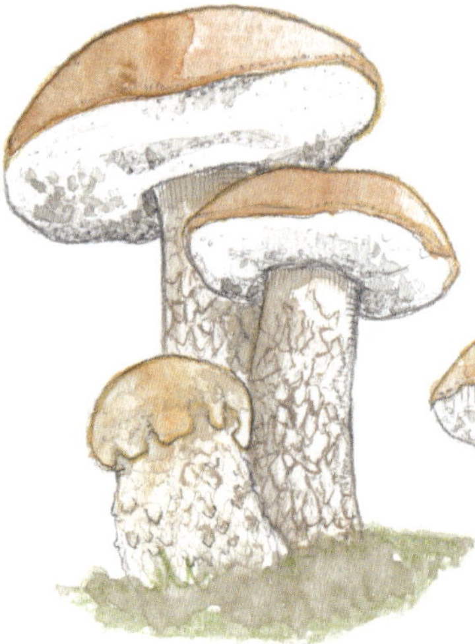

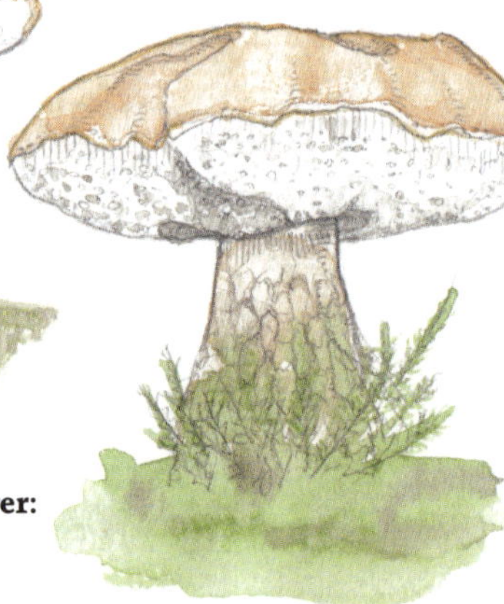

Fruchtträger
(Röhren)

Jung: Weiß

Mittelalt: Rosa

Alt: Dunkelrosa

Sporenpulver:
Rosa

Gute Merkmale:	Fleisch weiß, Hut und Stiel gelblicher als beim Steinpilz, Stiel mit dunkler Netzstruktur
Geruch:	Säuerlich *(Gerüche sind bei Pilzen nicht immer wahrnehmbar)*
Speisewert:	Kein Speisepilz, da widerlich bitter schmeckend
Bemerkungen:	Wenn es trocken ist und nichts wächst, ist der Gallenröhrling oft in Fülle vorhanden.

Lebensweise:	Partnerpilz	**Hauptsaison:**	Herbst
Umgebung:	Misch- und Nadelwälder	**Untergrund:**	Saure Böden

Schönfußröhrling

Caloboletus calopus

Fruchtträger
(Röhren)

Jung: Blassgelb

Mittelalt: Hellgelb

Alt: Gelb

Sporenpulver:
Olivbraun

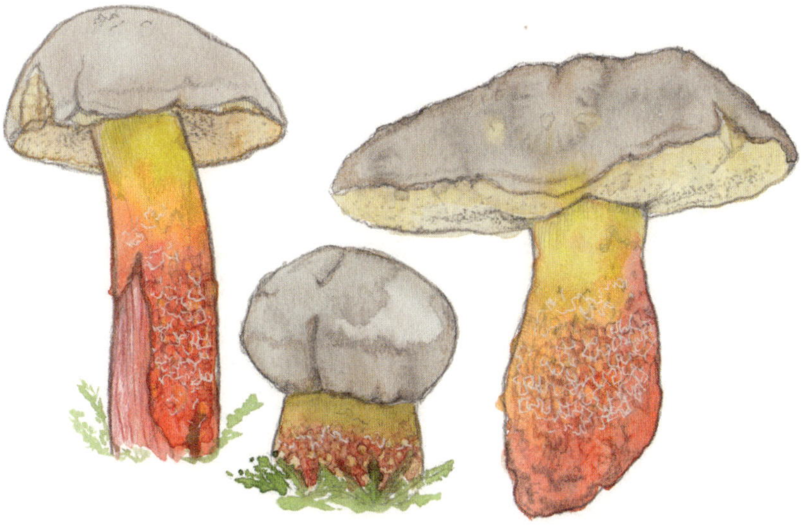

Gute Merkmale:	Fleisch gelblichweiß, im Schnitt blauend, Röhren gelb, bei Druck blauend, Stiel mit weißem Netz
Geruch:	Säuerlich *(Gerüche sind bei Pilzen nicht immer wahrnehmbar)*
Speisewert:	Giftpilz, verursacht Magen-Darm-Störungen
Bemerkungen:	Mit dem seltenen Satanspilz verwechselbar, dieser hat aber rote Röhren und ein rotes Netz

Lebensweise:	Partnerpilz	**Hauptsaison:**	Herbst
Umgebung:	Mischwälder	**Untergrund:**	Saure Böden

Flockenstieliger Hexenröhrling

Neoboletus erythropus

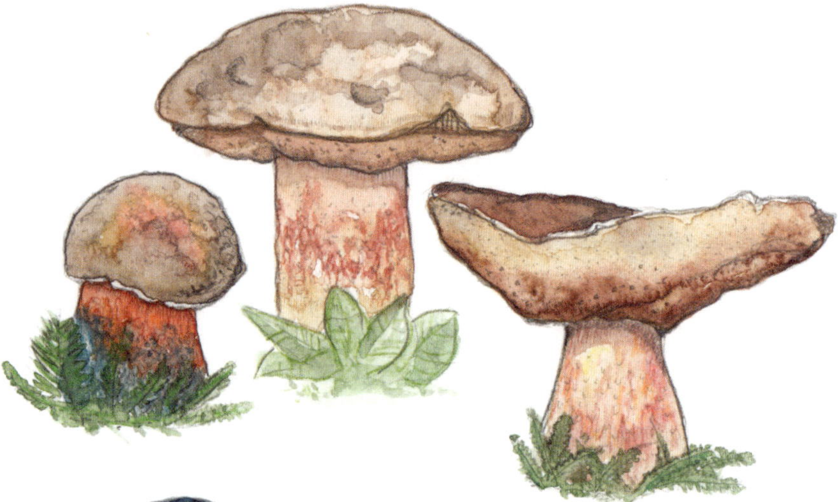

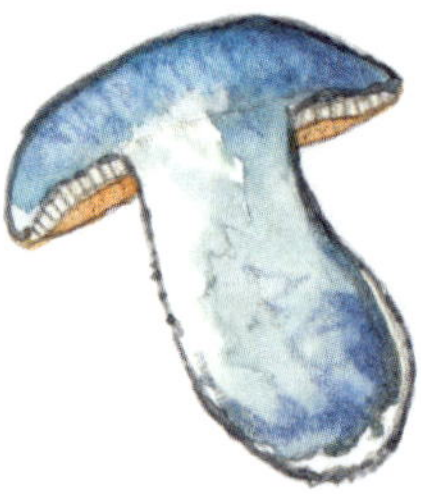

Fruchtträger
(Röhren)

Jung: Gelb

Mittelalt: Orange

Alt: Rot

Sporenpulver:
Olivbraun

Gute Merkmale:	Fleisch gelb, im Schnitt sofort blauend, nur Röhrenmündungen rot, Röhren sonst gelb, Stiel beflockt
Geruch:	Wohlriechend *(Gerüche sind bei Pilzen nicht immer wahrnehmbar)*
Speisewert:	Speisepilz, dem Steinpilz ebenbürtig
Bemerkungen:	Kann mit dem Satansröhrling verwechselt werden, obgleich dieser sehr selten ist.

Lebensweise:	Partnerpilz	**Hauptsaison:**	Sommer
Umgebung:	Mischwälder	**Untergrund:**	Saure Böden

Pfefferröhrling

Chalciporus piperatus

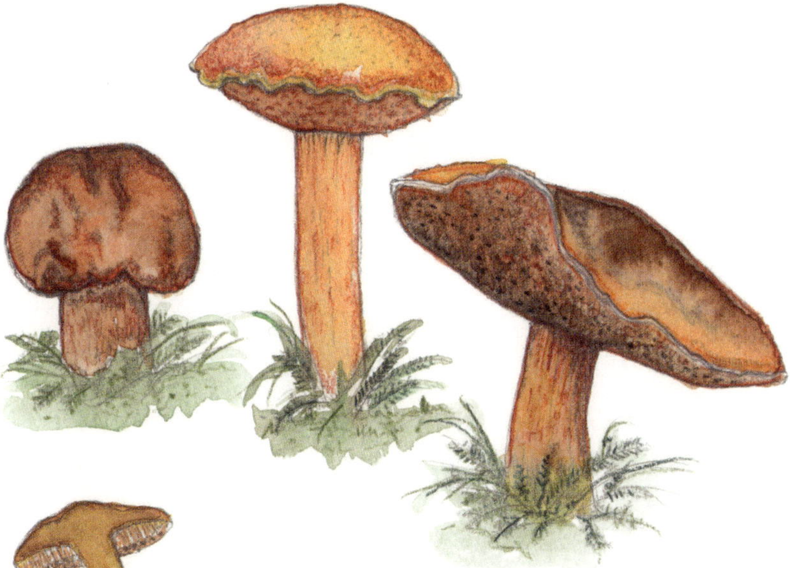

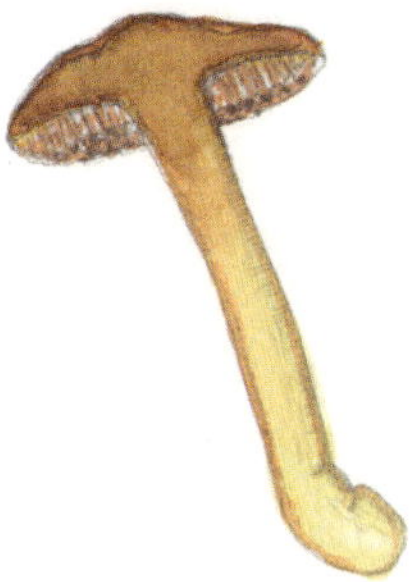

Fruchtträger
(Röhren)

Jung: Beige

Mittelalt: Braun

Alt: Rotbraun

Sporenpulver:
Zimtbraun

Gute Merkmale:	Fleisch zimtgelb, zur Stielbasis hin zitronengelb (auffälliges Merkmal!), Röhren groblöchrig
Geruch:	Unauffällig *(Gerüche sind bei Pilzen nicht immer wahrnehmbar)*
Speisewert:	Speisepilz, guter Würzpilz aufgrund seiner Pfeffrigkeit. Roh giftig.
Bemerkungen:	Er ist wirklich sehr scharf! Besser nur in Maßen als Beipilz verwenden.

Lebensweise: Partnerpilz

Hauptsaison: Herbst

Umgebung: Mischwälder

Untergrund: Saure Böden

Espenrotkappe

Leccinum aurantiacum

Fruchtträger
(Röhren)

Jung: Beigeweiß

Mittelalt: Grauweiß

Alt: Olivgrau

Sporenpulver:
Olivbraun

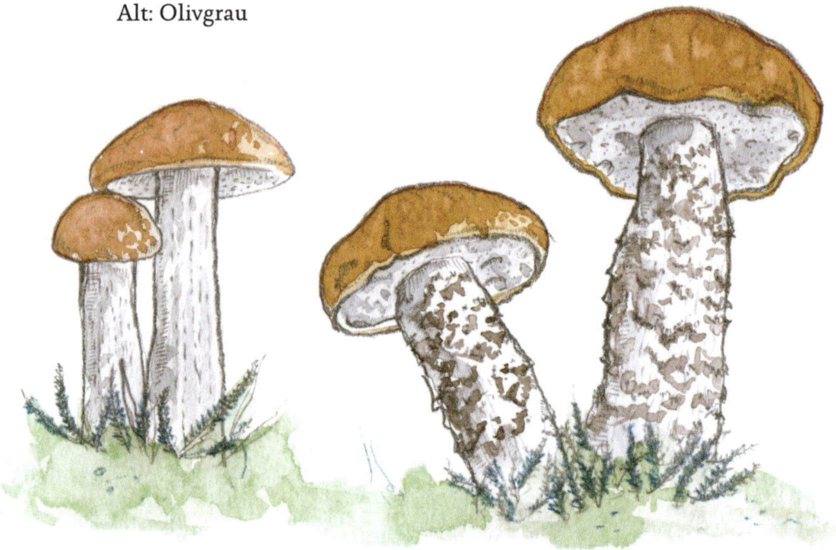

Gute Merkmale:	Fleisch weiß, nach Schnitt langsam graulila verfärbend, Stielpusteln orangebraun, Huthaut überhängig
Geruch:	Pilzig *(Gerüche sind bei Pilzen nicht immer wahrnehmbar)*
Speisewert:	Speisepilz, mindestens 20 Minuten garen!
Bemerkungen:	Rotkappen sind leicht zu erkennen und samt und sonders gute Speisepilze.

Lebensweise:	Partnerpilz	**Hauptsaison:**	Herbst
Umgebung:	Laub- und Mischwälder	**Untergrund:**	Boden bei Zitterpappeln (Espen)

Birkenpilz

Leccinum scabrum

Fruchtträger
(Röhren)

Jung: Beigeweiß

Mittelalt: Grauweiß

Alt: Braungrau

Sporenpulver:
Ocker

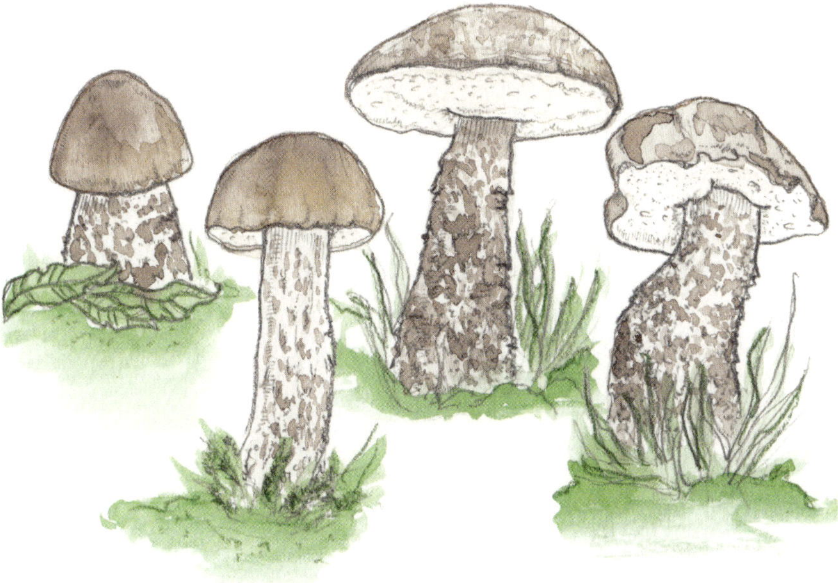

Gute Merkmale:	Fleisch grauweißlich, nicht verfärbend, Stielpusteln weiß bis schwarzbraun, Hut nie rot
Geruch:	Unauffällig *(Gerüche sind bei Pilzen nicht immer wahrnehmbar)*
Speisewert:	Speisepilz, nicht so gut wie Rotkappen
Bemerkungen:	Besonders die älteren Exemplare werden in der Pfanne zu einer glitschigen Masse.

Lebensweise:	Partnerpilz	**Hauptsaison:**	Herbst
Umgebung:	Laub- und Mischwälder	**Untergrund:**	Boden bei Birken

Heiderotkappe *Leccinum versipelle*

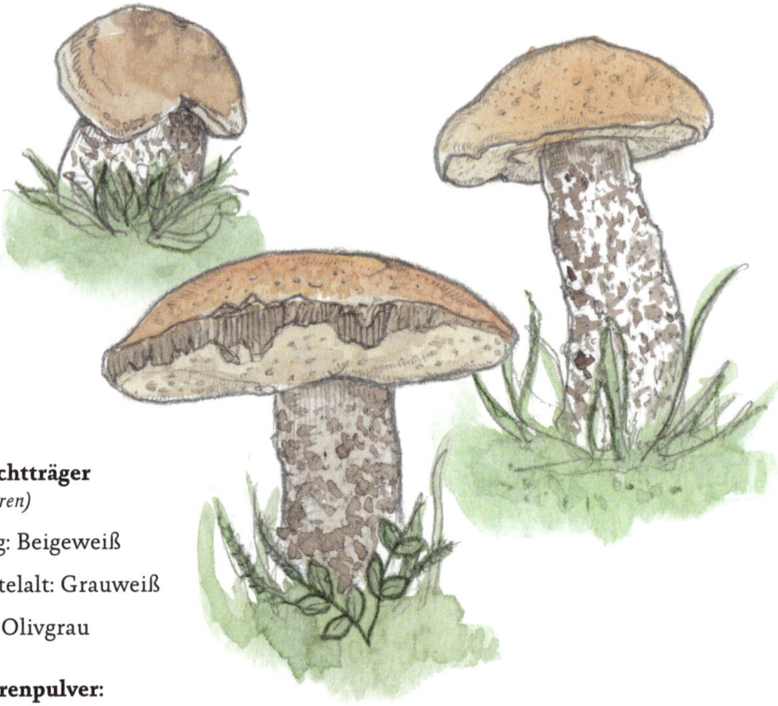

Fruchtträger
(Röhren)

Jung: Beigeweiß

Mittelalt: Grauweiß

Alt: Olivgrau

Sporenpulver:
Olivbraun

Gute Merkmale:	Fleisch weiß, nach Schnitt wenig blau verfärbend, Stielpusteln schwarzbraun, Huthaut überhängig
Geruch:	Pilzig *(Gerüche sind bei Pilzen nicht immer wahrnehmbar)*
Speisewert:	Speisepilz, mindestens 20 Minuten garen!
Bemerkungen:	Alle Rotkappen sind roh schwach giftig, daher sind sie vor Verzehr gründlich zu garen.

Lebensweise:	Partnerpilz	**Hauptsaison:**	Herbst
Umgebung:	Laub- und Mischwälder	**Untergrund:**	Boden bei Birken

Kuhröhrling

Suillus bovinus

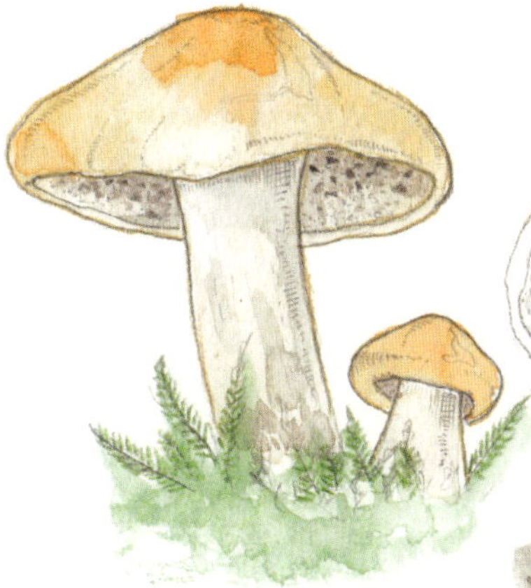

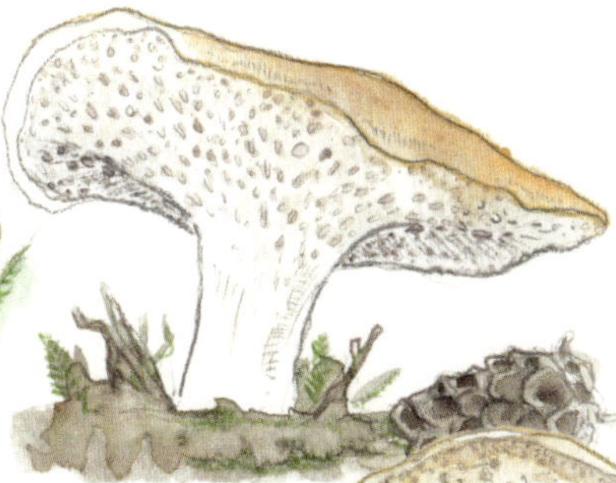

Fruchtträger
(Röhren)

Jung: Graugelb

Mittelalt: Graubraun

Alt: Rostbraun

Sporenpulver:
Helloliv

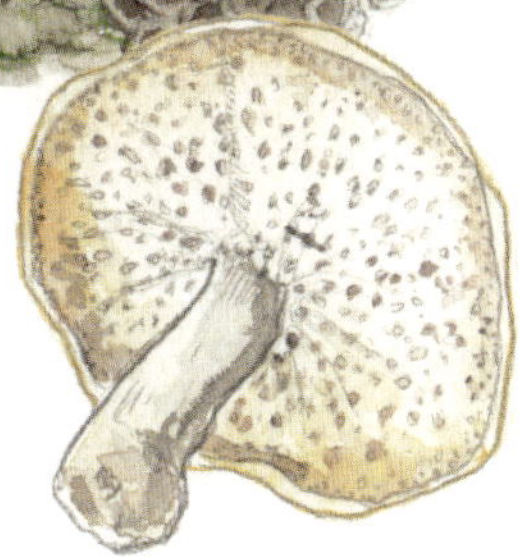

Gute Merkmale:	Fleisch hellgelb, Hut glatt bis schmierig, Röhren kantig und recht großporig, kaum vom Fleisch lösbar
Geruch:	Pilzig *(Gerüche sind bei Pilzen nicht immer wahrnehmbar)*
Speisewert:	Speisepilz, läuft häufig unter „Marönchen“ mit
Bemerkungen:	Beim Kochen wird sein Fleisch rosa bis blassviolett. Ähnlich ist der seltenere Sandröhrling mit feineren Poren und sandig-mattem Hut.

Lebensweise:	Partnerpilz	**Hauptsaison:**	Herbst
Umgebung:	Nadelwälder, bei Kiefern	**Untergrund:**	Sandiger Boden

Goldröhrling

Suillus grevillei

Fruchtträger *(Röhren)*

Jung: Hellgelb

Mittelalt: Gelb

Alt: Braungelb

Sporenpulver: Gelbbraun

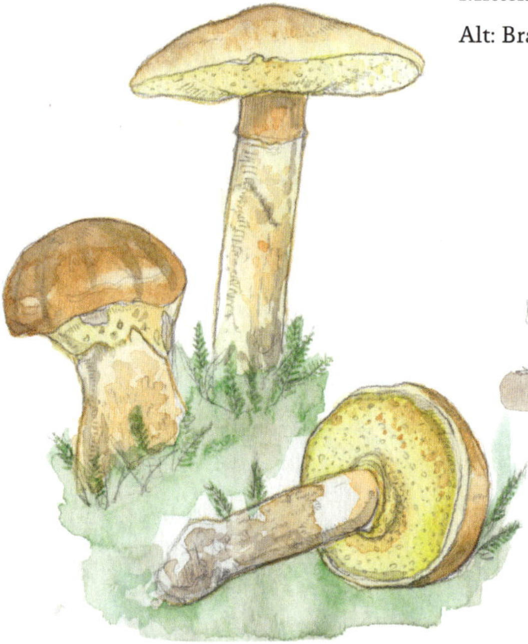

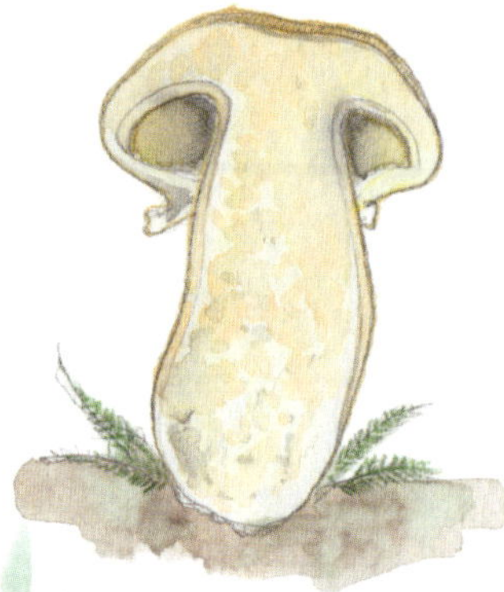

Gute Merkmale: Fleisch gelb, Fruchtkörper schmierig, Röhren bei Druck rötend, jung durch Schleimschicht geschützt

Geruch: Pilzig *(Gerüche sind bei Pilzen nicht immer wahrnehmbar)*

Speisewert: Speisepilz, roh unverträglich, sollte 20 Minuten garen

Bemerkungen: Wer nicht auf den Fruchtträger achtet, verwechselt ihn mit dem Schöngelben Klumpfuß!

Lebensweise: Partnerpilz

Hauptsaison: Herbst

Umgebung: Mischwälder, bei Lärchen

Untergrund: Alle Böden

Butterröhrling *Suillus luteus*

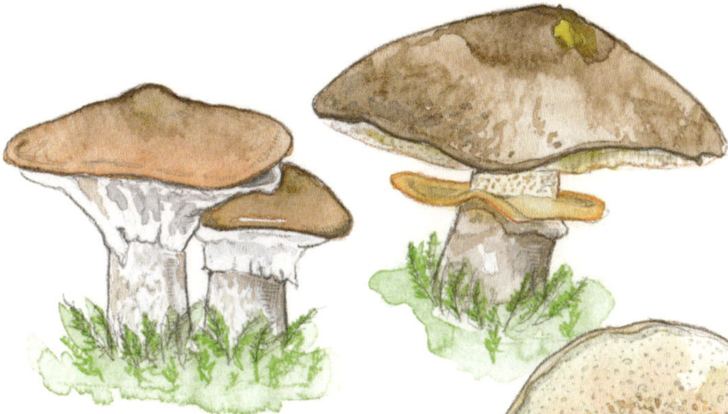

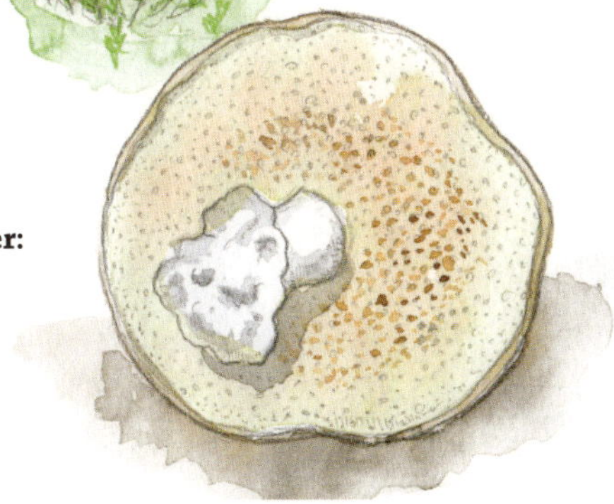

Fruchtträger
(Röhren)

Jung: Hellgelb

Mittelalt: Hellgelb

Alt: Goldbraun

Sporenpulver:
Olivocker

Gute Merkmale:	Fleisch gelbweiß, Hut glänzend, schleimig, Stiel mt feinen Pusteln, Röhren jung durch Haut geschützt
Geruch:	Obst *(Gerüche sind bei Pilzen nicht immer wahrnehmbar)*
Speisewert:	Speisepilz, wohlschmeckend und gern gesammelt
Bemerkungen:	Die weiße Schutzhaut der Röhren bildet später ein oft ausladendes Röckchen am Stiel

Lebensweise:	Partnerpilz	**Hauptsaison:**	Herbst
Umgebung:	Nadelwälder, bei Kiefern	**Untergrund:**	Alle Böden

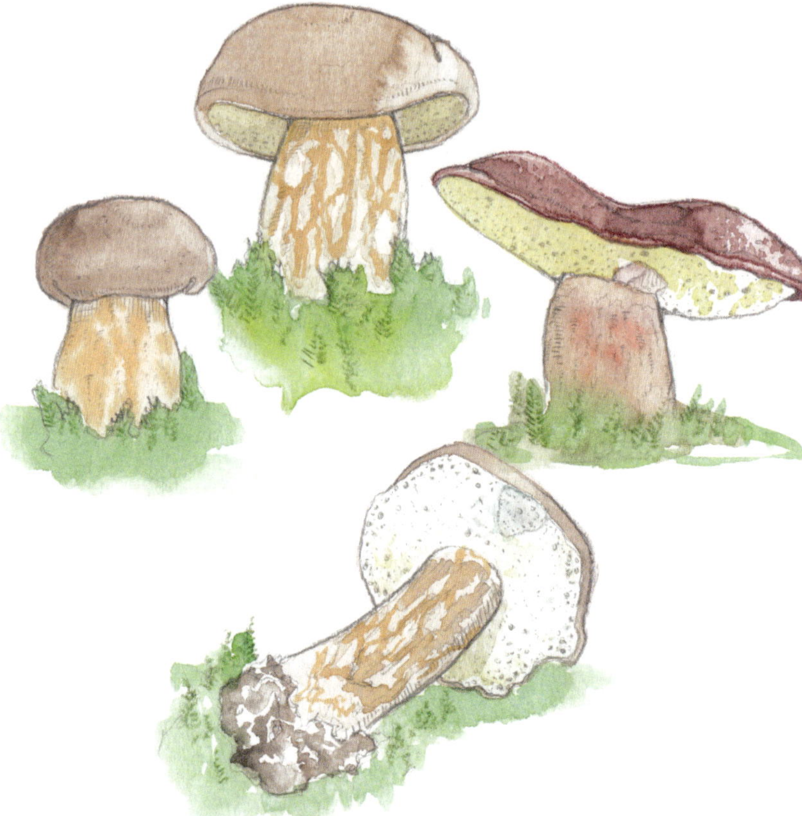

Maronen-röhrling

Maronenröhrling

Imleria badia

Ein brauner Pilz mit gelblichen Röhren? Och, das ist ein Marönchen, nicht wahr? Längst nicht immer! Gut, dass seine Doppelgänger fast alle genießbar sind, da machen die vielen Verwechslungen nichts aus.

Wenn Sie Ihre Maronen aber treffsicher bestimmen möchten, achten Sie neben dem kastanienbraunen Hut einfach auf die im jungen Zustand zitronengelben Röhren, die bei Druck oder Beschädigung blau anlaufen. Diese harmlose Reaktion mit dem Luftsauerstoff gibt Ihnen die Gewissheit, wirklich ein Marönchen im Korb zu haben.

Gute Merkmale:	Fleisch hellgelblich, Hut samtig, nach Regen glatt, Röhren auf Druck stark blauend
Geruch:	Pilzig *(Gerüche sind bei Pilzen nicht immer wahrnehmbar)*
Speisewert:	Speisepilz, beliebter Steinpilzersatz
Bemerkungen:	Unerfahrene verwechseln ihn regelmäßig mit Steinpilz, Rotfußröhrling und Ziegenlippe

Fruchtträger: *(Röhren)*
Jung: Hellgelb
Mittelalt: Hellgelb
Alt: Grüngelb

Sporenpulver:
Olivbraun

Lebensweise:	Partnerpilz
Hauptsaison	Herbst
Umgebung	Misch- und Nadelwälder
Untergrund:	Saure Böden

Rotfußröhrling

Xerocomellus chrysenteron

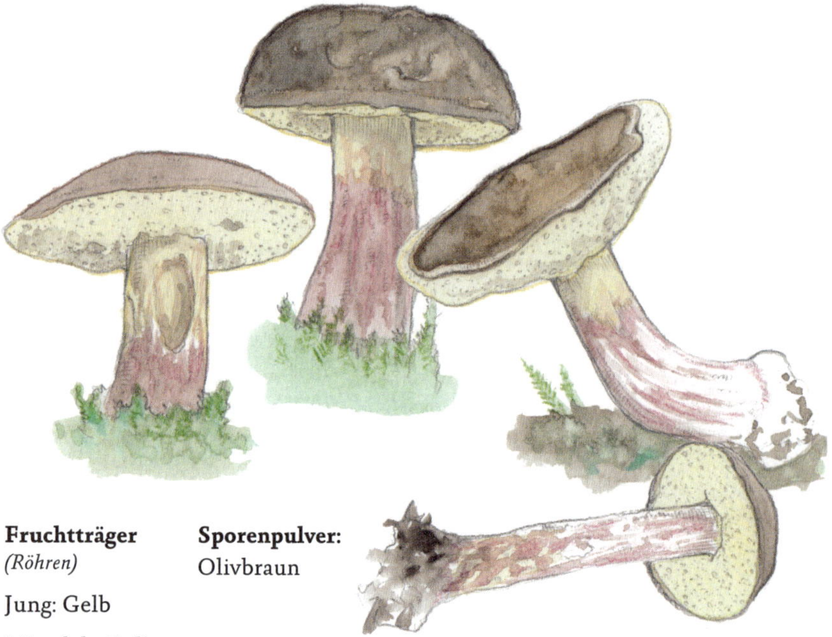

Fruchtträger
(Röhren)

Jung: Gelb

Mittelalt: Gelb

Alt: Olivgelb

Sporenpulver:
Olivbraun

Gute Merkmale:	Fleisch blassgelb, manchmal blauend, direkt unter dem Hut rot, Hut matt, samtig, wenig reißend
Geruch:	Pilzig *(Gerüche sind bei Pilzen nicht immer wahrnehmbar)*
Speisewert:	Speisepilz, jung als Mischpilz verwendbar
Bemerkungen:	Der Schönfußröhrling hat auch den roten Stiel, dem Rotfußröhrling fehlt aber das weiße Netz

Lebensweise:	Partnerpilz	**Hauptsaison:**	Herbst
Umgebung:	Mischwälder	**Untergrund:**	Alle Böden

Falscher Rotfußröhrling

Xerocomellus porosporus

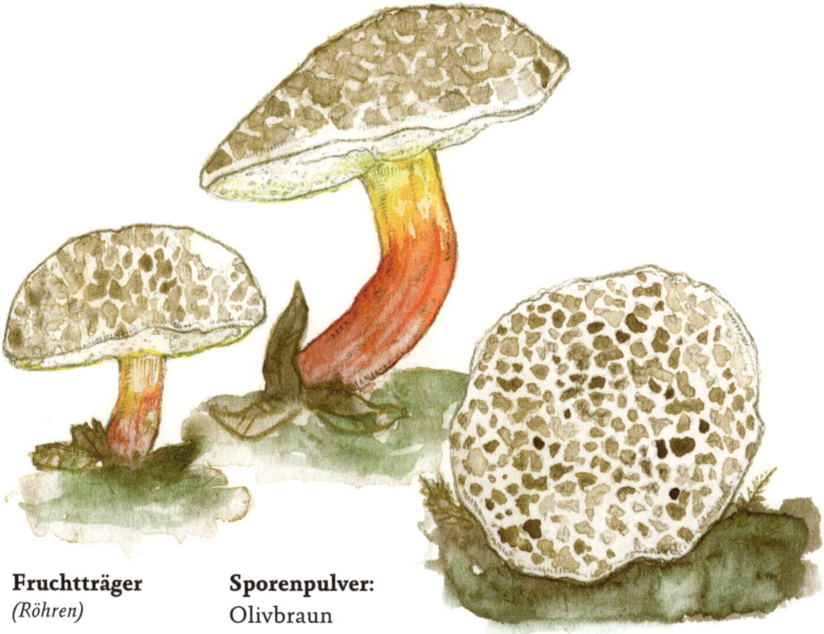

Fruchtträger
(Röhren)

Jung: Gelb

Mittelalt: Gelb

Alt: Olivgelb

Sporenpulver:
Olivbraun

Gute Merkmale:	Merkmale wie der Rotfußröhrling, doch mit mangelnden Rottönen, dafür reißt der Hut mehr auf
Geruch:	Unauffällig *(Gerüche sind bei Pilzen nicht immer wahrnehmbar)*
Speisewert:	Essbar, nur als Mischpilz in Betracht zu ziehen
Bemerkungen:	Es gibt weitere Rotfußröhrlinge, die alle essbar sind, so dass eine Verwechslung nichts macht

Lebensweise:	Partnerpilz	**Hauptsaison:**	Herbst
Umgebung:	Mischwälder	**Untergrund:**	Alle Böden

Ziegenlippe

Xerocomus subtomentosus

Fruchtträger
(Röhren)

Jung: Kräftig Gelb

Mittelalt: Kräftig Gelb

Alt: Grüngelb

Sporenpulver:
Olivbraun

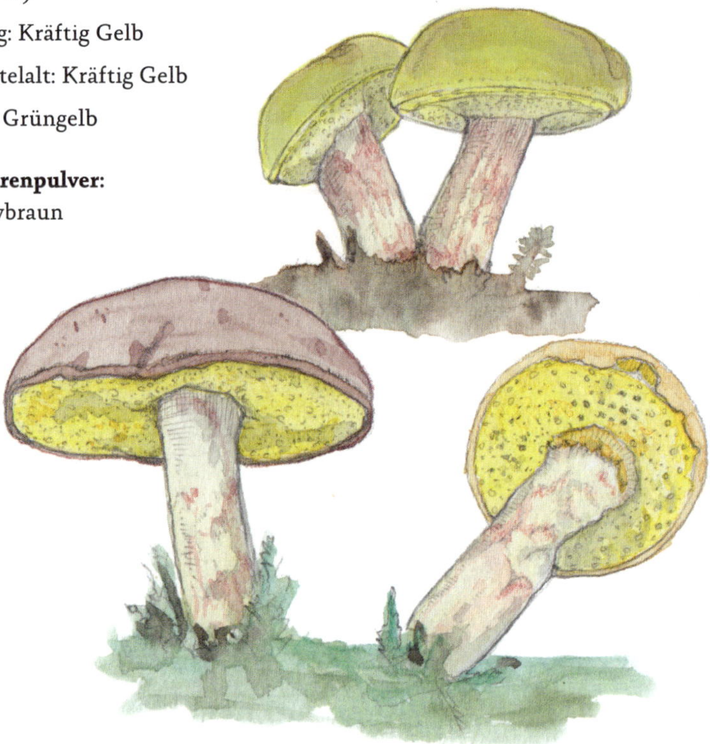

Gute Merkmale:	Fleisch hellgelb, zur Basis hin ocker, Hut fein samtig, nie rein braun, sondern immer ins Oliv gehend
Geruch:	Unauffällig *(Gerüche sind bei Pilzen nicht immer wahrnehmbar)*
Speisewert:	Speisepilz, weniger wertig als der Maronenröhrling
Bemerkungen:	Auch die Ziegelippe hat viele Schwesterarten. Sie sind samt und sonders essbar.

Lebensweise:	Partnerpilz	**Hauptsaison:**	Herbst
Umgebung:	Mischwälder	**Untergrund:**	Alle Böden

Zunderschwamm

Fomes fomentarius

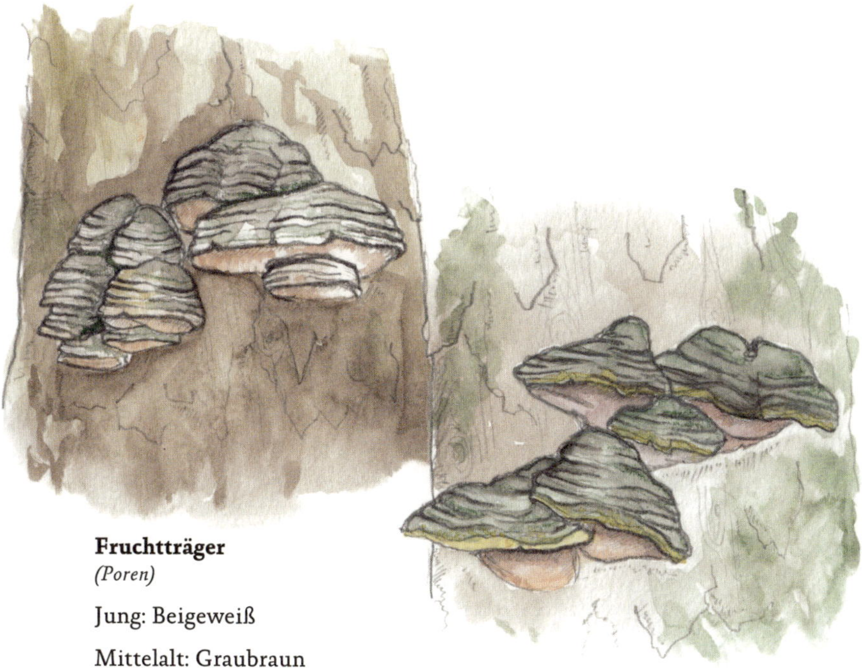

Fruchtträger
(Poren)

Jung: Beigeweiß

Mittelalt: Graubraun

Alt: Braun

Sporenpulver:
Weiß

Gute Merkmale:	Fleisch hellbraun, lederartig zäh, Fruchtköper zoniert, Poren bei Berührung bräunend
Geruch:	Unauffällig *(Gerüche sind bei Pilzen nicht immer wahrnehmbar)*
Speisewert:	Kein Speisepilz, hart und zäh wie altes, getrocknetes Leder
Bemerkungen:	Sein getrocknetes Fruchtfleisch war früher Bestandteil von Feueranzündern, daher der Name.

Lebensweise:	Schmarotzerpilz	**Hauptsaison:**	Ganzjährig
Umgebung:	Laubwälder, meist Buchen	**Untergrund:**	Laubholz, tot oder lebendig

Rotrandiger Baumschwamm

Fomitopsis pinicola

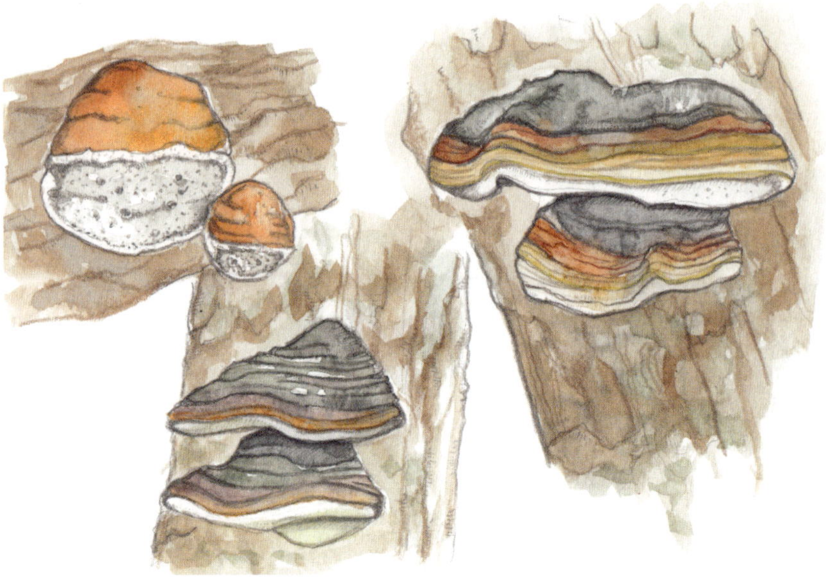

Fruchtträger
(Poren)

Jung: Cremeweiß

Mittelalt: Hellbraun

Alt: Braun

Sporenpulver:
Weiß

Gute Merkmale:	Fleisch gelblich weiß bis braun, holzig hart, Randzone deutlich rötlich, Außenrand weiß
Geruch:	Babyurin *(Gerüche sind bei Pilzen nicht immer wahrnehmbar)*
Speisewert:	Kein Speisepilz, hart und zäh, fast wie Holz
Bemerkungen:	Der Geruch variiert. Manche erinnert er an Kindergartengeruch oder einfach nur säuerlich.

Lebensweise:	Zersetzerpilz	**Hauptsaison:**	Ganzjährig
Umgebung:	Misch- und Nadelwälder	**Untergrund:**	Totes Holz, meist Nadelholz

Schmetterlingsporling, Bunte Tramete

Trametes versicolor

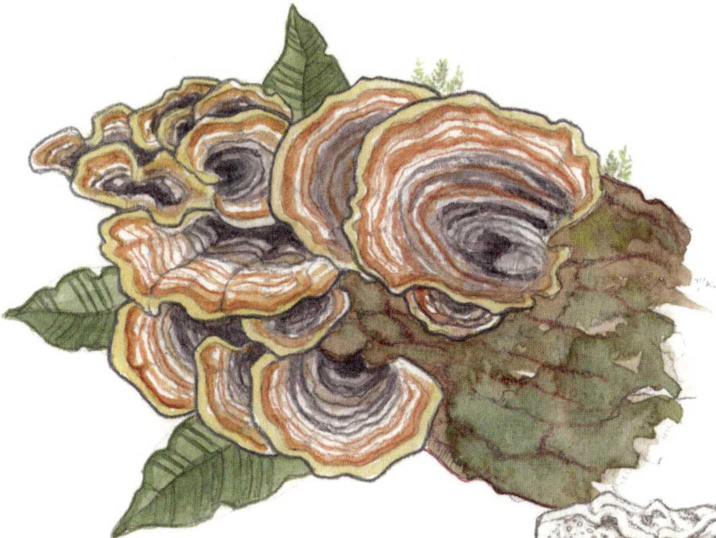

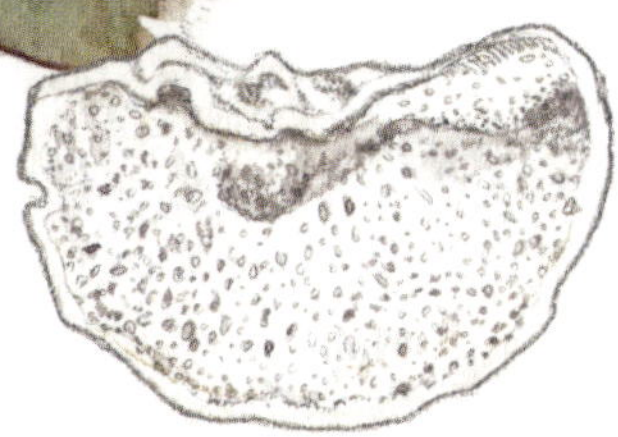

Fruchtträger
(Poren)

Jung: Weiß

Mittelalt: Gelblich

Alt: Graubraun

Sporenpulver:
Blassgelb

Gute Merkmale:	Fleisch weißlich, dünn, hart zäh, dunkle Schicht zwischen der filzigen Oberseite und dem Fruchtfleisch
Geruch:	Pilzig *(Gerüche sind bei Pilzen nicht immer wahrnehmbar)*
Speisewert:	Kein Speisepilz
Bemerkungen:	Die Fruchtkörper sind vielfarbig und werden daher gerne zu Dekozwecken gesammelt

Lebensweise:	Zersetzerpilz	**Hauptsaison:**	Ganzjährig
Umgebung:	Laubwälder	**Untergrund:**	Totes Laubholz

Winterporling

Lentinus brumalis

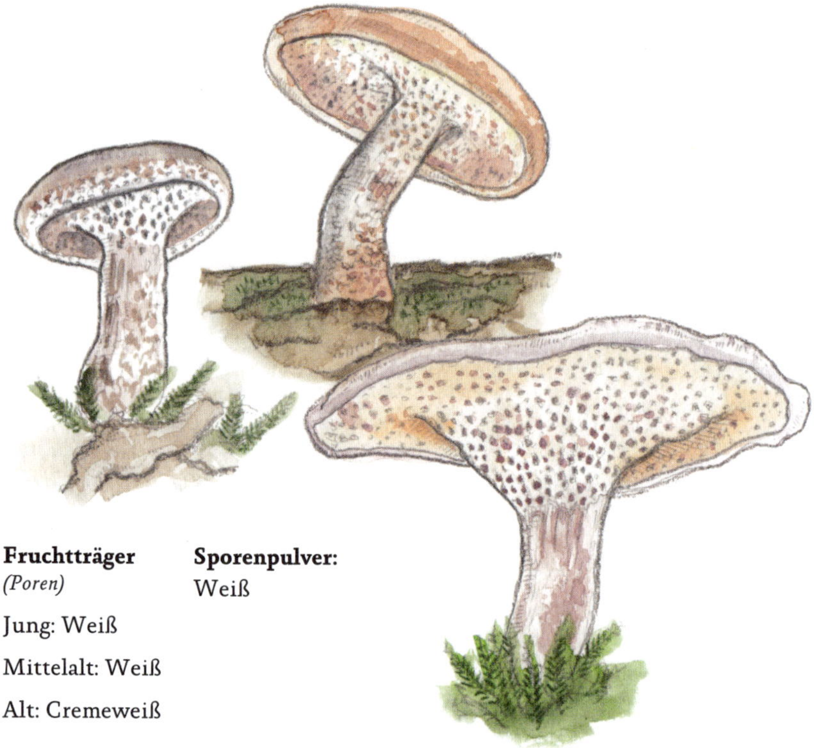

Fruchtträger
(Poren)

Jung: Weiß

Mittelalt: Weiß

Alt: Cremeweiß

Sporenpulver:
Weiß

Gute Merkmale:	Fleisch cremefarben bis hellbraun, zäh und elastisch, Poren mit bloßem Auge leicht erkennbar
Geruch:	Pilzig *(Gerüche sind bei Pilzen nicht immer wahrnehmbar)*
Speisewert:	Kein Speisepilz
Bemerkungen:	Sehr ähnlich ist der Maiporling mit ganz feinen Poren, mit freiem Auge kaum erkennbar

Lebensweise:	Zersetzerpilz	**Hauptsaison:**	Winter
Umgebung:	Wälder, Parks, Gärten	**Untergrund:**	Totes Holz, meist Laubholz

Spaltblättling

Schizophyllum commune

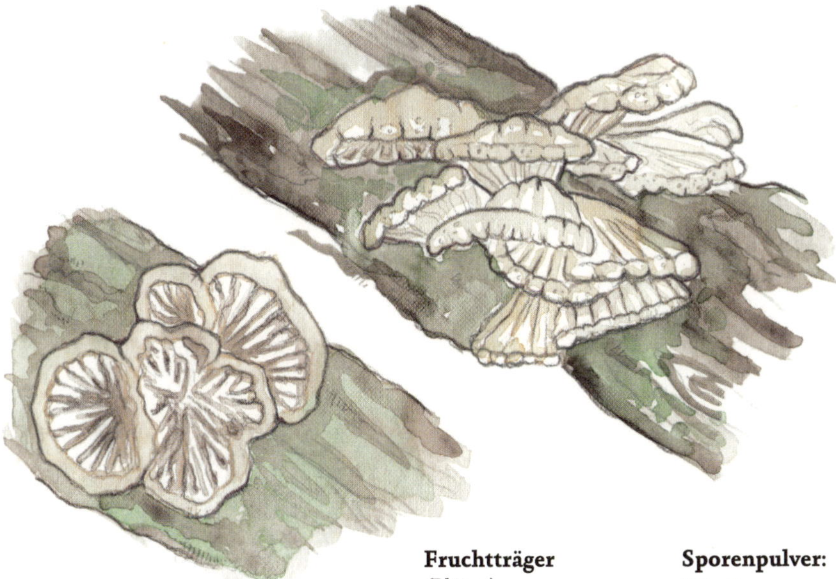

Fruchtträger
(Blätter)

Jung: Rosa

Mittelalt: Fleischrosa

Alt: Fleischrosa

Sporenpulver:
Weißrosa

Gute Merkmale:	Fleisch blassocker, dünn und zäh, Fruchkörper stiellos, Hut filzig bis behaart, Blätter längs gespalten
Geruch:	Unauffällig *(Gerüche sind bei Pilzen nicht immer wahrnehmbar)*
Speisewert:	Giftpilz, Sporen können im Körper keimen, Lebensgefahr!
Bemerkungen:	Pilzsporen können normalerweise nicht bei über 35°C keimen, diese hier schon!

Lebensweise:	Zersetzerpilz	**Hauptsaison:**	Ganzjährig
Umgebung:	Laub- und Nadelbäume	**Untergrund:**	Totes Holz in der Sonne

Klebriger Hörnling

Calocera viscosa

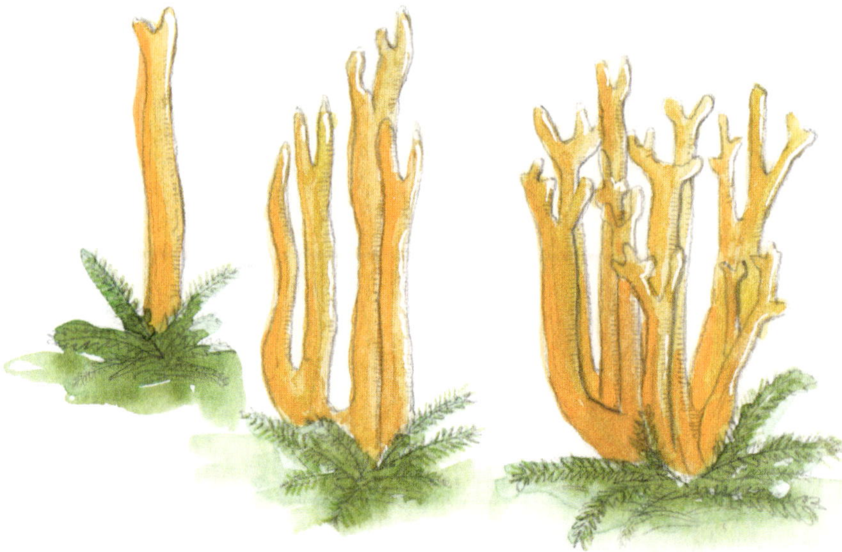

Fruchtträger
(Äste)

Jung: Orangegelb

Mittelalt: Orangegelb

Alt: Orangegelb

Sporenpulver:
Gelblich

Gute Merkmale:	Fleischorangegelb, gummiartig biegsam, nahezu unzerstörbar, bei Feuchtigkeit klebrig schmierig
Geruch:	Unauffällig *(Gerüche sind bei Pilzen nicht immer wahrnehmbar)*
Speisewert:	Kein Speisepilz, nicht giftig, aber völlig unverdaulich
Bemerkungen:	Trotz seines Erscheinungsbildes kein Ziegenbart. Das ist eine völlig andere Pilzgattung.

Lebensweise:	Zersetzerpilz	**Hauptsaison:**	Herbst
Umgebung:	Nadelwälder	**Untergrund:**	Totes Holz, auch vergrabenes

Goldgelbe Koralle, Ziegenbart

Ramaria aurea

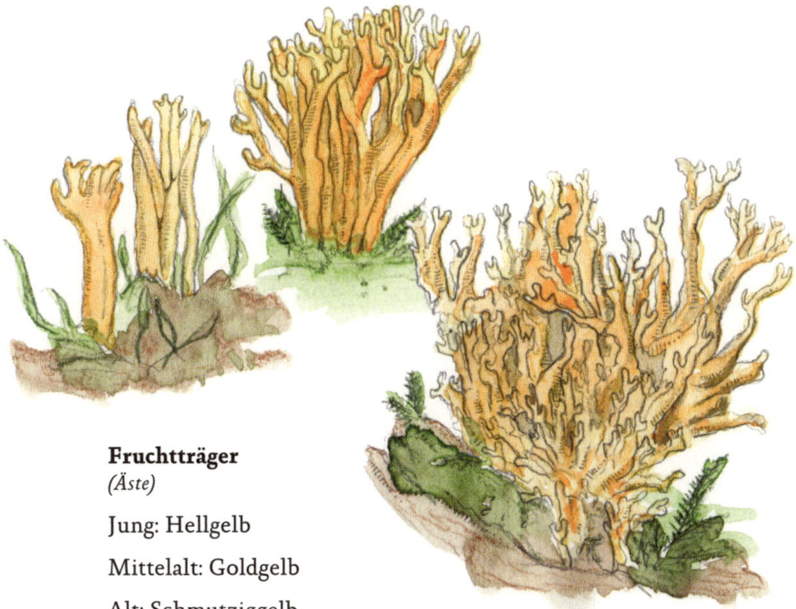

Fruchtträger
(Äste)

Jung: Hellgelb

Mittelalt: Goldgelb

Alt: Schmutziggelb

Sporenpulver:
Gelbocker

Gute Merkmale:	Fleisch weiß, mit Marmorierung, Äste tendieren zu Lachsfarbe, Spitzen dagegen kräftig gelb
Geruch:	Unauffällig *(Gerüche sind bei Pilzen nicht immer wahrnehmbar)*
Speisewert:	Essbar, doch sehr leicht zu verwechseln.
Bemerkungen:	Auch in der Eifel nur in höheren Lagen, an einigen Stellen regelmäßig und dann zahlreich

Lebensweise:	Partnerpilz	**Hauptsaison:**	Herbst
Umgebung:	Laub- und Nadelwälder	**Untergrund:**	Alle Böden

Schöne Koralle, Dreifarbige Koralle

Ramaria formosa

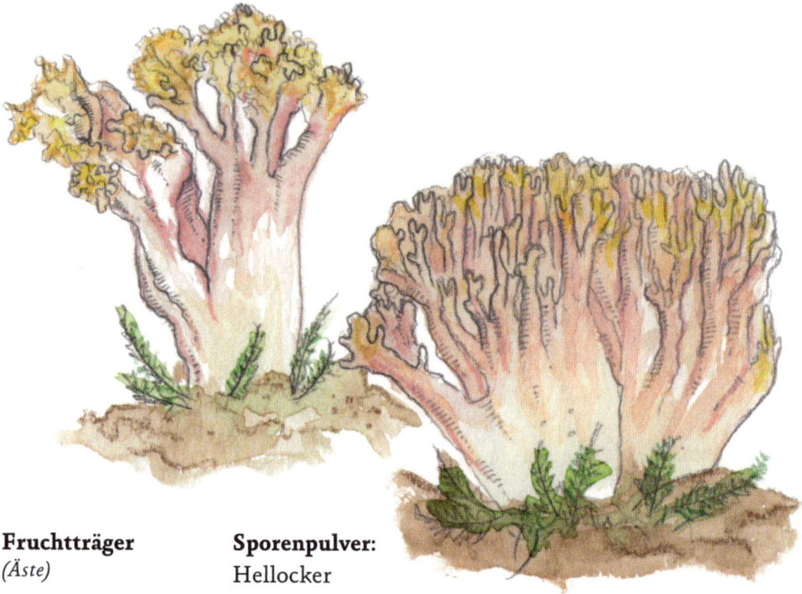

Fruchtträger
(Äste)

Jung: Cremeweiß

Mittelalt: Lachsrosa

Alt: Braungelb

Sporenpulver:
Hellocker

Gute Merkmale:	Fleisch weiß, bei Beschädigung langsam rötend, Basis weißlich, Äste in Rosatönen, Spitzen blassgelb
Geruch:	Unauffällig *(Gerüche sind bei Pilzen nicht immer wahrnehmbar)*
Speisewert:	Giftpilz, verusacht Magen-/Darmstörungen
Bemerkungen:	Meiden Sie grundsätzlich Korallenpilze! Viele von ihnen lösen heftige Beschwerden aus.

Lebensweise:	Zersetzerpilz	**Hauptsaison:**	Herbst
Umgebung:	Laubwälder	**Untergrund:**	Humus auf Kalkstein, bei Gras

Blasse Koralle, Bauchwehkoralle

Ramaria mairei

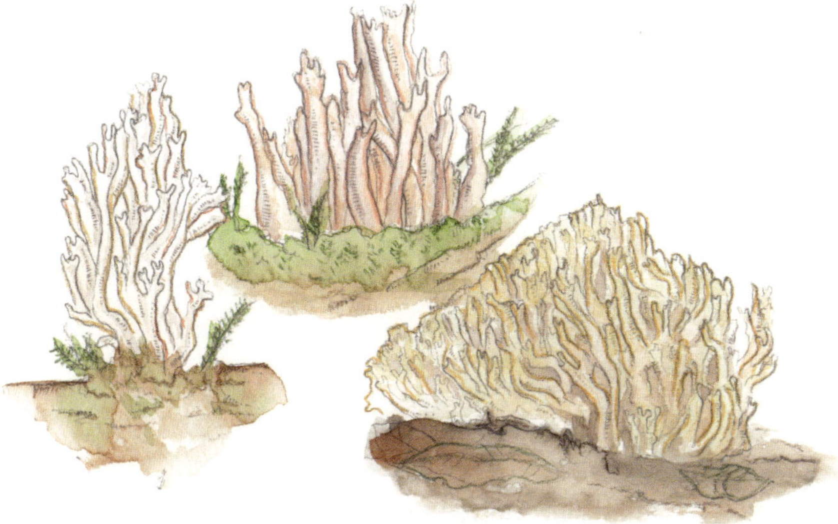

Fruchtträger
(Äste)

Jung: Hellgelb

Mittelalt: Blassbraun

Alt: Blassrosa

Sporenpulver:
Hellgelb

Gute Merkmale:	Fleisch weiß, auf Druck bräunend bis rötend, Astspitzen mit rötlichen „Zähnchen“
Geruch:	Seife *(Gerüche sind bei Pilzen nicht immer wahrnehmbar)*
Speisewert:	Gitpilz, verursacht in kurzer Zeit heftige, anhaltende Durchfälle
Bemerkungen:	Das Sammeln essbarer Korallen ist nur etwas für Profis. Zu ähnlich sind die einzelnen Arten.

Lebensweise:	Partnerpilz	**Hauptsaison:**	Herbst
Umgebung:	Laub- und Mischwälder	**Untergrund:**	Boden auf Kalkstein

Krause Glucke

Sparassis crispa

Fruchtträger
(Lappen)

Jung: Cremeweiß

Mittelalt: Blassgelb

Alt: Hellgelb

Sporenpulver:
Weiß

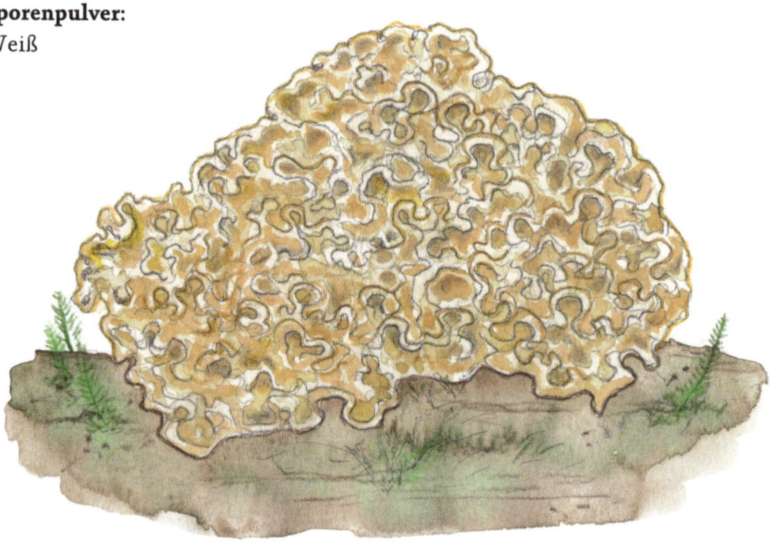

Gute Merkmale:	Fleisch blassgelb und wachsartig brüchig, fast wie bei Morcheln, Strunk weiß
Geruch:	Wohlriechend *(Gerüche sind bei Pilzen nicht immer wahrnehmbar)*
Speisewert:	Speisepilz, mit Ausnahme des Strunks gut bekömmlich
Bemerkungen:	Etwas weniger bekömmlich ist die Breitblättrige Glucke, die nach Waschlauge riecht

Lebensweise:	Schmarotzerpilz	**Hauptsaison:**	Herbst
Umgebung:	Nadelwälder, meist Kiefern	**Untergrund:**	Wurzeln von Kiefern, selten Fichten

Kartoffelbovist

Scleroderma citrinum

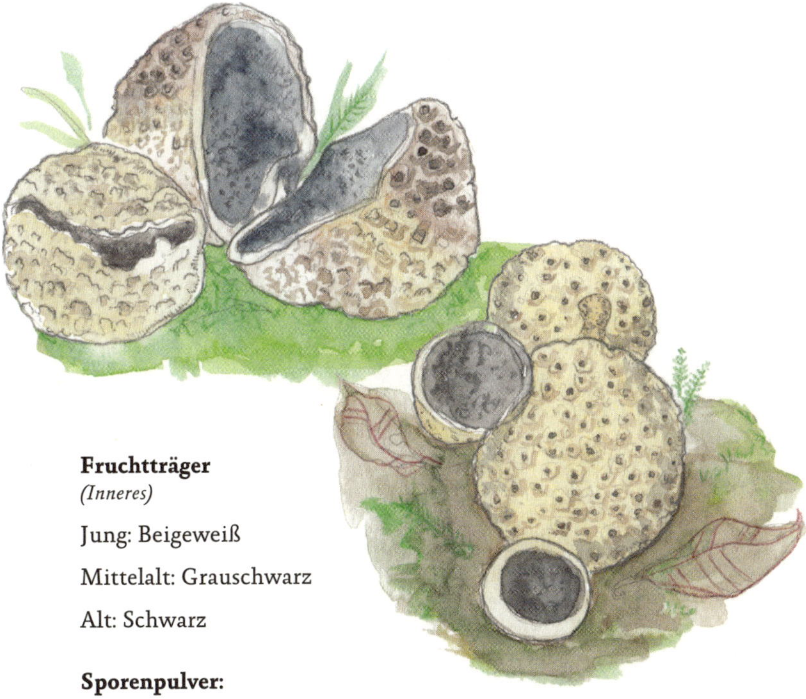

Fruchtträger
(Inneres)

Jung: Beigeweiß

Mittelalt: Grauschwarz

Alt: Schwarz

Sporenpulver:
Schwarz

Gute Merkmale: Fleischrand (um die Sporenmasse) weiß, nicht leicht von seinen Schwesterarten zu unterscheiden

Geruch: Gas *(Gerüche sind bei Pilzen nicht immer wahrnehmbar)*

Speisewert: Giftpilz, kann zu Ohnmacht und Koma führen

Bemerkungen: Eine Vergiftung mit dem Kartoffelbovist kann auch zu vorübergehender Erblindung führen.

Lebensweise: Partnerpilz

Hauptsaison: Herbst

Umgebung: Mischwälder

Untergrund: Saurer und sandiger Boden

Flaschenstäubling

Lycoperdon perlatum

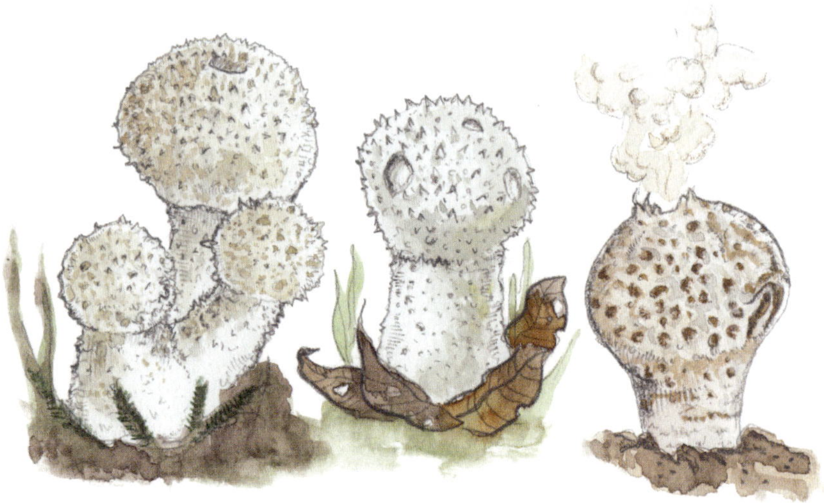

Fruchtträger
(Inneres)

Jung: Weiß

Mittelalt: Hellgelb

Alt: Olivbraun

Sporenpulver:
Olivbraun

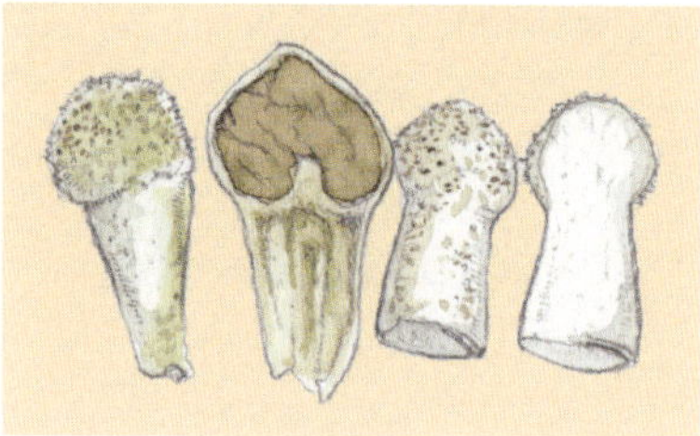

Gute Merkmale:	Fleisch erst weiß, dann zu braun verfärbend, Fruchtkörper mit derben, abwischbaren Stoppeln besetzt
Geruch:	Pilzig *(Gerüche sind bei Pilzen nicht immer wahrnehmbar)*
Speisewert:	Speisepilz, solange sein Inneres reinweiß ist
Bemerkungen:	Kann mit dem Kartoffelbovist verwechselt werden, der aber nicht so weichfleischig ist.

Lebensweise: Zersetzerpilz

Hauptsaison: Herbst

Umgebung: Mischwälder

Untergrund: Humus aus Blätter- und Nadelstreu

Riesenbovist

Calvatia gigantea

Fruchtträger
(Inneres)

Jung: Weiß

Mittelalt: Grüngelb

Alt: Olivbraun

Sporenpulver:
Olivbraun

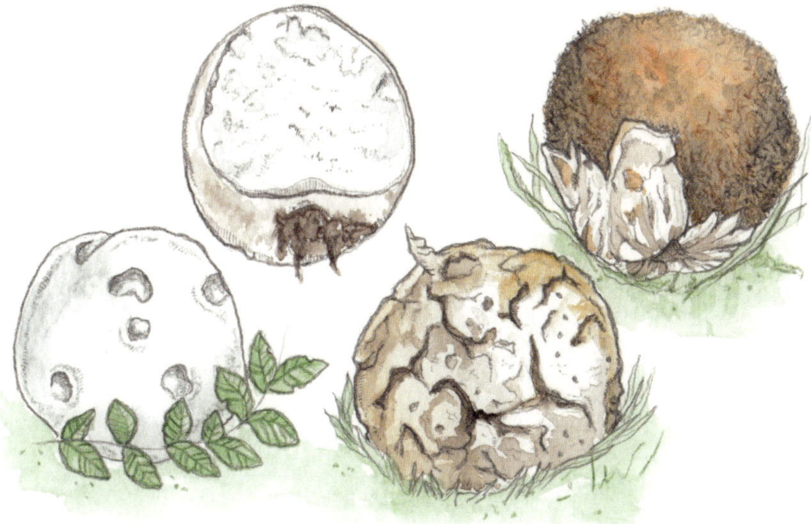

Gute Merkmale:	Fleisch erst weiß, dann zu braun verfärbend, derbe Pilzfadenstränge statt eines Stiels
Geruch:	Leicht urinartig *(Gerüche sind bei Pilzen nicht immer wahrnehmbar)*
Speisewert:	Speisepilz, solange sein Inneres reinweiß ist
Bemerkungen:	Kaum zu verwechseln, aber immer aufpassen auf noch geschlossene Knollenblätterpilze!

Lebensweise:	Zersetzerpilz	**Hauptsaison:**	Sommer
Umgebung:	Wiesen, Rasenflächen	**Untergrund:**	Humus

Stinkmorchel

Phallus impudicus

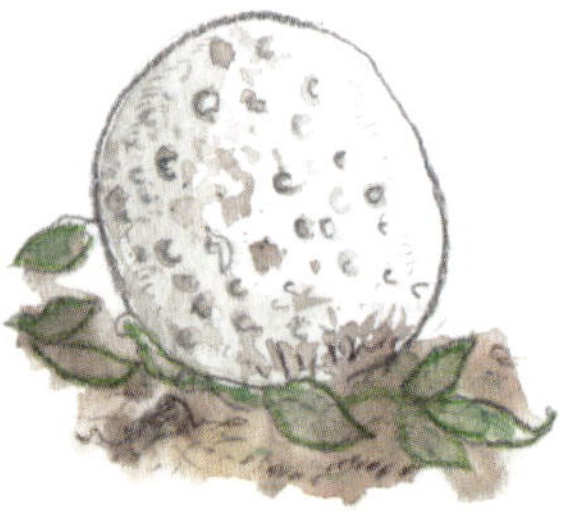

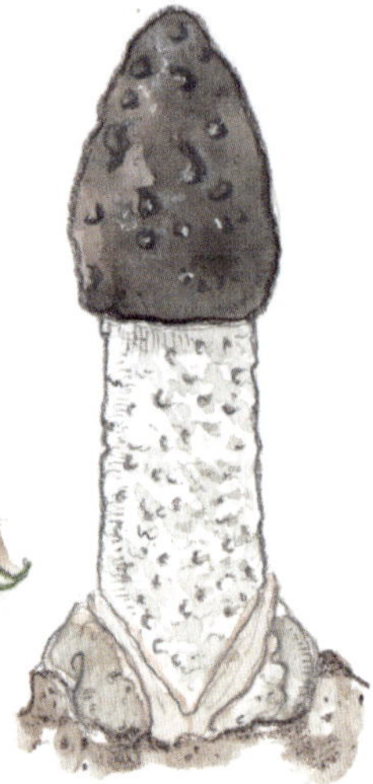

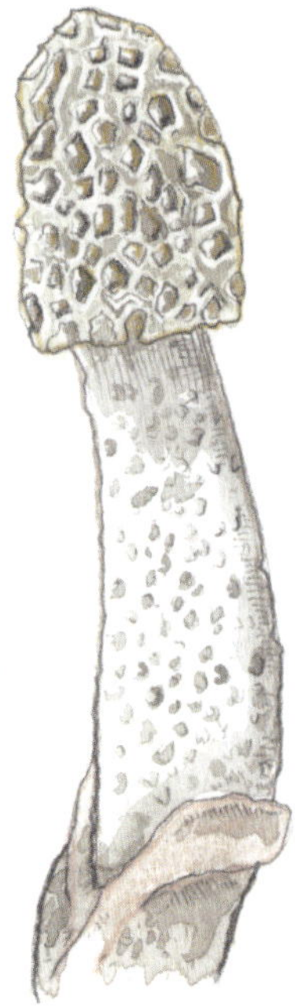

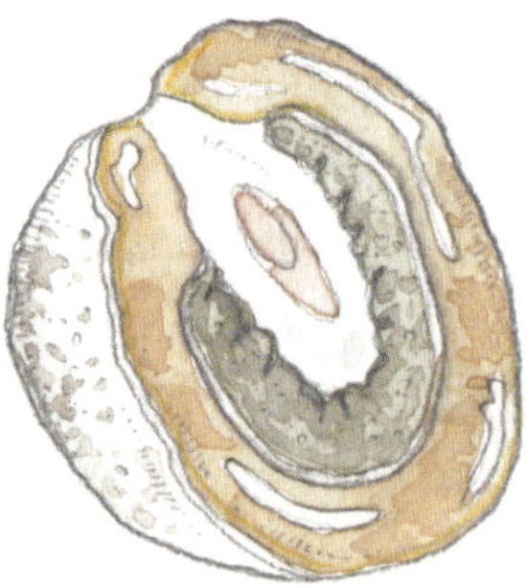

Fruchtträger
(Kopfteil außen)

Jung: Olivbraun

Mittelalt: Olivbraun

Alt: Cremefarben

Sporenpulver:
Hellbraun

Gute Merkmale:	Fleisch weiß, porös und brüchig, Kopfteil oben mit Loch, jung geschlossen, Basis mit ledriger Scheide
Geruch:	Aas *(Gerüche sind bei Pilzen nicht immer wahrnehmbar)*
Speisewert:	Kein Speisepilz, höchstens jung als „Hexenei" teilweise essbar
Bemerkungen:	Einprägsamer Geruch. Für gewöhnlich riechen Sie die Stinkmorchel bevor Sie sie sehen.

Lebensweise:	Zersetzerpilz	**Hauptsaison:**	Herbst
Umgebung:	Mischwälder	**Untergrund:**	Humus

Index

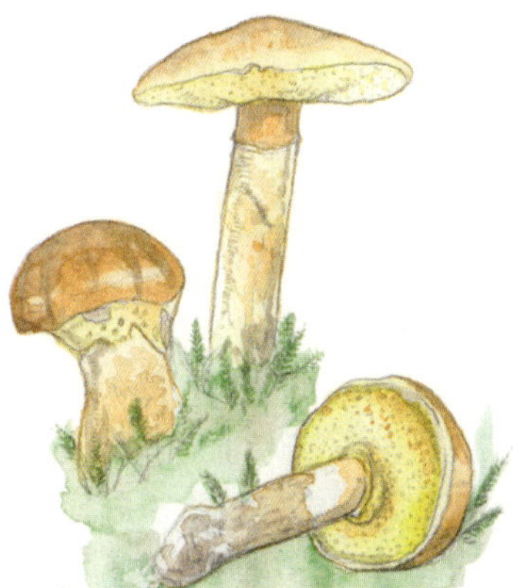

Impressum

Thomas Regnery
Die häufigsten Pilze der deutschen Mittelgebirge
leicht bestimmen

Mit llustrationen von Hilke Käsebier

ein Imprint der Kraterleuchten GmbH
Verlagsleitung: Sven Nieder
Gartenstraße 3, 54550 Daun
www.eifelbildverlag.de

Layout & Satz: Julia Lenartz
Jut Design, www.jutdesign.com
Lektorat: Dr. Tim Becker
Peer Review: Klaus Rödder, Arbeitsgemeinschaft
für Pilzkunde Vulkaneifel (APV)

Gedruckt in der Europäischen Union, Finidr, CZ
ISBN 978-3-95540-373-7

FSC www.fsc.org MIX Papier aus verantwortungsvollen Quellen FSC® C014138

Product footprint CO_2 Neutral PBN-CFMCP-015258 www.preferredbynature.org

Wichtiger Hinweis!
Lassen Sie Ihre Pilzfunde unbedingt von einem zertifizierten Pilzsachverständigen bestimmen! Pilzsachverständige in Ihrer Nähe finden Sie unter: https://www.dgfm-ev.de

Dieses Buch wurde nach dem aktuellen Wissensstand sorgfältig erarbeitet. Dennoch erfolgen alle Angaben ohne Gewähr. Autor und Verlag tragen keinerlei Verantwortung für Fehlbestimmungen durch den Nutzer dieses Buches. Das gilt ebenso für individuelle Unverträglichkeiten. Pilze im Allgemeinen niemals roh verzehren, sondern vorher mindestens 15 Minuten erhitzen.

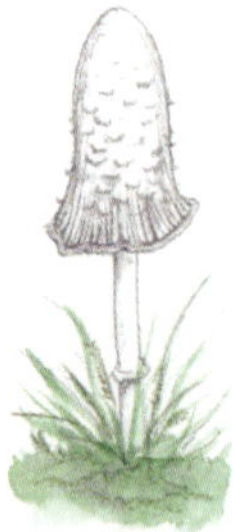